LA RÉPRESSION DE LA CYBERCRIMINALITÉ EN AFRIQUE DE L'OUEST

Collection Etudes Eurafricaines
Dirigée par André Julien Mbem

Le Sahara et la Méditerranée, frontières entre l'Afrique et l'Europe, sont aussi des passerelles par lesquelles, depuis des siècles, au-delà des tragédies et des drames, se rapprochent et se remodèlent ces deux ensembles géographiques et leurs civilisations. La collection « Etudes Eurafricaines » encourage la diffusion d'études historiques et prospectives sur les symbioses dont cette partie du monde est l'antique théâtre.

Déjà parus

YAGO Souleymane, *Réflexion sur le vivre ensemble au Burkina Faso. Esquisse pour une éducation à la tolérance à l'école primaire,* 2021.
BABAGNACK Paul, *Les marchés financiers de l'Afrique centrale. Changements structurels et performances*, 2021.
AMOR NDJABO Monique, *Le handicap moteur dans la ville de Yaoundé. Trajectoires et expériences de vie*, 2021.
FOFANA Abdoulaye, *La direction du budget au Mali*, 2020.
KAGAMBEGA Marcel, *Le rôle des Etats africains dans l'encadrement juridique des migrations Sud-Nord et Sud-Sud*, 2020.
BOUSSOU Vivian, *De l'efficacité des mots et concepts dans la définition des politiques économiques. Etude du cas de la Côte d'Ivoire à travers une analyse des discours*, 2020.
OVOUNDAGA Marcy Delsione, *La télévision publique gabonaise et la construction d'une communauté nationale (1963-2014)*, 2020.
AMADOU ADAMOU Bachirou, *Le constitutionnalisme à l'épreuve de l'intégration dans l'espace CEDEAO. Contribution à l'étude de la protection des droits fondamentaux depuis l'ouverture démocratique en Afrique*, 2020.
FOFANA Abdoulaye, *La direction du budget au Mali. Instrument stratégique de prévision et d'exécution de la Loi des finances*, 2020.
KYALO-OCHIENG Nuru Koki, *Le langage du dessin d'actualité. Approche sémiotique*, 2020.
FOFANA Ibrahima Sory, *Mali : enjeux des mutations et des recompositions du foncier à Bamako*, 2020.
HOUNZANDJI Aimé, *Une université nationale en Afrique occidentale. Dahomey-Bénin (1944-1974),* 2020.
YAGONZELA LIAMBOMBA Didier, *L'avènement de la justice constitutionnelle en République démocratique du Congo. De la Cour suprême à la Cour constitutionnelle*, 2020.
TOUNKARA K. Mamoutou, *La migration des Maliens vers la France. Enjeux politiques, économiques et socioculturels*, 2020.

Rosalie DIARRA

LA RÉPRESSION DE LA CYBERCRIMINALITÉ EN AFRIQUE DE L'OUEST

L'Harmattan

5-7, rue de l'École-Polytechnique, 75005 Paris

http://www.editions-harmattan.fr

ISBN : 978-2-343-20134-4
EAN : 9782343201344

INTRODUCTION

Les technologies de l'information et de la communication gagnent de plus en plus du terrain à travers le monde entier et particulièrement en Afrique où elles s'introduisent progressivement et de façon relativement rapide. La volonté politique des décideurs de moderniser leurs pays par les TIC et le coût accessible des ordinateurs couplé à celui de la connexion Internet justifie en partie cette progression qui est loin de se faire, sans embûches sur le continent africain. En plus d'être des outils de développement, les technologies de l'information et de la communication (TIC) présentent un autre visage. Celui de menace au développement qui est généré par la multiplicité des infractions de nouveaux types, la facilitation d'infractions déjà connues et l'augmentation de leur vitesse de commission. Les nouvelles technologies augmentent en effet la criminalité au détriment des États africains qui se retrouvent face à un surcroît d'impératifs à gérer pour atteindre le progrès visé. Les infractions développées par les TIC, surtout la technologie d'Internet sont en parfaite augmentation. On les nomme cybercrimes ou cybercriminalité. La réalité des risques que sont susceptibles de générer les TIC se confirme par les difficultés des lois pénales classiques à les contenir. Les infractions de cybercrimes doivent être régies de façon rigoureuse pour une atteinte de l'objectif de développement escompté à la base de l'adoption des normes. Une recherche sur les législations pénales des États d'Afrique de l'Ouest saisies par la cybercriminalité nécessite une présentation du contexte géographique de l'étude.

SECTION I : PRÉSENTATION DU CONTEXTE OUEST-AFRICAIN ET JUSTIFICATION DE L'ÉTUDE

L'Afrique de l'ouest est située dans la partie occidentale du continent africain et compte 16 États, dont le Bénin, le Burkina Faso, le Cap-Vert, la Côte d'Ivoire, le Ghana, la Guinée, la Guinée-Bissau, la Gambie, le Libéria, le Mali, la Mauritanie, le Niger, le Nigeria, le Sénégal, la Sierra Leone et le Togo. Cette partie du continent comptait environ 311 millions d'habitants en 2011. Le pays le plus peuplé reste le Nigéria avec 182 millions d'habitants soit 52 % de la population de la région et le moins peuplé est le Cap-Vert avec 0,52 million d'habitants soit 0,2 % de la population.[1] Les États sont répartis en trois grands groupes linguistiques[2] notamment, francophone[3], anglophone[4] et lusophone[5].

Les États sont réunis au sein d'une communauté économique dénommée CEDEAO[6] (Communauté Économique des États d'Afrique de l'Ouest). L'organisation a été créée le 28 mai 1975 avec pour objectif d'assurer le développement par la promotion et la protection des intérêts économiques des États membres. Avec le retrait de la Mauritanie de la communauté en 2001, elle compte actuellement 15 pays. L'idéal à atteindre par l'organisation est la création d'un vaste marché commun ouest-africain et une monnaie commune. Si le premier idéal a connu des avancées par les actions menées, le deuxième, par contre, est encore loin de la réalité et a besoin d'assez d'engagements de la part des États pour se concrétiser. Les États de la région ont actuellement pour certains une monnaie nationale (le Cap-Vert, le Ghana, la Gambie, la Guinée, le Libéria, le Nigéria, la Sierra Leone) et pour d'autres une monnaie unique appelée franc CFA[7]. Ces pays partageant la même monnaie sont le Bénin, le Burkina Faso, la Côte d'Ivoire, la Guinée-Bissau, le Mali, le Niger, le Sénégal, le Togo. Ces derniers forment l'UEMOA (Union Économique Monétaire Ouest-Africain), qui est un regroupement monétaire et douanier.

Le développement des réseaux de l'information et de la communication a été une réalité en Afrique et surtout, en Afrique de l'ouest vers le début des années 2000 avec l'acceptation d'Internet et l'adoption de politiques pour son développement par la plupart des États. En effet, la montée de la communication par téléphonie mobile a été suivie par l'utilisation de la connexion Internet. Les TIC constituent certes un

---

[1]Source Banque mondiale, http://data.worldbank.org/indicator/SP.POP.TOTL Consulté le 09 janvier 2017.

[2] Ces groupes linguistiques sont fonction de la langue de leur pays colonisateur.

[3] Le Bénin, le Burkina Faso, la Côte d'Ivoire, la Guinée, le Mali, la Mauritanie, le Niger, le Sénégal, le Togo.

[4] La Gambie, le Ghana, le Libéria, le Nigéria, la Sierra Leone.

[5] Le Cap-Vert, la Guinée-Bissau.

[6] La CEDEAO est la plus peuplée des communautés économiques régionales du continent africain.

[7] 1 franc CFA équivaut à 0,001 524 Euro, ou 1 Euro = 655,957 CFA, en ligne, http://www.bceao.int.

avantage en termes de modernité, mais elles sont à la base de la naissance de nouvelles formes de criminalités et de l'accroissement des infractions dans cette partie du continent. Si les actes répréhensibles apparaissent et se multiplient très facilement avec l'usage des TIC, force est de reconnaître que les législations dans cette zone du continent n'obéissent pas au même rythme de progression. En Afrique de l'Ouest, les législations en général ont du mal à contenir la cybercriminalité en raison de leur dépassement. Les États qui n'ont pas encore emboîté le pas aux politiques de transformation des lois pénales pour l'adaptation de leur législation et l'adoption de nouvelles mesures pour régir les infractions de la cybercriminalité demeurent des paradis pénaux qui permettent aux délinquants d'opérer en toute quiétude. Les États d'Afrique de l'Ouest qui font l'objet de notre étude ont généralement, jusqu'à une époque récente, souffert du phénomène de la cybercriminalité et n'ont quasiment pas de législation en la matière[8] à l'image de la plupart des États africains. Sur 16 pays ouest-africains, seuls 8 possèdent une législation sur la cybercriminalité. Ce sont les pays suivants : Bénin, Côte d'Ivoire, Gambie, Ghana, Mauritanie, Sénégal, Mali et Nigéria[9].

Les difficultés qui se posent concernent aussi bien le droit pénal substantiel que la procédure pénale. L'absence de législation adaptée a le désavantage de faire basculer les acteurs de mise en œuvre des lois pénales, surtout le juge, dans l'arbitraire. Le principe de la légalité des délits et des peines risque d'être dans la pratique, foulé aux pieds par les acteurs du processus répressif dans leur volonté effrénée de sanctionner la cybercriminalité. La plupart des États ne disposent pas de lois spécifiques contre la cybercriminalité et répondent aux questions

---

[8] Dans son mémoire de DEA réalisé en 2007 sur « la problématique de la saisie en ligne en Afrique de l'ouest », KABORE, constate dans la partie introductive de sa recherche que, les États ouest-africains se caractérisent par un certain silence législatif en matière de cybercriminalité aussi bien en droit pénal substantiel que sur le plan de la procédure pénale. Introduction disponible en ligne sur : http://www.memoireonline.com/07/09/2421/m_La-problematique-des-perquisitions-et-saisies-en-ligne-en-Afrique-de-lamp8217Ouest--eac0.html Consulté le 29/5/12.

[9] Rosalie DIARRA, Cybersecurity and legal innovations in West Africa, Proceedings of EAI International Conference on Technology, R&D, Education and Economy for Africa, Côte d'Ivoire, Abidjan 21-22 March 2018.

générées par cette délinquance par les lois classiques. La recherche de la preuve dans un contexte de volatilité[10] des informations et d'ubiquité du réseau auxquels s'ajoute la méconnaissance des TIC par les acteurs de mise en œuvre des règles de procédure pose problème. Le caractère immatériel des lieux et de certains éléments faisant l'objet de la perquisition refoule automatiquement les règles classiques de procédure pénale qui sont conçues uniquement pour un espace matériel. Le Sénégal s'est très vite doté d'une loi spécifique à la cybercriminalité depuis 2008[11]. Le Ghana a emboîté le pas en adoptant entre 2008 et 2011 des lois visant à combler les lacunes de ses législations classiques en matière de lutte contre les cybercrimes. En 2013, c'est le tour de la Côte d'Ivoire qui va adopter une loi spécifique de lutte contre les cybercrimes[12]. La CEDEAO s'est dotée d'une Directive en 2011. Sa finalité était d'harmoniser les législations en matière de lutte contre la cybercriminalité. Les États membres qui auraient dû y conformer leurs législations internes au plus tard en janvier 2014 ne l'ont pratiquement pas tous fait. Les États ouest-africains envisageaient de faire de l'harmonisation de leur cyber législation une réalité pour emboîter le pas à l'Union Africaine (UA) qui souhaitait adopter un instrument africain de lutte contre la cybercriminalité. Toutes ces initiatives actuelles attestent d'une dynamique de construction de cadre juridique approprié au sein des États pour résoudre les questions posées par la cybercriminalité.

Les pays d'Afrique de l'Ouest sont alors dans une dynamique de quête de cyberstratégie législative pour cesser d'être des paradis pour les délinquants de la cybercriminalité qui menacent leur crédibilité, leur souveraineté[13], leurs économies, les libertés individuelles et les bonnes mœurs des populations. Les seize États qui composent la région ouest-africaine ne font pas tous partie du champ géographique de notre étude.

---

[10] En référence à la volatilité, certains disent que « traditionnellement les idées ont des jambes, avec Internet elles ont des ailes ».

[11] Loi n° 2008 – 11 du 15 janvier portant sur la cybercriminalité au Sénégal.

[12] Loi n° 2013-451 du 19 juin 2013 relative à la lutte contre la cybercriminalité en Côte d'Ivoire.

[13](D) VENTRE, Cyberattaque et cyber défense, collection cyber conflits et cybercriminalité, édition Lavoisier, août 2011, p.60.

La justification du choix des États sur lesquels a porté la recherche s'avère alors nécessaire dans une démarche scientifique.

L'étude se base sur les législations de quatre pays d'Afrique de l'Ouest parmi les 16 ayant fait l'objet de présentation dans les lignes précédentes. Il s'agit de la Côte d'Ivoire, du Sénégal, du Ghana et du Nigéria. La première raison de la sélection de quatre pays répond à la réalité de l'impossibilité de réaliser un travail de recherche de droit comparé sur un vaste champ de 16 pays. Une telle étude serait prétentieuse et lapidaire en ce sens qu'elle irait difficilement en profondeur des espaces à creuser, notamment les législations des États.

Le choix des deux premiers pays (la Côte d'Ivoire et le Sénégal) se justifie par leur tradition linguistique et juridique. Ils sont, tous les deux, des pays francophones. Ils bénéficient des mêmes traditions juridiques. Leur choix permet d'analyser l'approche juridique du phénomène de la cybercriminalité en Afrique de l'Ouest francophone et de tirer les conclusions quant à la manière dont les législations classiques et nouvelles y font face. En d'autres termes, l'étude portant sur les pays francophones permet de mesurer l'adaptabilité des lois en vigueur au phénomène de la cybercriminalité. Le choix des autres pays à savoir, le Ghana et le Nigéria se justifie aussi par leur tradition linguistique. Il s'agit également de découvrir l'approche des pays anglophones dans la lutte contre la cybercriminalité par l'analyse de leurs législations.

La Côte d'Ivoire [14]et le Nigéria[15] ont par ailleurs été choisis en raison du développement considérable de la cybercriminalité en leur sein. Le Sénégal a été ciblé pour une deuxième raison qui est son expérience législative dans le domaine de la lutte contre la cybercriminalité. Il fait partie des États qui ont adapté une partie de leurs lois classiques aux infractions de la cybercriminalité et adopté un texte spécifique en la matière depuis 2008. Son choix est donc intéressant en ce sens qu'il permet d'apprécier l'impact de lois spécifiques à la cybercriminalité

[14] En novembre 2011, les autorités ivoiriennes avaient reconnu que le pays était devenu la plaque tournante de la cybercriminalité.

[15] Les ressortissants nigérians ont été les plus nombreux à pratiquer les arnaques via le net avant que le phénomène ne se soit développé dans les autres pays de la région. Après l'adoption de textes limitant leurs malversations, ils se sont dirigés vers les autres pays de la région où ils ont exacerbé le phénomène.

dans un pays ouest-africain. L'occasion est donnée de mesurer les progrès réalisés avec la nouvelle législation et de détecter ceux à faire. Ces progrès à réaliser ont contribué à la construction d'un cadre d'amélioration des législations futures de lutte contre la cybercriminalité dans la région voire dans toute l'Afrique. Les quatre États choisis sont aussi assez représentatifs du point de vue numérique d'autant plus que le Nigéria à lui seul fait plus de 50 % de la population ouest-africaine avec 182 millions d'habitants en 2016. Viennent ensuite le Ghana avec 25,9 millions d'habitants, la Côte d'Ivoire avec 22 millions d'habitants et le Sénégal avec15 millions d'habitants dans la même année[16]. Une étude des lois pénales ouest-africaines éprouvées par la cybercriminalité doit passer par une présentation du phénomène et de son ampleur dans la région.

I. Le phénomène de la cybercriminalité en Afrique de l'Ouest

Le développement des TIC a été effectif en Afrique de l'Ouest au début des années 2000 lorsqu'Internet est devenu accessible. L'accessibilité d'Internet[17], des ordinateurs[18] et des téléphones mobiles[19] a considérablement contribué à l'exacerbation de la criminalité informatique ainsi qu'à la maturation d'une de ses composantes qu'est la cybercriminalité. Cette dernière est d'ailleurs la plus redoutable. Nul

---

[16] http://data.worldbank.org/indicator/SP.POP.TOTL Consulté le 09 janvier 2017.

[17] En 2000, la plupart des États ouest-africains ont adopté des politiques en faveur des technologies de l'information et de la communication, notamment l'Internet. L'on assiste alors vers le début des années 2000 à un foisonnement des cybercafés dans pratiquement tous les pays.

[18] Jusqu'avant 2005, l'achat d'un ordinateur n'était pas à la portée de tous, le coût moyen d'un ordinateur fixe était d'environ 600 euros contre 1500 euros pour les ordinateurs portables. Après 2005, les coûts ont chuté et un ordinateur fixe s'acquiert à actuellement à partir de 150 euros pour les appareils de seconde main et 350 euros pour les ordinateurs portables de seconde main.

[19] Le prix des téléphones portables a aussi considérablement chuté ces dernières années. Avec 15 Euros soit environ 10 000 FCFA on peut s'acheter un téléphone portable. Le manque de réglementation stricte pour ce qui concerne l'acquisition des puces encourage les délinquants à utiliser ce moyen pour la commission des infractions dans l'anonymat. Le coût de la communication a aussi baissé dans les pays d'Afrique de l'ouest avec l'instauration de la concurrence par l'ouverture de plusieurs compagnies de télécommunication si bien que le champ d'action des délinquants s'est élargi avec l'augmentation des détenteurs de téléphone mobile. Ces derniers sont régulièrement contactés par d'inconnus arnaqueurs.

besoin de le prouver par des chiffres d'autant plus qu'Internet qui constitue l'un de ses moyens de commission se caractérise par son ubiquité. L'individu connecté à l'Internet dans un pays d'Afrique de l'Ouest peut facilement rentrer en contact avec d'autres personnes se trouvant sur les autres continents et commettre des actes répréhensibles sans se déplacer physiquement. La cybercriminalité est donc une aubaine pour les criminels qui ont vu leur champ d'opération s'élargir par l'interconnexion des systèmes informatiques.

L'Union Internationale des Technologies, dans son guide sur la cybersécurité pour les pays en développement a constaté que « *Quelles que soient les motivations des acteurs de la criminalité informatique celle-ci engendre toujours des conséquences économiques non négligeables et constitue dans sa dimension de cybercriminalité, un fléau grandissant, transfrontalier et complexe.* »[20]

Il est difficile d'établir avec exactitude le nombre d'utilisateurs d'Internet, surtout que les cybercafés, lieux d'accès à l'Internet par excellence en Afrique de l'Ouest n'enregistrent pas leurs clients[21]. Les personnes abonnées officiellement ne sauraient non plus refléter la réalité puisque ce sont elles qui, dans bien des cas, permettent aux autres d'avoir accès au réseau. Si nous nous basons sur le taux d'alphabétisation[22], nous pourrons estimer le nombre des potentiels utilisateurs d'Internet. Selon un rapport de l'UNESCO de 2006, seulement 44 % des adultes de plus de 15 ans sont alphabétisés contre 61 % pour l'Afrique. Seules les personnes sachant lire et écrire peuvent utiliser Internet, encore faudrait-il qu'elles soient initiées à l'utilisation

---

[20] UIT, « Guide de la cybersécurité pour les pays en développement », édition 2007, p.9, disponible en ligne sur : www.itu.int/ITU-D/cyb/cybersecurity/legislation.html Consulté le 15/5/12.

[21] Vers fin 2011, une unité spéciale de la police scientifique a été mise en place pour traquer les cybercriminels dans les cybercafés en Côte d'Ivoire. Une mesure a aussi été prise dans la même année pour l'identification des personnes qui fréquentent les cybercafés de sorte qu'il y ait une traçabilité des passages.

[22] L'alphabétisé dans notre étude est une personne adulte ou enfant qui a acquis les compétences de base en termes de lecture et écriture. L'alphabétisation est ici comprise comme un droit à l'éducation conformément à l'esprit de l'art. 26 de la DUDH. L'éducation doit être gratuite et obligatoire au niveau élémentaire, gratuite au niveau fondamental, généralisée pour l'enseignement professionnel et accessible et ouverte à tous pour le supérieur.

de l'informatique. En Afrique de l'Ouest, nombreuses sont les personnes sachant lire et écrire n'ayant aucune connaissance de l'informatique. Il s'agit notamment des adultes dont la tranche d'âge varie en général entre 45 et 60 ans. Si l'on retranche cette frange de la population qui n'utilise pas Internet, le nombre d'internautes chutera. Loin de déplacer le débat, retenons que le nombre d'internautes en Afrique de l'Ouest n'est pas forcément à la base de l'épreuve subie par les lois pénales. Le débat est plutôt aisé lorsqu'il est ramené au niveau de l'usage qui est fait des technologies et la réponse des législations vis-à-vis de leur impact négatif en termes d'infractions qui en découlent. L'utilisation malveillante du réseau Internet pose problème dans la mesure où cette technologie étend la portée des actes à travers le monde entier. À un autre niveau, un nombre élevé d'internautes peut poser problème d'autant plus qu'il multiplie les risques de malveillance lorsque le contexte y est favorable. La technologie de l'Internet est « *un mal nécessaire* » surtout qu'elle est un outil de développement par lequel les États doivent indéniablement passer. Lorsqu'elle n'est pas régie, la cybercriminalité peut détruire l'économie d'un État, porter atteinte à sa sûreté et menacer les populations en son sein et aussi des personnes se trouvant en dehors des frontières étatiques. La cybercriminalité ternit l'image des pays. En novembre 2012, les autorités ivoiriennes avaient reconnu que « *L'arnaque à travers le système de broutage a considérablement terni l'image de la Côte d'Ivoire* »[23].

En plus du réseau Internet, le réseau de téléphonie mobile joue un rôle capital dans la commission de la cybercriminalité. La forme la plus courante de la cybercriminalité en Afrique de l'Ouest est l'escroquerie en ligne. Cette infraction se finalise généralement par des appels téléphoniques. Les délinquants échangent à la fois sur Internet et le téléphone mobile avec leur victime qui se trouve sur un autre continent. Le téléphone mobile même dans son application la plus simple est un outil fondamental de commission de la cybercriminalité dans cette partie du continent. Généralement, on associe la téléphonie mobile à la

---

[23] (B.)SORO, « Cybercriminalité/lutte contre le broutage », le mandat, quotidien d'informations générales, Côte d'Ivoire n° 655, du 14-15 novembre 2011, p. 4-4.

commission de la cybercriminalité par sa version sophistiquée et surtout, lorsqu'elle est connectée à Internet.

L'utilisation du téléphone mobile dans la perpétration de l'infraction est due à la possibilité d'acquisition des puces dans l'anonymat si bien qu'il est quasiment impossible de savoir quel individu se cache derrière un acte[24]. En tout cas, les politiques de lutte contre les infractions de cybercriminalité, dans ce contexte, doivent nécessairement promouvoir un cadre législatif qui tienne compte de la réglementation de l'acquisition des puces et de l'usage des téléphones portables.

En Afrique de l'Ouest, plusieurs raisons sont à la base de la cybercriminalité. L'oisiveté des jeunes couplée à la volonté du gain facile en sont les raisons fondamentales. Les cybercriminels en Afrique de l'Ouest sont majoritairement des jeunes dont l'âge varie entre 15 et 40 ans, sans-emplois, déscolarisés ou encore en formation.

La motivation financière est la plus forte chez les cyberdélinquants, même, s'il existe une sorte de motivation d'affirmation sociale derrière les actes illicites. Ils bénéficient généralement d'une admiration lorsqu'ils sont très jeunes au lieu d'être rejetés par la société. Tout jeune qui commet cet acte est perçu comme « *courageux* », « *intelligent* ».

Il est en effet perçu comme le délinquant informatique[25], qui est « *Qualifié de respectable par son niveau culturel et son statut social, le délinquant en informatique ne bénéficie pas de l'image stéréotypée du*

---

[24] Les États étant actuellement dans une dynamique de lutte contre la cybercriminalité, font de l'identification des acquisiteurs de puces téléphoniques une obligation. C'est le cas au Ghana, Nigéria, Côte d'Ivoire et du Sénégal. C'est déjà un premier pas même si beaucoup d'efforts restent à faire.

[25] À propos de délinquant informatique, on parle de *hacker :* celui qui pénètre un système informatique sans exercer d'influence sur son contenu. Il cherche à prouver son savoir-faire en détectant les failles d'un système. Le *cracker* pénètre le système et exerce une influence sur son contenu (il détruit et introduit) et en divulguant les informations qu'il détient moyennant rémunération. Il est qualifié de mauvais hacker. Le *crasher* quant à lui, pénètre le système informatique et détruit des données par plaisir. Le *phreaker* désigne le délinquant qui accomplit une fraude informatique en accédant au système informatique par des lignes téléphoniques.

délinquant classique ».[26] Si les auteurs de la cybercriminalité étaient traqués à travers un cadre législatif assez solide, leurs actions de malveillance seraient vues d'un mauvais œil. Les revenus provenant de la cybercriminalité seraient considérés comme de « *l'argent sale* » à l'instar des revenus provenant de la drogue ou d'un vol classique. Notons cependant que les cybercriminels ne sont pas appréciés de tous. La frange de la population qui mesure la portée de leurs actes, surtout les potentielles victimes ne les regardent pas de la même manière que les populations dans leur grande majorité qui ne mesurent pas ces enjeux.

Le mode opératoire le plus prisé par les cybercriminels en Afrique de l'Ouest reste l'escroquerie et l'usurpation d'identité. Les auteurs se font appeler « brouteurs » dans les pays francophones. Leur technique d'opération est couramment l'arnaque à la nigériane appelée Nigeria scam[27] ou encore 419[28]scam. Il s'agit, en général, d'une proposition d'affaires faite par mail et dont les différentes phases s'accomplissent par mail et par téléphone. Une offre de commission alléchante est toujours à la base de la proposition, le préambule de l'offre est « *strictement confidentiel* »[29]. L'exemple typique d'escroquerie en Afrique de l'Ouest reste le 419 scam.[30] Une autre technique utilisée est la « love scam ». Cette fois, il ne s'agit plus de proposition d'affaires, mais d'une offre d'amour. Le procédé est identique au premier. Le délinquant échange avec la victime à travers les réseaux sociaux, par mail et par téléphone. Le délinquant usurpe l'identité d'une fille dont il aura eu la photo en ligne et se fait passer pour elle. Le cybercriminel

---

[26] (J.-F.) CASILE, Le code pénal à l'épreuve de la délinquance informatique, thèse de doctorat en droit privé Aix-Marseille, Presses Universitaires D'AIX-Marseille, 2002, p.32.

[27] L'arnaque à la nigériane est née au XVIe siècle sous l'appellation « captive espagnole ». Elle consistait en l'envoi d'une missive provenant d'une personnalité d'un pays lointain qui prétendait avoir des ennuis avec la justice et cherchait de l'aide pour transférer ses fonds à l'étranger contre un pourcentage de sa fortune.

[28] Le chiffre 419 correspond à la disposition du code pénal nigérian qui incrimine l'escroquerie. Les premiers réseaux nigérians utilisaient l'envoi massif de courriers postaux pour arriver à leur fin.

[29] (N.) LALAM, La délinquance électronique, n° 953, édition la documentation française, octobre 2008, p.59.

[30] *CRDI, Exploration sur la cybercriminalité et la sécurité en Afrique : État des lieux et priorités de recherche, synthèse des rapports nationaux, Dakar, janvier 2011, p.27.*

peut aussi s'entendre avec une fille qui peut accepter de donner sa photo et de correspondre avec la victime à la recherche de partenaire. Les malfaiteurs disparaissent une fois leur objectif atteint. Cette deuxième manière d'opérer avec une vraie identité du complice soulève la question de l'identification dans les politiques de lutte contre la cybercriminalité. Si les systèmes d'identification étaient fiables en Afrique de l'Ouest, des complices n'accepteraient pas de prendre le risque d'agir par le canal de leur réelle identité avec quiétude. D'où une nécessité de mise en place de bonnes politiques d'identification sous toutes leurs formes et en respect des libertés individuelles. Les cyberdélinquants utilisent également la technique du spamming[31] pour avoir des victimes.

Le piratage est aussi une réalité dans la région. Pour accéder aux données secrètes des internautes, les délinquants installent des logiciels espions sur les ordinateurs des cybercafés. Plusieurs personnes voient leur boîte e-mail[32] piratée chaque jour. Les délinquants envoient par la suite des messages de détresse aux contacts de la victime pour demander de l'aide. Les personnes généralement victimes de ces pratiques assez récurrentes en Afrique de l'Ouest sont celles qui fréquentent les cybercafés, endroits à risque en matière de sécurité. Des fichiers de virus sont également envoyés aux personnes dans le but de pirater leur compte. Les internautes ne fréquentant pas les cybercafés peuvent être atteints par ces procédés.

Les infractions en Afrique de l'Ouest ne se limitent pas à celles évoquées. Elles demeurent néanmoins les plus prépondérantes avec des impacts financiers considérables.[33] En effet, en juillet 2008, suite aux grandes pertes d'argent subies par des ressortissants indiens, les autorités indiennes ont indexé des pays tels que le Nigéria, le Sénégal, la Côte d'Ivoire, le Burkina, le Ghana le Bénin et le Togo comme ceux

[31] Le spamming est l'action d'émettre des courriers indésirables. Les spams sont généralement utilisés pour des publicités commerciales non sollicitées en ligne. Mais en Afrique de l'ouest, les délinquants émettent surtout des spam pour avoir des personnes à escroquer.

[32] On l'appelle aussi adresse électronique.

[33] En Côte d'Ivoire par exemple, les autorités ont constaté en début 2012 que 14 milliards de francs avaient été escroqués par les cybercriminels. Voir : http://news.abidjan.net/h/424455.html Consulté le 28/01/12.

dont les délinquants escroquaient leurs ressortissants par de fausses propositions d'affaires via le net[34].

Les attaques contre les entreprises au sein des États existent, mais le mythe demeure autour de la question de la cybercriminalité qui frappe notamment les entreprises financières. Ces dernières préfèrent « *se cacher pour mourir* » plutôt que de mettre au grand jour les failles de leur système de sécurité pour éviter de perdre leurs clients et d'exacerber des attaques.

Après cet aperçu du contexte de notre étude, la détermination des matériaux qui suit est capitale en ce sens qu'elle établit les garde-fous de la recherche. Il est indéniable d'en apprécier l'intérêt.

II. L'intérêt de cette étude s'apprécie aux niveaux scientifique et social.

Intérêt scientifique : Les TIC favorisent la perpétration de la cybercriminalité que le droit classique ne peut efficacement régir. L'adoption de cyber législations pénales est un impératif qui intéresse à plus d'un titre le monde scientifique. Une telle recherche vise à contribuer à la construction et à l'amélioration du cadre législatif des États ouest-africains en matière de lutte contre la cybercriminalité.

Intérêt social : Au niveau social, il est important de noter que le phénomène de la cybercriminalité ternit l'image des États ouest-africains. Les infractions de cybercrimes limitent les opportunités pour une population ouest-africaine d'entreprendre sereinement des actions dans le cyberespace en établissant une méfiance. Cette recherche contribuera à la réalisation de politiques de lutte contre les infractions. Elle sera une réponse à un phénomène social qui sape le développement des États. Cet exercice contribue à la construction d'une problématique.

---

[34] http://www.ouestaf.com/Cybercriminalite-Nigeria-Senegal-Cote-d-Ivoire-Burkina-Ghana-Benin-Togo-fiches-par-les-Indiens_a1920.html Consulté le 30/5/12.

SECTION II : DÉTERMINATION DE L'OBJET ET DE LA PROBLÉMATIQUE DE L'ÉTUDE

Une bonne détermination du sujet doit passer par la compréhension de certaines notions clés, dont la cybercriminalité. Cette notion est au centre de notre étude et mérite qu'on la définisse. La notion de cybercriminalité est celle que nous allons appréhender et analyser dans les autres objets de l'étude que sont les lois pénales qui sont en réalité les instruments de sa régulation.

Une meilleure compréhension de la notion passera aussi par la définition d'une autre notion voisine qu'est la délinquance informatique qui se trouve souvent réduite à la cybercriminalité alors que cette dernière n'en est qu'une composante.

I. La cybercriminalité

La cybercriminalité ou cybercrime est une notion difficile à définir si bien qu'il en existe plusieurs approches[35] qui attestent de l'absence d'unanimité. Selon CHAWKY « l'absence *de définition légale est source de confusions aussi bien au niveau du domaine de la réflexion qu'au niveau de l'analyse »*[36]. La Convention sur la cybercriminalité du Conseil de l'Europe[37], instrument international de lutte contre les cybercrimes n'en donne pas une définition précise. Elle reste générale par l'énumération d'une liste d'actes à incriminer. Cela s'explique peut-être par sa prudence vis-à-vis du piège d'une définition qui exclurait certaines situations. Elle distingue cependant, quatre grands groupes d'infractions à savoir les atteintes à la confidentialité, à l'intégrité et la disponibilité des données et aux systèmes informatiques[38], les

---

[35] (C.)Mohamed, L*e droit pénal à l'épreuve de la cybercriminalité, étude comparative de la politique criminelle face aux NTIC*, thèse de doctorat en droit privé, Université Jean Moulin, Lyon III, 25 septembre 2006, 17 à 45.

[36] Id., p.18.

[37] Convention de Budapest sur la cybercriminalité adoptée le 23 novembre 2001, disponible en ligne. Elle est suivie d'un Protocole additionnel relatif à l'incrimination d'actes de natures xénophobe et raciste commis par le biais du système informatique adopté le 04 mai 2005.

[38] Article 2-6 de la Convention de Budapest sur la cybercriminalité adoptée le 23 novembre 2001.

infractions informatiques[39], les infractions se rapportant au contenu[40] et celles relatives aux atteintes à la propriété intellectuelle[41].

La loi sénégalaise sur la cybercriminalité semble également prudente dans son approche de la notion de la cybercriminalité. Ainsi, l'on peut lire ceci dans l'exposé de ses motifs *« La criminalité informatique concerne toute infraction qui implique l'utilisation des technologies de l'information et de la communication. À cet égard, les notions de cybercriminalité, de criminalité informatique, de cybercriminel ou cybercrimes, de délinquance informatique, de criminalité de hautes technologies, etc. ont la même signification »*[42]. La définition est généraliste. Le caractère global de cette définition réside à deux niveaux. D'une part, dans sa volonté de saisir tout acte répréhensible en rapport avec les TIC, d'autre part, dans sa vocation à appréhender même un acte qui n'a pas été défini[43] dans la loi ou un acte répréhensible susceptible de se commettre en rapport avec les technologies de l'information et de la Communication. Il appartiendra donc au juge de flairer cette manœuvre que lui offre la loi, en allant chercher la solution à la légalité de l'incrimination d'un acte répréhensible, chaque fois que ce denier n'aura pas été directement prévu par la loi. Le risque d'une telle imprécision peut cependant ouvrir la voie à l'arbitraire du juge. Il risquera de décider à tort ou à raison qu'un acte non défini clairement dans la loi soit un cybercrime ou non. Cette généralité n'est-elle pas aussi une porte ouverte à la violation des libertés publiques reconnues aux individus ? Il est alors clair que le manque de définition légale de la cybercriminalité puisse ouvrir la porte à des abus, surtout dans la volonté du juge de prendre en compte des situations nouvelles[44].

---

[39] Article 7-8 de la Convention de Budapest sur la cybercriminalité adoptée le 23 novembre 2001.

[40] Article 9 de la Convention de Budapest sur la cybercriminalité adoptée le 23 novembre 2001.

[41] Article 10 de la Convention de Budapest sur la cybercriminalité adoptée le 23 novembre 2001.

[42] Voir exposé des motifs de la loi sénégalaise de 2008 précitée.

[43] Le pouvoir d'interprétation du juge doit, dans ce cas de figure, s'exercer avec modération afin qu'il ne tombe pas dans l'illégalité.

[44] Les autres limites de la loi seront exposées dans l'étude consacrée à l'analyse la loi sénégalaise sur la cybercriminalité dans la deuxième partie.

Le législateur ivoirien est le seul à prévoir une définition de la notion. Il reste cependant généraliste en la définissant comme « *L'ensemble des infractions pénales qui se commettent au moyen ou sur un réseau de télécommunication ou un système d'information* ».[45]

La Directive de la CEDEAO de 2011 sur la cybercriminalité reste également généraliste et surtout ambigüe en ce qui concerne la définition de la notion de cybercriminalité. Ce constat se fait sans difficulté dans certaines lignes de ses dispositions générales libellées comme suit :

« ***CONSIDÉRANT*** *que l'utilisation des Technologies de l'Information et de la communication entre autres l'Internet ou la cybernétique a engendré la recrudescence d'actes répréhensibles de tous ordres* ».

« ***NOTANT*** *que la cybercriminalité est un phénomène nouveau qui nécessite la définition des infractions spécifiques, lesquelles doivent être rattachées consubstantiellement aux infractions classiques, telles que le vol, l'escroquerie, le recel, le chantage en raison de la nature du préjudice causé au moyen de l'utilisation de l'Internet.* »

« ***CONSCIENT*** *que les actes répréhensibles commis au moyen de l'Internet nécessitent donc une qualification au plan légal et une répression appropriée en raison de la gravité des préjudices qu'ils engendrent* »

Les deux premiers constats « du considérant et du Notant » sont une réalité, d'une part, parce qu'Internet a indiscutablement multiplié les actes répréhensibles ; d'autre part, parce que la cybercriminalité renferme des infractions spécifiques aux TIC. Celles-ci se développent surtout à travers Internet. Ces infractions sont effectivement rattachables à celles classiques, mais Internet est un nouveau cadre de leur commission à grande échelle. Internet exacerbe en d'autres termes leur commission contrairement à leur espace classique de commission qui est matériel par excellence. Force est cependant de noter que le dernier constat « du conscient » vient obscurcir les choses en ce sens

---

[45] Voir Art. 1 de la loi 2013-451 du 19 juin 2013 relative à la lutte contre la cybercriminalité.

qu'il définit implicitement la cybercriminalité comme les actes répréhensibles qui se commettent à travers le réseau Internet. Qu'en est-il des actes commis à travers d'autres types de réseaux[46] ? Et qui font appel aux TIC ?

L'utilisation récurrente du terme Internet laisse croire dans ce texte que la cybercriminalité se commet uniquement par cette technologie. Les choses se précisent un peu lorsque les articles de la Directive sont parcourus dans leur ensemble, car ils exposent les agissements qui tombent en réalité sous le coup de la cybercriminalité. Le recul, voire le tâtonnement des textes vis-à-vis de la définition atteste de la difficulté d'approche de la notion. S'y hasarder est un exercice périlleux. L'UIT dans son guide pour les pays en développement base également sa définition du cybercrime sur l'usage de la technologie de l'Internet[47]. Une définition de la notion de cybercriminalité ou cybercrime nécessite d'abord à notre sens, la compréhension du préfixe « *cyber* » et une localisation ferme du cyberespace. Le terme « *cyber* » signifie tout ce qui est de l'ordre du virtuel.

Le terme cyber est un préfixe qui se rapporte aujourd'hui aux modes de pensée et de vie liés aux technologies de la communication.[48] Si le terme cyber désigne tout ce qui est en rapport avec les technologies de l'information et de la communication, alors cyber s'applique à l'Internet, l'informatique et aux télécommunications[49]. Ces éléments seraient donc le cyberespace. L'association du préfixe « cyber » à la criminalité voudrait dire que la cybercriminalité doit se commettre dans le cyberespace[50] qui ne peut être que l'espace virtuel. Le cyberespace est créé par la mise en réseau des systèmes informatiques où les uns et les autres éléments sont interconnectés autour et pour un objet commun,

---

[46] Voir intranet et extranet.

[47] UIT, Guide de la cybersécurité pour les pays en développement, Ed.2007, p.27, disponible en ligne sur : www.itu.int/ITU-D/cyb/cybersecurity/legislation.html Consulté le 15/5/12.

[48] Wikipédia http://fr.wiktionary.org/wiki/cyber consulté le 03/5/12.

[49] Ce sont les techniques utilisées dans la transmission de l'information.

[50] Le terme cyberespace a été utilisé pour la première fois par l'auteur américain de science-fiction William GIBSON en 1984 dans son roman « *Neuromancer* ». Il explique que le corps, la chair n'ont pas de place dans cet espace qui est réservé au rationnel, à l'esprit, à l'intellect.

à savoir l'information. Le développement des TIC ouvre un espace « informationnel » qui vient s'ajouter aux espaces terrestres, maritimes et aériens.[51] Le cyberespace est donc un espace informationnel. Il en découle que la cybercriminalité est indéniablement une délinquance informationnelle[52].

La difficulté de la définition de la cybercriminalité pourrait découler de deux ordres. D'abord, l'association du terme « cyber » à celui de la « criminalité » et ensuite de la difficulté de détermination du cyberespace. Le cyberespace est généralement réduit au réseau Internet. Si Internet est le cyberespace admis, il faudrait alors revoir la dénomination de la cybercriminalité et la renommer « *infractions d'Internet* » ou « *délinquance d'Internet* » afin d'éviter les équivoques. Dans le cas contraire, il faudrait admettre le cyberespace avec toutes ses composantes d'Internet, de l'informatique et des télécommunications en réseau et accepter définitivement la délinquance informatique dans toutes ses facettes comme cybercrime. Cet argument mérite d'être regardé de près. Cela est d'autant plus important que les TIC se perfectionnent de jour en jour et donnent une place de choix à l'information qui devient, à l'occasion, assez vulnérable. REVERDY semblait avoir perçu cette mutation dans sa thèse lorsqu'elle affirmait que l'informatique sous sa forme actuelle s'est développée récemment[53]. Ce constat signifiait qu'au départ l'informatique n'était pas aussi compliquée et ne représentait pas un grand enjeu en comparaison à son état actuel.

Le réseau Internet demeure le plus important des réseaux et le plus utilisé dans la commission des cybercrimes en raison de son ubiquité et de son attéritorialité. La cybercriminalité en tant qu'infraction, se présente comme tout acte répréhensible, en rapport avec l'espace virtuel, notamment celui qui procède des TIC. De *quel espace virtuel parle-t-on en matière de cybercriminalité ?* On est encore tenté de se

---

[51] (F.), CHOPIN Les politiques publiques de lutte contre la cybercriminalité, Actualité Juridique pénale n° 3/2009, édition Dalloz 2009, p.102.

[52] Monsieur CASILE parle du glissement des délinquants du champ de la délinquance informatique vers celui du cyberespace qu'est la cybercriminalité.

[53](P.-M.) REVERDY, «*la matière pénale à l'épreuve de la délinquance informatique* », thèse de doctorat de droit privé, Toulouse I, 2005, p. 16.

poser une telle question pour mieux percevoir les choses. S'il est difficile de résoudre l'énigme, il est néanmoins souhaitable de noter que toute infraction commise dans l'espace virtuel ne peut être qualifiée de cybercriminalité[54]. De même, les infractions commises sur le réseau Internet ne sont pas celles relevant exclusivement de la cybercriminalité. Car il existe d'autres types de réseaux en rapport avec les TIC.[55]Ce deuxième exemple s'apprécie mieux à travers les réseaux à portée limitée et les autres réseaux de télécommunication. La cybercriminalité doit-elle alors se commettre exclusivement sur le réseau de tous les réseaux ?

En tout cas, la première affirmation selon laquelle toute infraction commise dans l'espace virtuel ne peut être qualifiée de cybercriminalité est battue en brèches par la conception de la cybercriminalité de la loi sénégalaise de 2008.

Elle confère en effet un sens unique aux notions de cybercriminalité, criminalité informatique, délinquance informatique et criminalité de haute technologie. Les technologies de l'information et de la communication dans leur globalité demeurent le substrat des actes répréhensibles dans cette législation. Le législateur ivoirien semble aller dans le même sens lorsqu'il fait de la cybercriminalité tous les actes répréhensibles qui font appel aux réseaux de télécommunications ou aux systèmes d'information pour leur réalisation. Sa définition ne se focalise pas exclusivement sur Internet comme cyberespace.

La deuxième affirmation qui prétend que les infractions commises sur le réseau Internet ne sont pas celles relevant exclusivement de la cybercriminalité est aussi quelque peu balayée par la Directive de la CEDEAO qui fait de l'Internet le substrat de la cybercriminalité. Le texte va plus loin en dissociant la cybercriminalité de la criminalité

[54] Voir définition de la délinquance informatique dans les lignes qui suivent. Elle est aussi un ensemble d'actes répréhensibles qui peuvent se commettre en rapport avec les TIC, mais dans un espace qui n'est pas toujours qualifié de cyberespace.

[55] Il existe d'autres réseaux dont les réseaux téléphoniques, télex et ranspact qui sont des réseaux grande distance et tout récemment les réseaux locaux ou LAN (Local Area Network). Cette classification se base sur la portée du réseau. Il existe une autre en fonction de son utilisation et des services qu'il offre. Il s'agit des réseaux intranet, extranet et Internet qui utilisent le protocole TCP/IP.

informatique dans son champ d'application où elle prend carrément position en ces termes : *« La présente Directive s'applique à toutes les infractions relatives à la cybercriminalité dans l'espace CEDEAO, ainsi qu'à toutes les infractions pénales dont la constatation requiert la collecte d'une preuve électronique »* Le texte distingue nettement les infractions relevant de la cybercriminalité d'autres infractions qui ont besoin d'être prouvées électroniquement. Pourquoi le législateur ouest-africain a-t-il fait référence à d'autres infractions ne relevant pas de la cybercriminalité dans une Directive intitulée : « *Directive portant lutte contre la cybercriminalité dans l'espace CEDEAO » ?* Ces divergences d'approche des textes applicables confirment la difficulté de définition de la notion de cybercriminalité.

Le ministère de l'intérieur français définit la cybercriminalité comme « *L'ensemble des infractions pénales susceptibles de se commettre sur les réseaux de télécommunication en général et particulièrement sur le réseau Internet* ». Son approche est générale et englobe plusieurs situations en faisant mention des actes en rapport avec le réseau de télécommunication en général. Même si Internet semble représenter le lieu privilégié de commission de l'infraction dans cette définition, elle a l'air de vouloir se donner la possibilité de s'étendre à d'autres actes répréhensibles sur le réseau de télécommunication.

La définition de Monsieur Chawki paraît intéressante. Elle appréhende la cybercriminalité comme « *Toute action illicite associée à l'interconnexion des systèmes informatiques et les réseaux de télécommunication, où l'absence de cette interconnexion empêche la perpétration de cette action illicite* ». L'auteur identifie quatre rôles que joue le système informatique : **Objet** en cas de destruction des systèmes informatiques ou des programmes. **Support** lorsque le système informatique ou l'ordinateur est le support ou la source d'une infraction. **Outil** lorsque la complexité de l'infraction fait appel à un système informatique comme instrument de sa commission. **Symbole** lorsqu'un système informatique est utilisé comme symbole.[56] Les TIC et l'interconnexion des systèmes informatiques sont le fondement de sa définition. Si l'interconnexion des systèmes informatiques et des réseaux de télécommunication est un élément fondamental dans la

[56] (C.) CHAWKI, Op. cit. p.35.

commission des cybercrimes, alors, on en déduirait que la cybercriminalité se commet également en dehors du réseau Internet.

L'absence de définition légale ne constitue pas un obstacle incontournable pour la réalisation de la recherche. Elle pose quand même problème quant à la détermination de son objet. L'étude se base sur toutes les infractions qui ont été définies dans les textes en vigueur comme cybercrimes ainsi que celles se trouvant dans la Convention de Budapest et celles auxquelles fait référence le droit français. Ces deux derniers cadres nous servent d'indicateurs dans la détermination des infractions de cybercriminalité.[57] Loin d'imposer une définition, il convient de faire la nuance entre les notions de cybercriminalité et de criminalité informatique. Cet exercice s'impose pour une meilleure compréhension des démonstrations déjà faites et celles à venir et en plus, pour une vision claire de l'objet relatif à l'acte de cybercrime.

Cet exercice du rapport entre les deux notions n'a pas forcément pour finalité une prise de position. À l'instar de la cybercriminalité, la notion de criminalité informatique est une notion difficile à définir qui fait aussi l'objet de plusieurs approches. Le premier délit informatique signalé aurait eu lieu aux États-Unis en 1958. La première infraction de ce type aurait été identifiée et poursuivie au niveau fédéral en 1966.

En France, les premières études y afférentes datent de 1970, elles ont été éffectuées par les recherches des groupes de travail de l'Association Française de Normalisation (AFNOR)[58]. La délinquance informatique est un phénomène jeune et émergent[59].

L'OCDE la définit comme *« L'entrée, l'altération, l'effacement et/ou la suppression de données et de programmes, dans l'intention de commettre un transfert illégal de fonds ; au fait de commettre un faux ou d'entraver le fonctionnement du système informatique et/ou de télécommunication. De même, la violation du droit exclusif du détenteur d'un programme informatique protégé, dans l'intention de l'exploiter commercialement et de le mettre sur le marché, ou l'accès*

[57] Voir les raisons du choix du droit français et de la Convention de Budapest.
[58] (J. F.), CASILE OP., p.34.
[59] Ibid., p.34.

dans un système informatique et/ou de télécommunication ou l'interception d'un tel système fait sciemment et sans autorisation du responsable du système, en violant les règles de sécurité ou dans une intention malhonnête ou nuisible ».[60]

Cette approche de la criminalité informatique implique l'accès dans un système informatique, l'exercice d'influence sur les données qu'on y trouve, la contrefaçon et son exploitation commerciale.[61]L'ordinateur est particulièrement au centre de la commission de ces infractions. Bon nombre d'auteurs ont centré leur définition autour de l'ordinateur comme noyau dur dans la criminalité informatique.[62] L'approche de l'OCDE dès la première lecture fait penser à la cybercriminalité et à l'air d'instaurer un amalgame entre les deux phénomènes.

La confusion n'est pas une dérive d'autant plus que la cybercriminalité procède de la criminalité informatique et en est une variante[63]. C'est peut-être cette raison qui a poussé le législateur sénégalais à donner le même sens aux deux phénomènes de sorte à avoir des règles homogènes avec lesquelles les juges seront dans une situation confortable. Dans cette harmonisation des termes, pourrait aussi se trouver une volonté de dissuader la commission des infractions surtout que la cybercriminalité est sévèrement punie.

L'UIT, dans sa définition du cybercrime le considère comme « … une forme du crime informatique qui fait appel aux technologies de l'Internet pour sa réalisation. » Il n'y a plus aucun doute sur l'appartenance de la cybercriminalité à la criminalité informatique. Si la cybercriminalité est une variante de la criminalité informatique, cela reviendrait à dire que tout cybercrime est une délinquance informatique,

---

[60] OCDE, La Fraude Liée à l'Informatique : analyse des Politiques Juridiques, Paris, 1986, p.72.

[61] (J-F) CASILE, op.cit. p.20.

[62] (M.), CHAWKI, Essai sur la notion de cybercriminalité, juillet 2006, P25-28. Disponible en ligne sur : http://www.ie-ei.eu/bibliotheque/cybercrime.pdf Consulté le 17/5/12.

[63] DELPIERRE affirme que la cybercriminalité est une forme particulière de la criminalité informatique, forme qui ne s'exprime que sur et à travers le réseau de télécommunication, contrairement aux autres délits informatiques qui ne nécessitent pas d'interaction avec le réseau de télécommunication.

mais l'inverse n'est pas toujours vrai[64]. Les législateurs gagneraient à réfléchir sur l'éventuelle unification de la criminalité informatique et de la cybercriminalité. Les deux types d'infractions s'entremêlent un peu trop souvent.

La complexité de la délinquance informatique relève de sa capacité à contenir souvent plusieurs infractions à la fois, alors qu'en droit pénal, un individu ne peut être sanctionné qu'une seule fois pour un même fait.[65]

La question demeure toujours même lorsqu'on restreint le domaine juridique de « la fraude informatique » pour le limiter aux infractions dont l'élément légal est directement en relation avec un système de traitement automatisé des données.

On écarte alors les infractions réalisées grâce à l'informatique comme le vol, l'escroquerie ou l'abus de confiance qui sont des fraudes au moyen de l'informatique. Le débat reste toujours ouvert sur ces questions de terminologie en matière de lutte contre les infractions générées par les TIC en raison de leur complexité. Quid de l'objet relatif aux lois pénales qui s'y appliquent ?

II. Les lois pénales objet de l'étude

Les lois pénales concernées par l'étude sont le droit pénal substantiel et le droit procédural des pays.

Le droit pénal substantiel : *PRADEL* définit le droit pénal comme *« le droit de l'infraction et de la réaction sociale qu'elle engendre ».*[66] Cette définition signifie selon lui que le droit pénal est l'ensemble des règles qui organisent la répression d'une part et d'autre part la prévention et la

---

[64] Le législateur Belge semble avoir levé cette équivoque en intitulant sa loi sur la cybercriminalité « loi relative à la criminalité informatique ». Cette loi a été adoptée le 28 novembre 2008. Elle fait référence aux actes comme le faux en informatique, la fraude informatique, la manipulation des données et le piratage. Il ne se focalise pas sur la commission de ces actes sur Internet.

[65] En vertu du principe de non-cumul des peines, le juge prononcera la peine la plus sévère.

[66] (J.) PRADEL, *Droit pénal général*, éditions Cujas, 17eme édition, 2008/2009, p.16.

rééducation.[67] Cet éclaircissement de l'objet du droit pénal nous permet de mieux situer le cadre de notre étude. L'ensemble des règles découlant de cette définition du droit pénal sont les règles de fond, aussi dénommées droit pénal substantiel. Notre recherche concerne le droit pénal substantiel ou de fond certes, mais elle privilégie plus le volet des incriminations et des sanctions des infractions, notamment celles relatives aux actes de cybercriminalité puisqu'il s'agit d'étudier la capacité des législations ouest-africaines à incriminer et à sanctionner les cybercrimes. Les autres mesures de prévention et de rééducation ne sont pas abordées d'autant plus que ce terrain nous éloignerait de l'objectif à atteindre par la recherche. Nous y avons fait référence de manière accessoire pour certains besoins de démonstration. En d'autres termes, seules les règles de fond[68] définissant les infractions et les peines sont l'objet de l'étude. Le champ du droit pénal étant balisé, il sera appliqué la même démarche à l'égard de la procédure pénale pour sa meilleure délimitation.

La procédure pénale : elle est l'ensemble des règles qui réglementent le procès pénal. Elle détermine alors l'organisation et la compétence des différentes juridictions répressives et fixe les règles à suivre pour la recherche, la constatation et la poursuite des infractions et l'établissement des preuves. Elle réglemente enfin l'autorité et les effets des jugements et les voies de recours susceptibles d'être exercées contre les décisions[69]. La procédure pénale est donc l'ensemble des règles de forme relatives au procès pénal. L'étude n'a nullement l'intention de s'étendre à tous les aspects de la procédure pénale. Elle s'intéresse uniquement à certains paramètres dont la recherche de la vérité à travers les enquêtes et instructions aussi bien au niveau national qu'international. À l'échelle nationale, l'aptitude des règles de recherche de la vérité à s'adapter au phénomène de la cybercriminalité est l'axe abordé. À l'échelle internationale, les règles de coopération et d'entraide judiciaire en matière pénale sont appréhendées pour

---

[67] Contrairement à la définition de DONNEDIEU DE VABRES qui limitait le droit criminel aux règles de la répression étatique, il existe actuellement une législation pénale dite de défense sociale qui vise la rééducation du délinquant.

[68] (C. A.) CASTEROT, (P.) BONFILS, Procédure pénale, Thémis droit, PUF, Ière édition, novembre 2011, p.2.

[69] (B.) BOULOC, *Procédure pénale*, édition Dalloz, 23eme édition, 2012, p.2.

l'appréciation des règles de procédures à vocation internationale dans le traitement de la cybercriminalité.

Les lois pénales à savoir le droit pénal de fond et celui de forme se trouvent dans des textes séparés au niveau national dans les cas où la loi applicable est la législation nationale classique adaptée. Par contre, lorsqu'il s'agit d'une loi spécifique de lutte contre la cybercriminalité, les règles de procédures applicables se trouvent dans le même texte.[70] Dans les textes internationaux par contre, il est recommandé la mise en place de procédures selon des indications. Les textes renvoient en effet aux règles de coopération classiques existantes en matière pénale[71]. Pour des raisons de commodité nous présentons à la fois dans cette partie de la délimitation de notre objet, les deux types de règles qui en réalité sont concomitamment traitées en matière de cybercriminalité.

Les Lois pénales dont il s'agit sont toutes les règles d'ordre pénal qui régissent la cybercriminalité. Les codes pénaux et de procédures pénales sont aussi parcourus pour l'appréhension des règles applicables. Les règles communautaires relatives à la cybercriminalité à l'instar de la Directive de la CEDEAO de 2011 sur la cybercriminalité font partie de l'objet de la recherche.

Certaines règles des États cibles ayant des implications dans la lutte contre le phénomène de la cybercriminalité entre autres, les lois sur les données à caractère personnel, la propriété intellectuelle ont été exploitées. En somme, toutes les règles qui viennent s'insérer au code pénal et de procédure pénale ou celles qui viennent les compléter en matière de lutte contre la cybercriminalité ont été des matériaux de notre recherche.

Le droit français a été choisi pour éclairer nos analyses des législations ouest-africaines. Notre choix de ce droit se base essentiellement sur deux raisons. L'une est linguistique, le droit français est linguistiquement à notre portée par rapport à un droit dans une autre langue. L'autre raison est l'expérience remarquable de la France en

[70] Voir lois du Sénégal et de la Côte d'Ivoire.

[71] Voir Convention de Budapest et Directive ouest-africaine de lutte contre la cybercriminalité.

matière de lutte contre la cybercriminalité. En effet, en réponse à la cybercriminalité, la France a adapté certaines de ses lois et adopté de nouvelles lois. Elle a par ailleurs créé des institutions pour la mise en œuvre de la législation. La Convention de Budapest qui est un texte à vocation internationale[72] est aussi utilisée comme outil de travail d'autant plus qu'« à un phénomène international, il est important de répondre par une approche internationale ».[73]

Si les lois pénales sont spécifiées avec aisance, ce n'est pas le cas pour la cybercriminalité dont la définition n'est pas aisée. Nous avons donc étudié dans le cadre de cette recherche toutes les infractions prévues par les textes en vigueur ou qui pourraient s'appliquer. C'est en cela que l'entrée de la Convention de Budapest et de la législation française nous ont été assez profitables. L'étude a ressorti les spécificités ouest-africaines en ce qui concerne d'éventuelles nouvelles facettes de la cybercriminalité à prendre en compte par les législations.

III. La cybercriminalité et les lois pénales en Afrique de l'Ouest

Quels rapports entretiennent les lois pénales et la cybercriminalité en Afrique de l'ouest ? Telle est la question opportune à ce stade. La réponse à cette interrogation passe par un ressourcement dans le débat des mutations que l'avènement des technologies de l'information impose à la matière pénale. Le droit pénal classique a été conçu pour un monde matériel et est actuellement face à un autre monde, celui de l'immatériel qu'il doit saisir au risque de perdre son mérite de régulateur de l'ordre social. Or cet espace virtuel est répugnant et rébarbatif en ce sens qu'il remet en cause certains acquis qui constituent le fondement du droit pénal.

La souveraineté des États

De cette dernière découle le principe de la territorialité du droit et de la procédure pénale. Les lois pénales sont l'expression d'une prérogative des États, donc de leur souveraineté. Elles sont exclusivement

[72] Les États non membres peuvent y adhérer art. 37 de la convention.
[73] (C.) Mohamed, op.cit. p.15.

d'applications nationales.[74] Cette affirmation est encore à nuancer au regard de la théorie d'ubiquité qui permet aux juridictions françaises de déclarer les lois de ce pays compétentes toutes les fois qu'un élément constitutif de l'infraction a lieu sur le territoire ou lorsque l'infraction produit des effets sur le territoire français.[75] Les lois pénales classiques connectent les faits répréhensibles à un État.

Les TIC, notamment, l'Internet est partout, sur tous les territoires à la fois : « *Il emprunte les lignes téléphoniques de tous les pays sans considération de frontières et son maillage est tel qu'il n'est pas possible de déterminer a priori le chemin que suivront les données pour être acheminées d'un point à un autre de la planète. Ensuite son architecture est distribuée et non hiérarchique, il fédère une multitude de réseaux différents quant à leurs natures, origines et fonctionnements. Les ordinateurs qui y sont connectés appartiennent indifféremment à des personnes physiques ou morales, de droit public ou privé. Le réseau n'appartient donc à personne, il connaît une gestion décentralisée, il est impossible d'identifier un responsable de la toile. Il échappe à un contrôle global des États, dont les compétences sont limitées par les frontières, car Internet ignore celles-ci et fait de l'intégralité de la planète, son domaine* ».[76]

Cette technologie outrepasse les frontières nationales et fait du concept de « *village planétaire* »[77] une réalité. Certains parlent « *d'a-territorialité* »[78] d'Internet.

Il est donc difficile, voire impossible pour l'État, d'exercer son pouvoir de sanction par des lois qui se limitent à un espace donné sur des phénomènes qui dépassent le cadre de ses frontières. Cela ne fait aucun doute dans un concept du droit où la sanction, la contrainte font partie des prérogatives réservées aux États. Quelles règles s'appliqueront aux

---

[74] Hormis certaines règles pénales de protection des droits de l'homme à l'instar du droit belge qui se donne une vocation internationale. Cette loi est donc compétente en cas de crime contre l'humanité quel que soit l'endroit de sa commission.
[75] (M.) QUEMENER, (Y.) CHARPENEL, Cybercriminalité, *droit pénal appliqué*, édition économica, septembre 2010, p.158.
[76] (P-M.) REVERDY, op. cit. p.30.
[77] MEIR, op. cit. p.43.
[78] UIT, op.cit. p.31.

actes répréhensibles commis sur ce territoire illimité ? Est-ce les règles de l'État qui a subi le préjudice ? Celui dont le ressortissant commet l'acte ? Celui qui a plus de moyens ?[79] Les États doivent-ils s'unir par le biais d'un seul droit pour faire face aux actes malveillants ? Internet n'ayant pas de territoire, il en découle que les infractions qui y sont commises ont une grande portée et sont réfractaires à l'expression de la souveraineté des États par leurs lois pénales. Pourtant le cyberespace n'est pas forcément une zone de non-droit.

Dans l'affaire Yahoo, c'est ce que la juridiction française saisie a tenté de démontrer en se déclarant compétente pour une infraction qui a causé préjudice aux demandeurs alors que l'auteur de la faute se trouvait hors du territoire.[80] Ces mécanismes permettant aux États d'imposer leurs lois à des personnes cibles en dehors de leur territoire constituent une exception qui n'est pas toujours gagnée d'avance.

La vocation du droit pénal à s'appliquer au monde matériel

Cette réalité pose la question de la légalité des délits et des peines. Le droit pénal dans sa version classique peut-il s'appliquer convenablement à la cybercriminalité sans qu'il y ait arbitraire ? Le droit pénal dans sa conception première est fait pour régir un monde matériel, physique. Concrètement, le délinquant est physiquement présent, localisable dans un État, les preuves peuvent être matériellement collectées sur la scène du crime, à son domicile, par les traces visibles qu'il laisse. Par contre, sur le réseau, il est difficile de rattacher un acte à son auteur. Au contraire, les traces se volatilisent et sont facilement dissimulables. Les acteurs de mise en œuvre des lois pénales doivent maîtriser les nouvelles technologies pour avoir la chance de retrouver des preuves. La question est tellement rude que REVERDY se demande comment il est possible de régir efficacement une matière jeune et en transformation constante avec des principes juridiques fondés aux dix-huitième et dix-neuvième siècles.[81] Lorsque les acteurs de mise en œuvre des lois pénales s'entêtent à faire face à la cybercriminalité avec les lois classiques, ils tombent dans le risque de

---

[79] Il s'agit des moyens aussi bien humains, techniques que financiers.

[80] TGI, Paris, 22 mai, 2000, UEJF et Licra c/Yahoo Inc. et Yahoo France.

[81] (P.M.) REVERDY, op.cit. p.14.

baigner dans l'arbitraire et de fouler aux pieds les principes de la légalité des délits et des peines.[82]

Il suffit d'une mauvaise interprétation des lois classiques pour se retrouver en train d'appliquer des sanctions et des peines inappropriées. Le recours aux lois classiques pour faire face aux cybercrimes dépendra surtout de la méthode d'interprétation adoptée par le juge pénal.[83] La méthode d'application stricte de la loi pénale est celle adoptée en droit français.

Le juge applique strictement la loi sans aller au-delà et se limite aux seules hypothèses prévues. Toutes ces manières de faire sont un renforcement du principe de la légalité des délits et des peines au bénéfice du délinquant. D'où la nécessité d'adapter les lois classiques et de les accompagner de dispositions nouvelles conformes à la cybercriminalité dans ses facettes nouvelles.

Les États ouest-africains se trouvent dans ce contexte général marqué par la remise en cause du droit pénal par les TIC. Au début des années 2000, un certain nombre d'évènements ont fait prendre conscience de la menace que constituait la cybercriminalité. Il s'agit entre autres des attaques contre le site de Yahoo en février 2000, de la propagation du virus[84] « I love You » en mai 2000, du virus code red en juillet 2001, Nimda en septembre 2002,[85] etc. En Amérique du Nord, notamment aux États-Unis et au Canada, les politiques de lutte contre la cybercriminalité ont pris une autre tournure après l'attentat du 11 septembre 2001, du fait du recours supposé des terroristes à Internet pour communiquer. Un bouleversement juridique s'est alors produit dans les législations de ces pays.[86] Les États en Afrique de l'Ouest

[82] Voir les autres principes d'équité, d'égalité, de culpabilité et d'humanité que PRADEL nomme les cinq piliers du droit pénal, p.61.
[83] (J.) PRADEL, op.cit. p. 176-177.
[84] Le virus est un programme malicieux capable de se reproduire et comporte des fonctions nuisibles pour un système informatique.
[85] UIT, op. Cit. p. 28.
[86] Ces réformes législatives couplaient la lutte contre la cybercriminalité et celle contre le terrorisme. L'attentat du 11 septembre a été un déclic, une alerte de la menace que peut représenter la cybercriminalité.

connaissent toutes les difficultés qu'engendre la cybercriminalité au plan juridique, économique et social.

Au plan juridique, les États, en majorité répondent aux cybercrimes par leurs lois classiques qui s'inscrivent d'ailleurs dans le décor de la résistance de ces lois au phénomène de la cybercriminalité. La parade à ces difficultés est le renforcement des lois existantes ou l'adoption de nouvelles lois. Au niveau du droit pénal substantiel, le Sénégal a adapté certaines dispositions de ses lois classiques et adopté de nouvelles dispositions pour en faire une loi spécifique à la cybercriminalité. La Côte d'Ivoire a aussi adopté une loi sur la cybercriminalité. Le Ghana a adapté certaines dispositions de son code pénal et punit certaines infractions. Le Nigéria par contre a réalisé un projet de loi depuis 2012 et l'a modifié en 2015.

Au niveau du droit procédural, Le Sénégal, la Côte d'Ivoire et le Ghana ont aménagé leurs procédures classiques pour adapter les règles de prescription, de preuve ou d'établissement des procès-verbaux. Ce cadre de réponse est certes une avancée, mais loin d'être totalement conforme aux ravages opérés par la cybercriminalité dans la région. Cela est d'autant plus vrai que les nouvelles législations ne sont pas encore bien comprises et appliquées par les acteurs de la justice. Il est cependant capital de mettre en œuvre avec rigueur les quelques règles qui saisissent la cybercriminalité.

La place de choix de la mise en œuvre des règles a été confirmée dans le guide de l'UIT sur les pays en développement en ces termes « *Une loi est de peu d'utilité, si la justice n'est pas en mesure de collecter et de traiter les preuves, d'identifier et de sanctionner les auteurs des comportements criminels. Elle n'est pas efficace si les malveillants ont le sentiment d'agir en toute impunité* ».[87] La lutte contre les cybercrimes doit nécessairement passer par un cadre législatif idoine, qui doit surtout, être mis en œuvre.

En Afrique de l'Ouest, le décor législatif pénal est tel que les lois sont insuffisantes pour répondre efficacement au phénomène de la cybercriminalité et cela explique la grande proportion de ces infractions

[87] UIT, op.cit. p.18.

dans la région. Une autre difficulté est que les États luttent de façon dispersée contre un phénomène à vocation internationale qu'il est quasiment impossible de combattre seul, surtout, qu'il constitue un frein considérable à leur développement.

La Directive de la CEDEAO cherchait à harmoniser les législations d'ici 2014 de sorte à éliminer les vides juridiques et à établir une synergie d'action. Mais cet objectif n'est malheureusement pas atteint, car jusqu'à la date indiquée, les États de la communauté n'ont pas transposé le texte.

Monsieur CHAWKI préconise dans sa thèse l'appel aux incriminations traditionnelles pour faire face à la cybercriminalité. Il souligne cependant qu'elles se sont révélées insuffisantes en France dans la répression d'un certain nombre d'infractions.[88] Les États de la région ouest-africaine qui ont principalement basé leurs réponses juridiques sur les lois classiques non réaménagées pour certains, sauront-ils tirer leur épingle du jeu ? Cette interrogation nous conduit à la question principale de notre recherche.

Comment les lois pénales d'Afrique de l'Ouest saisissent-elles la cybercriminalité ?

La réponse à cette question fondamentale de notre recherche passera par les réponses aux questions accessoires qui suivent :

- Quelles sont les lois applicables en matière de cybercriminalité dans chaque pays ?

- Quelles sont les spécificités des législations nationales dans la lutte contre les cybercrimes ?

- Existe-t-il des infractions propres à l'Afrique de l'Ouest ?

Comment les règles sont-elles mises en œuvre ? Existe-t-il des infractions propres à la région ?

---

[88] (M.) CHAWKI, op. cit., p. 100.

Quelles sont les solutions envisageables pour lutter efficacement contre la cybercriminalité en Afrique de l'Ouest ?

Ces interrogations font ressortir les objectifs de la recherche.

Cette étude se pose comme objectif général d'apprécier la relation entre les législations pénales et la cybercriminalité qui est une réalité en Afrique de l'Ouest. Les objectifs spécifiques qui en découlent sont les suivants :

- Faire l'état des lieux et une analyse des normes pénales existantes afin de mesurer leur aptitude à saisir la cybercriminalité.

- Faire une étude comparative et analytique des législations ouest-africaines au regard de la législation et des pratiques de la France.

- Ressortir les spécificités ouest-africaines en termes d'infractions et des besoins de légiférer.

- Contribuer au renforcement du cadre d'harmonisation des cyberlégislations pénales en proposant un cadre de lutte approprié au contexte ouest-africain, voire africain.[89]

Les réponses de cette étude se veulent anticipatrices. Le côté anticipateur des réponses est aussi capital pour Reverdy qui dit qu'« *En tout état de cause, le droit applicable aux nouvelles technologies doit procéder d'une démarche anticipatrice des futures difficultés juridiques* ».[90]

Il est également convenable de noter que la démarche anticipatrice implique un bon ciblage des points sur lesquels légiférer.

---

[89] L'étude loin d'être prétentieuse se veut aussi un cadre d'inspiration et d'amélioration de la politique africaine de lutte contre la cybercriminalité. Notre étude ambitionne de proposer un cadre permanent et anticipateur de lutte contre la cybercriminalité. Les solutions proposées ont une vocation universelle.

[90] (P.M.) REVERDY, op.cit. p.15.

Le sujet est abordé sur la base d'affirmations qui tiennent lieu d'hypothèses.

- Les lois pénales en Afrique de l'Ouest ne sont pas suffisamment efficaces pour régir les infractions de cybercriminalité.

- La région ouest-africaine est caractérisée par certaines infractions de cybercrimes

La conduite de la recherche s'est faite sur la base d'une méthodologie de rassemblement des informations. Les informations de l'étude ont été obtenues à la fois, par une recherche documentaire et des entretiens.

La recherche documentaire

Elle a porté sur l'exploitation de documents traitant de la cybercriminalité et des lois pénales en général. Ceux abordant particulièrement les questions relatives aux lois pénales ont été privilégiés. Il est important de noter la limitation des écrits en matière de cybercriminalité, notamment, au niveau ouest-africain. Les écrits générés au niveau français ont occupé une place de choix dans cette recherche surtout que l'étude s'est inspirée de l'expérience française pour analyser les législations ouest-africaines et pour contribuer à la construction du cyberdroit de la région. L'autre aspect de la recherche documentaire concerne les législations pénales proprement dites. Les lois pénales qui ont fait l'objet de comparaison sont celles des pays concernés en l'occurrence, celles du Ghana, du Nigéria, du Sénégal et de la Côte d'Ivoire. La législation française en matière de lutte contre la cybercriminalité a une fois encore été un cadre d'inspiration auquel il a régulièrement été fait recours. La nouveauté du cyberdroit ouest-africain était un véritable obstacle à l'accès aux textes dont certains n'étaient pas encore adoptés. Toutes les normes pénales qui se rapportent à la lutte contre la cybercriminalité ont été analysées.

Les entretiens : Ils ont été réalisés pour obtenir des informations dans l'ensemble des pays concernés. Pour ce faire, un guide d'entretien a été élaboré et adapté aux structures et acteurs qui étaient visés par la collecte d'informations. Certaines structures et des acteurs clés de la lutte contre la cybercriminalité ont été interrogés sur la base du guide d'entretien pour une meilleure compréhension des normes et de la manifestation des infractions de cybercrimes au sein des États. Les magistrats, juristes et autres acteurs de mise en œuvre des lois pénales ont été les personnes ciblées par le guide.

La recherche portant sur les lois pénales éprouvées par la cybercriminalité est présentée en deux parties. La première partie de notre ouvrage analyse la capacité des lois pénales des États ouest-africains, à régir les cybercrimes. La deuxième partie aborde les modalités de renforcement et d'adaptation du cadre législatif ouest-africain en matière de lutte contre ces infractions.

PREMIÈRE PARTIE

LES DIFFICULTÉS DE TRAITEMENT DES CYBERCRIMES PAR LES LÉGISLATIONS PÉNALES OUEST-AFRICAINES

La région ouest-africaine est confrontée aux difficultés imposées par le développement des TIC, surtout celles générées par l'interconnexion des réseaux, Internet. Pour sécuriser les personnes et les biens des attaques cybercriminelles, les États de la région se dotent progressivement de cadres législatifs. La Directive[91] communautaire de 2011 de la CEDEAO répond à ce souci. Les États sont censés l'incorporer dans leur droit interne[92] pour faire face à cette criminalité qui évolue sans cesse. Tandis que certains États adoptent une loi spécifique pour réprimer les actes répréhensibles, d'autres adaptent progressivement leur législation par des lois additionnelles. Quelle que soit la formule utilisée, il n'en demeure pas moins que la cybercriminalité est une énigme à laquelle les États doivent perpétuellement trouver une nouvelle réponse. Cette criminalité constitue une épreuve pour les législations pénales qu'il est donné d'analyser dans la première partie de cette recherche. La découverte du degré d'adaptation des législations pénales ouest-africaines au phénomène cybercriminel nécessite une analyse des normes pénales de fond (Titre 1) et celles de forme (Titre 2). Cet exercice permet de cerner leur aptitude à régir les infractions de cybercrimes. Une comparaison est par la même occasion faite entre les différentes législations pour en ressortir les approches vis-à-vis des infractions.

---

[91] Directive C/DIR/1/08/11 portant lutte contre la cybercriminalité dans l'espace de la CEDEAO. Elle a été adoptée à la soixante-sixième session ordinaire du conseil des ministres à Abuja, 17 – 19 août 2011.

[92] Les États étaient censés l'incorporer dans leur droit interne au plus tard en janvier 2014.

TITRE I

LE DEGRÉ D'ADAPTATION DES NORMES PÉNALES DE FOND AUX INFRACTIONS DE LA CYBERCRIMINALITÉ

La cybercriminalité a évolué dans un contexte où elle a été combattue par les normes classiques conçues pour le monde matériel. Cette criminalité étant fortement marquée du sceau de l'immatériel, un vide juridique s'est très vite créé face au décalage entre le monde où elle se développe et celui pour lequel sont faites les normes pénales traditionnelles. L'étude analyse les différents types d'infractions qui caractérisent la cybercriminalité en les regroupant en atteintes spécifiques et en atteintes non spécifiques aux TIC. Les incriminations des législations face à ces atteintes sont étudiées sous ce premier titre. Leur capacité à faire face aussi bien par leur version classique que nouvelle est perçue. Il est vrai que les incriminations anciennes s'appliquent difficilement aux cybercrimes, mais les normes nouvelles ne sont pas exemptes de toute critique. Elles subissent des épreuves qui sont relevées dans les lignes qui suivent. Ces dernières donnent l'occasion de percevoir la nécessité de pratiquer une veille juridique permanente pour une gestion pénale efficace des cybercrimes.

CHAPITRE I

LES INFRACTIONS SPÉCIFIQUES AUX TIC

Les cybercrimes se réalisent par le biais des atteintes aux technologies de l'information et de la communication. À ce niveau, c'est soit le dispositif technique lui-même qui est attaqué, ou l'information qu'il contient. L'information qui est objet de l'infraction est soit à caractère général parce qu'elle concerne toutes les questions en dehors de l'identité des personnes, soit relative à l'identité des personnes. On parlera alors de données à caractère personnel. Le tout se déroule, bien sûr, dans un espace virtuel.

Les infractions spécifiques aux TIC émergent et deviennent une réalité de la région ouest-africaine. Les lois pénales passent petit à petit de la phase du silence à la saisine de ces agissements. Mais cette progression est loin de se faire sans difficulté. En effet, alors que les législations abordent de façon diversifiée les atteintes aux systèmes informatiques et aux informations générales (Section I), elles saisissent avec bien de difficultés les atteintes aux données personnelles soumises à un traitement automatisé (Section II).

SECTION I : LA DIVERGENCE DES APPROCHES D'INCRIMINATION VIS-À-VIS DES ATTEINTES AUX SYSTÈMES INFORMATIQUES ET AUX INFORMATIONS GÉNÉRALES

Les cybercrimes qui procèdent d'une atteinte aux systèmes et aux informations générales dont il est ici question, sont les atteintes aux systèmes informatiques et celles relatives aux données informatisées. L'ensemble de ces actes constituent des infractions de cybercriminalité au sein des législations étudiées. Les approches dans la présentation de ces actes répréhensibles demeurent assez diversifiées. Tandis que certaines législations font référence à ce groupe d'infractions en abordant ouvertement ou de façon lapidaire les accès non autorisés, les interceptions et les modifications de données informatiques, la fraude informatique, le vol d'identité, etc.[93], d'autres énumèrent les infractions en distinguant clairement les attaques aux systèmes informatiques des atteintes aux données informatisées.[94]

Quelle que soit la méthodologie adoptée pour la présentation et l'incrimination de cette catégorie d'atteintes dont il est question, les législations pénales sont loin d'être exemptes de tout reproche. Les lignes qui suivent permettent d'apprécier tour à tour les incriminations afférentes aux atteintes relatives aux systèmes informatiques (Paragraphe I) et leurs failles d'une part ; d'autre part, les incriminations des atteintes aux données informatisées et leurs limites (Paragraphe II).

PARAGRAPHE I : LES INCRIMINATIONS DES ATTEINTES AUX SYSTÈMES INFORMATIQUES

Il s'agit à ce stade de l'analyse de la protection de la confidentialité des systèmes informatiques par les différentes législations (A), mais aussi de l'appréciation de la sanction des atteintes au fonctionnement des systèmes informatiques (B). La législation ghanéenne qui adopte une méthodologie différente de protection de celle des autres États est appréciée de façon séparée (C).

1-Les atteintes à la confidentialité des systèmes informatiques

La confidentialité des systèmes informatiques implique le secret dont on doit faire preuve dans leur traitement. Ces derniers doivent, en effet, être protégés contre toute intrusion non autorisée. Le principe de confidentialité est garanti par la protection contre l'accès et le maintien frauduleux. Mais avant d'aborder les atteintes à la confidentialité des systèmes informatiques, il est important d'appréhender la notion de système informatique dans les législations pénales.

2-La notion de système informatique dans les législations

Les lois pénales classiques des États n'abordaient pas les atteintes aux systèmes informatiques. La notion était alors méconnue. Les nouvelles

---

[93] Voir approche de la législation nigériane

[94] Voir la législation sénégalaise qui a l'air de se rapprocher de la directive qui s'inspire d'elle de façon subtile.

législations de lutte contre les cybercrimes adoptées par les États donnent une définition de la notion qui contient cependant quelques zones d'ombre.

a-Les définitions du système informatique par les législations

La loi sénégalaise sur la cybercriminalité adoptée en 2008 définit le système informatique comme « *tout dispositif isolé ou non, tout ensemble de dispositifs interconnectés assurant en tout ou partie, un traitement automatisé de données en exécution d'un programme* ».[95] La Directive de la CEDEAO de 2011 en donne la même définition. Les rédacteurs de la norme communautaire se sont surement inspirés de la loi du Sénégal [96]qui s'est elle-même inspirée de la définition de la Convention de Budapest. Le législateur ivoirien admet naturellement la même définition qu'il emprunte à la Directive qu'il transpose[97].

Cette approche des législateurs sénégalais, communautaire et ivoirien a le mérite de considérer le système informatique dans ses deux dimensions. Celle « *... qui intègre les éléments, sans considération du résultat produit, et le système effectif qui ne saurait être dissocié de la phase de traitement* ».[98]

Le législateur nigérian, dans son projet de loi sur la cybercriminalité, « *Cybercrime Prohibition, Prévention Act 2015* » [99]incrimine l'atteinte au système informatique qu'il dénomme « computeur system » et la définit comme « *any device or a group of interconnected or related devices, one or more of which, pursuant to a program, performs automated or interactive processing of data...* ». Le législateur nigérian retranscrit fidèlement la définition de la Directive communautaire qu'il transpose. Le Ghana ne dispose pas d'une législation spécifique à la

[95] Voir titre III du chapitre préliminaire de la loi sénégalaise sur la cybercriminalité.
[96] Voir Dispositions générales article 1er de la Directive de la CEDEAO portant lutte contre la cybercriminalité, août 2011.
[97] La Côte d'Ivoire transpose la Directive communautaire par sa loi n° 2013-451 du 19 juin 2013.
[98] (J. F) CASILE « *Le code pénale à l'épreuve de la délinquance informatique* », Marseille, Presses universitaires d'Aix-Marseille, 2002, p .72.
[99] Le projet de loi du Nigéria qui a servi à cette recherche date de 2015.

cybercriminalité.[100] La législation qui existe fait cependant référence au système informatique par le terme « computer ». Elle le définit de la manière suivante : « *computer means a device or a group of interconnected or related devices, including the internet, one or more of which, pursuant to a program, performs automatic processing of data or any other function…* »[101]

La définition du législateur ghanéen va dans le même sens que celles des autres législateurs. Elle précise cependant que l'Internet fait partie des dispositifs dont il est question dans la désignation des systèmes informatiques. Le législateur en plus de désigner les dispositifs assurant le traitement automatisé de données en exécution d'un programme, inclut des dispositifs remplissant d'autres fonctions, « *any other function* ». Le flou subsiste au niveau d'une imprécision des autres fonctions que remplissent les dispositifs en dehors du traitement automatisé des données. Est-ce à dire que le législateur ghanéen octroie une autre fonction aux systèmes informatiques en dehors du traitement automatisé des données ?

b-Le système informatique comme dispositif isolé

S'il est aisé de cerner le sens des termes « … *tout ensemble de dispositifs interconnectés* », car faisant référence à la mise en réseau, l'interconnexion ou encore la liaison entre les dispositifs, il n'est par contre pas facile de donner un sens à l'expression « *tout dispositif isolé…* ». L'on ne saurait dire ce que les législateurs entendent par cette notion de dispositif, dans la mesure où le système informatique est naturellement isolé lorsqu'il n'est pas connecté à un autre système. Mais certains éléments du système pris indépendamment sont aussi isolés comme par exemple un disque dur et un ordinateur. Seule l'adéquation entre le disque et le lecteur de l'ordinateur permettra d'accéder aux informations. Le terme dispositif crée un peu la confusion, car il installe le débat de savoir si le disque dur ainsi que la carte magnétique constituent des systèmes de traitement de données en

[100] Elle a cependant, adopté une loi : Acts/E/ACT 772 électronic transaction Act, 2008. Elle vient renforcer son code pénal pour ce qui concerne la répression de la cybercriminalité. Disponible en ligne sur http ://www.coe.int consulté le 20 juillet 2013 »

[101] Voir interprétation, art.144, électronic transaction Act, op.cit.

tant que dispositifs isolés. C'est pourquoi il convient de percevoir le sens du terme dispositif.

Il s'agit d'un ensemble d'éléments constituant un mécanisme ou un appareil. Le dispositif concourt à un résultat déterminé. Pour qu'il y ait un dispositif, donc un résultat déterminé, il faudrait selon le Sénat français, « Tout *ensemble composé d'une ou de plusieurs unités de traitement de mémoire, de logiciels, de données, d'organes, d'entrées-sorties et de liaisons qui concourent à un résultat déterminé, cet ensemble étant protégé par un dispositif de sécurité* ».

Le magistrat TOURE parle d'une composition d'éléments matériels et immatériels.[102] La carte et le disque dur séparés ne peuvent constituer un système informatique puisqu'ils sont inexploitables en l'état. C'est seulement leur mise en adéquation avec d'autres éléments qui peut assurer l'existence d'un système exploitable. L'association de la carte bancaire au DAB [103] en est un exemple.

Le DAB a été défini en jurisprudence sénégalaise en ces termes : *« Le distributeur automatique de billets, constitué d'un ensemble d'éléments matériels, à savoir notamment le clavier, l'écran et de composantes immatérielles, notamment l'algorithme d'authentification des cartes bancaires ayant pour objet de vérifier lors d'une opération l'authenticité de la carte en effectuant un calcul de données sur celle-ci, doit être considéré comme partie intégrante du système bancaire »*.[104]

L'insertion du disque dur dans un ordinateur[105] assure l'existence d'un dispositif isolé, donc d'un système informatique. À propos de l'admission de l'ordinateur comme système informatique, un début de réponse existe en droit sénégalais : « *Récemment, un jugement du Tribunal des Flagrants Délits de Dakar du 18 septembre 2009*[106] *a déjà assimilé un ordinateur pris isolément à un système informatique au sens*

---

[102] (P. A.) TOURE, Op. Cit. P54.
[103] Notamment son introduction.
[104] (P. A.) TOURE, Op. p.56.
[105] Qui rend possible le traitement de l'information.
[106] V. T.R.H.C Dakar, n° 4241/09 du 18 septembre 2009, jugement inédit.

de la loi. Il a été également jugé qu'un terminal de paiement électronique constitue un système informatique ».[107]

Monsieur le Professeur VIVANT et autres font référence à l'ordinateur en définissant le système informatique comme « *un ensemble de matériel et de logiciels comportant au moins un ordinateur, destiné à recevoir, traiter et restituer les données »*. La jurisprudence française dans l'affaire Humpich a considéré un terminal de paiement électronique comme un élément du système de traitement automatisé de données en ce sens qu'il vérifie l'authenticité de la carte par le canal de données sur celle-ci.

3-Le système informatique comme dispositifs interconnectés

Il est ici question de percevoir le sens de « … tout ensemble de dispositifs interconnectés »[108] comme système informatique. C'est l'échange de données qui est principalement visé sur les réseaux informatiques à ce niveau. La technologie d'Internet en est un élément fondamental.

L'interconnexion doit être considérée comme la mise en relation d'au moins deux éléments distincts. L'interconnexion matérialise en effet la mise en relation de diverses entités, le fonctionnement de chacune d'elle dépend de celui des autres estime Casile Jean-François : « *Deux systèmes informatiques distincts constituent un système à part entière dès lors qu'ils sont inter-opérables. On parle alors de réseau informatique* ».

Les législateurs ouest-africains entendent sanctionner les atteintes aux réseaux informatiques par le biais des dispositifs interconnectés. Le législateur ghanéen fait explicitement référence à Internet dans sa définition du système informatique. Avant d'apprécier les incriminations des atteintes aux systèmes informatiques dans les

---

107(P.A) TOURE, Conseil de l'Europe-programme octopus interface 2010, conférence sur la coopération contre la cybercriminalité, « La cyber stratégie de répression de la cybercriminalité au Sénégal : présentation de la loi n° 2008-11 du 25 janvier 2008, portant sur la cybercriminalité. », Strasbourg, France, 23-25 mars 2010, P.8.

108 (M.) Vivant et alii, Lamy droit de l'informatique et de réseaux, 1999, p.1763 cité par CASILE Jean-François

législations, il convient d'apprécier l'objet de ce système qui est le traitement automatisé des données.

4-Le traitement automatisé des données comme objet du système informatique

Le traitement automatisé des données a été défini par le Sénat français lors des travaux préparatoires de la loi du 5 janvier 1988 comme « *Tout ensemble composé d'une ou de plusieurs unités de traitement de mémoire, de logiciels, de données, d'organes, d'entrées-sorties et de liaisons qui concourent à un résultat déterminé, cet ensemble étant protégé par un dispositif de sécurité* ».[109] La doctrine française a connu deux grandes positions à propos de la définition du traitement automatisé des données. L'une restrictive et l'autre extensive.

La conception restrictive : elle est développée par le Professeur CROZE qui fait du traitement automatisé un traitement informatique[110]. Il fait donc de l'informatique l'élément essentiel du traitement automatisé des données. L'ordinateur est alors un aspect fondamental au cœur du dispositif répressif.[111] Le professeur CROZE ne prend en compte que les traitements automatisés par l'emploi des moyens informatiques et rejette du champ pénal les fichiers manuels et mécanographiques.[112] Alors que « *le développement de l'informatique de réseau tendrait à retenir le terme automatisé, qui représente l'avantage d'être plus large que celui d'informatiser. Cela permet d'englober toutes les formes de traitement de l'information, et donc d'inclure les traitements mixtes, en laissant à l'écart les traitements mécanographiques* ».[113] Les tenants de la conception large ne se limitent pas à ce stade.

---

[109] DOC. A.N, 1987-88, n° 1009.
[110] (H.) Croze, « l'apport du droit pénal à la théorie générale du droit de l'informatique (à propos de la loi N° 88-19 du 5 janvier 1988, I, 3333) cité par (J-F) CASILE p. 80.
[111] (H.) Croze, « l'apport du droit pénal à la théorie générale du droit de l'informatique à propos de la loi N° 88-19 du 5 janvier 1988, I, 3333, N° 7 cité par TOURE p. 59.
[112] (J.F.) CASILE op.cit. p. 80.
[113] (J.F.) CASILE op.cit. p. 80.

La conception large du traitement automatisé de données : cette thèse est défendue par les Professeurs Gassin[114] et Deveze.[115] Ils prennent en considération aussi bien les traitements mixtes que les traitements mécanographiques en rejetant l'informatisation intégrale du système informatique défendue par le Professeur Croze. Le magistrat Toure trouve que la conception extensive a le mérite de prendre en compte diverses formes de traitement de l'information.[116]

Le développement rapide des cybercrimes et la capacité des délinquants à exploiter les failles des législations doivent constituer une raison importante de la prise en compte de cette conception. Découvrons à présent, comment les législations pénales régissent les atteintes à la confidentialité des systèmes à travers l'incrimination de l'accès et du maintien frauduleux.

5-La divergence d'incrimination de l'accès frauduleux à un système informatique

Selon le Rapport explicatif du Conseil de l'Europe, l'accès comprend la pénétration dans l'intégralité ou une partie quelconque d'un système informatique.[117]Toutefois, il ne comprend pas le simple envoi de messages électroniques ou de fichiers au système en question.[118]

Accéder frauduleusement à un système informatique, c'est l'action de s'y introduire sans droit. On parle de hacking ou de piratage informatique. Cet agissement est une réalité en Afrique de l'Ouest. En mai 2001 le site officiel du Gouvernement du Sénégal a été piraté, en juin 2012, 23 sites appartenant au gouvernement ivoirien ont été la cible d'attaques d'un groupe de hackers nommé LatinHack Team,[119] en

---

[114] (R.) GASSIN, « Informatique (Fraude informatique) », Rép. Pén. et proc. Proc., Paris, Dalloz, octobre 1995, n° 64.)

[115] (J.) DEVEZE, « Atteintes aux systèmes de traitement automatisé de données », J-Cl. Pen., art.323-1 à 323-7, 1997, p. 6, n° 16.)

[116] (P.A.) TOURE, op.cit. p.61).

[117] Matériel, composantes, données stockées du système installé, répertoires, données relatives au trafic et au contenu.

[118] Point 46 du Rapport explicatif du Conseil de l'Europe.

[119] hervebah.akendewa.net/2012 / vagues-attaques-contre-les-sites-du-gouvernement-ivoirien Consulté le 23 mai 2015.

octobre 2013, une attaque de la « Nigérian cyber army »[120] avait démontré que la plupart des sites Internet burkinabés étaient vulnérables aux attaques informatiques.[121] En 2015, c'est le site de la présidence malienne qui est attaqué. Toutes ces attaques ont en commun une faille du système de sécurité dont les hackers ont profité pour accéder aux systèmes informatiques institutionnels.

L'accès frauduleux est sévèrement puni par le législateur nigérian. La peine est soit, au moins, cinq ans d'emprisonnement avec une amende de cinq millions de Nairas [122](5, 000, 000[123]) ou les deux peines à la fois.[124] La peine est inférieure en droit sénégalais où l'infraction de l'accès frauduleux est punie d'une peine privative de liberté allant de 6 mois à trois ans et d'une amende qui varie d'un million (1 000 000[125]) à dix millions (10 000 000[126]) de francs CFA[127] ou seulement l'une de ces deux peines.[128] En droit ivoirien, la peine de l'accès frauduleux varie d'un à deux ans d'emprisonnement et d'une amende de cinq millions (5 000 000[129]) à dix millions (10 000 000) de francs CFA.[130] Le législateur ivoirien reste le plus sévère en cumulant la peine privative de liberté et l'amende. Alors que les autres législateurs optent pour l'une des deux peines en plus du fait que le juge puisse prononcer les deux peines en même temps.

Le législateur nigérian opère une distinction dans la sanction de l'accès frauduleux au système informatique en fonction des intérêts en jeu. Il propose dans l'alinéa 2 de l'article 6 du projet de loi de 2015, la formule suivante : « Where *the offence provided in subsection (1) is committed with the intent of obtaining computer data, securing access to any*

---

[120] Groupe d'hacktivistes nigérian.
[121] www.lefaso.net/spip.php?article56262 Consulté le 23 mai 2015.
[122] Monnaie nationale du Nigéria.
[123] 23.600 euros
[124] Cf. Art.3 Cybercrime bill, 2012.
[125] 1.500 euros.
[126] 15.000 euros.
[127] Monnaie du Sénégal, qu'il partage avec sept autres États de l'Union Économique Monétaire Ouest Africains (UEMOA) dont : le Bénin, le Togo, le Niger, le Mali, la Côte d'Ivoire, le Burkina Faso et la Gambie.
[128] Cf. Art. 431-8 de la loi sénégalaise sur la cybercriminalité.
[129] 7.500 euros.
[130] Art. 4 de la loi n° 2013-451 du 19 juin 2013.

program, commercial or industrial secrets or classified information, the punishment shall be imprisonment for a term of not more than 7 years or a fine of not more than Seven Million Naira (N7,000,000.00) or to both ».

L'accès frauduleux en vue d'obtenir des données, des secrets d'ordre industriel ou commercial est sévèrement puni soit d'une peine privative de liberté allant de trois ans d'emprisonnement et une amende de sept millions (7 000 000)[131] de Nairas. Cette deuxième incrimination montre par ailleurs la volonté du législateur nigérian de distinguer l'accès frauduleux, avec l'intention de commettre une infraction de l'accès frauduleux sans aucune intention de commettre un acte malveillant. La sanction du législateur nigérian est protectrice des intérêts économiques.

Le législateur sénégalais est aussi animé par une volonté de sanctionner l'accès frauduleux simple ainsi que l'accès frauduleux suivi d'une procuration d'avantages. Peu importe la nature de l'avantage ; il peut être économique ou non. Il élargit donc le champ de l'avantage protégé contre l'accès frauduleux par rapport au législateur nigérian qui le réduit à la sphère économique. Le législateur sénégalais se garde cependant de sanctionner différemment l'accès frauduleux avec ou sans intention de rechercher un avantage. Il sanctionne en effet les deux agissements de la même façon.

Il aurait pu opérer une distinction entre la recherche d'avantages et l'accès simple comme le fait le législateur nigérian. Le législateur ivoirien par contre reste silencieux quant à la sanction de l'avantage recherché par l'auteur de l'accès frauduleux au système informatique. Quelle sanction le législateur ivoirien appliquera-t-il lorsqu'il sera en présence d'un délinquant qui se serait procuré un avantage suite à un accès frauduleux ? Le juge pénal appliquera sans doute la sanction prévue pour l'accès frauduleux.

---

[131] 14.830 euros.

La sanction de la complicité de l'accès frauduleux

Les législateurs ivoirien, sénégalais et nigérian omettent de punir la complicité dans l'accès frauduleux au système informatique alors que cette atteinte peut se réaliser par la complicité d'une autre personne.

La sanction de la tentative d'accès frauduleux au système informatique

Elle est diversement appréciée par les législateurs. Tandis que les législateurs du Sénégal et de la Côte d'Ivoire sanctionnent la tentative d'accès au système informatique des mêmes peines que celles prévues pour l'accès frauduleux,[132] le législateur nigérian reste silencieux sur cette question. Celui du Sénégal sanctionne en outre la tentative de se procurer un avantage suite à un accès frauduleux. La peine est similaire à celle relative à l'accès frauduleux.[133] Comment est régi le maintien frauduleux ?

6-Le maintien frauduleux dans un système informatique

Le maintien frauduleux est puni par l'article 431-9 du Code pénal sénégalais de la manière suivante : « *Quiconque se sera maintenu ou aura tenté de se maintenir frauduleusement dans tout ou partie d'un système informatique, sera puni d'un emprisonnement de six (6) mois à trois (3) ans et d'une amende de 1 000 000 à 10 000 000 francs ou de l'une de ces deux peines seulement* ».

La sanction est la même que celle de l'accès frauduleux. L'infracteur court six mois à trois ans d'emprisonnement et une amende d'un million (1000 000) à (10 000 000) de FCFA ou seulement l'une des deux peines. Le législateur ivoirien incrimine le maintien frauduleux en l'article 5 de sa loi sur la cybercriminalité[134] comme suit : « *Est puni de un à deux ans d'emprisonnement et de 5 000 000 à 10 000 000*

[132] Voir respectivement les articles 4 et 431-8 des législations ivoirienne et sénégalaise sur la cybercriminalité.

[133] 6 mois à trois ans d'emprisonnement et/ou d'une amende qui varie d'un million (1 000 000) à dix millions (10 000 000) de francs CFA.

[134] Loi n° 2013 — 451 du 19 juin 2013 relative à la lutte contre la cybercriminalité en Côte d'Ivoire.

d'amende de francs CFA d'amende, quiconque se maintient ou tente de se maintenir dans tout ou partie d'un système d'information ».

Le législateur sanctionne l'atteinte du maintien frauduleux de la même peine que celle relative à l'accès frauduleux à savoir, un à deux ans d'emprisonnement et d'une amende de cinq millions (5 000 000) à dix millions (10 000 000) de francs CFA.

Le législateur sénégalais régit l'atteinte du maintien frauduleux dans une disposition séparée de celle de l'accès frauduleux alors que les peines sont les mêmes. Les deux législateurs punissent par la même occasion la tentative de maintien frauduleux. Les peines demeurent les mêmes que celles prévues pour l'accès frauduleux. Cela signifie que les deux infractions ont la même gravité au sein des deux législations francophones.

Le législateur nigérian ne mentionne pas le maintien frauduleux dans sa loi sur la cybercriminalité. Il se contente de sanctionner sévèrement l'accès frauduleux en instituant des situations aggravantes.

7-La preuve de l'accès frauduleux aux systèmes informatiques

Toute infraction en droit pénal doit contenir l'ensemble de ses éléments constitutifs avant d'être qualifiée comme telle par le juge pénal. Les éléments matériels et intentionnels en sont les conditions d'existence.

a-La détermination de l'élément matériel de l'accès aux systèmes informatiques

La détermination de l'élément matériel passe par une compréhension du mot « *accéder* ». Accéder, selon le Larousse « *c'est atteindre un lieu, avoir la possibilité d'y pénétrer* ». Accéder, c'est aussi «*pouvoir disposer d'une information, d'une connaissance, la posséder et la maîtriser* ». Ces deux définitions montrent clairement l'accès au sens propre qui implique une action dans un lieu matériel tandis que la deuxième fait référence au sens figuré du mot. Elle fait appel à l'aspect immatériel, voire intellectuel, de la notion. Le terme peut alors revêtir plusieurs sens qui ne sont pas sans impact sur la détermination de l'élément matériel de l'accès aux systèmes informatiques.

En France, la détermination de l'élément matériel de l'accès aux systèmes informatiques a engendré deux positions au plan doctrinal. L'une est matérialiste et l'autre intellectuelle.[135]

Position doctrinale

- *L'approche matérielle de l'accès* : Elle est défendue par le professeur Buffelan. Elle fait appel à une introduction matérielle dans un système de traitement automatisé de données.[136]

***L'approche intellectuelle de l'accès* :** Elle rejette l'approche matérielle et est défendue par le Professeur Gassin[137] et privilégie le sens figuré du terme accès ; elle assimile l'accès au système informatique « à *la capacité de pensée d'une personne. C'est plutôt l'accès à l'immatériel qui est mis en exergue, car « accéder à » signifie « atteindre un phénomène immatériel* ».[138] Selon CASILE, « l'intérêt de cette approche est qu'à partir du moment où il s'agit non de la pénétration dans un lieu physiquement situé, mais de l'accès à la capacité de réaliser des opérations techniques, l'accès peut se faire aussi bien directement qu'indirectement ».

Selon Casile, « *l'accès frauduleux matérialise une atteinte à l'espace système* ». « *La notion d'accès frauduleux renvoie à l'idée de pénétration à l'intérieur de quelque chose…* ».

Le fait de s'introduire dans le système détermine cet élément matériel fondamental. La question qui se pose naturellement est celle de savoir si les législateurs ouest-africains entendent incriminer uniquement l'accès sans autorisation ou les deux à la fois.[139] Si cette question trouvait facilement sa réponse dans le projet de loi du Nigéria de 2012, la solution n'est pas facilement détectable au sein des législations ivoirienne et sénégalaise. Le législateur nigérian posait clairement la

---

[135] (P.A.)Toure op.cit. p.65.
[136] (J.P.) BUFFELAN, « Les nouveaux délits informatiques », Expertises, n° 104, 1988, p. 99. Cité par TOURE).
[137] (R.) Gassin, « informatique, (fraude informatique) », Rép. Pen. Proc. Pén. Dalloz, octobre 1995, n° 100, p.17.
[138] (J. F.), CASILE, Op. Cit. p.93.
[139] Le deuxième cas concerne l'accès avec autorisation.

condition de l'accès avec ou sans autorisation dans le système comme substrat de l'élément matériel. Le législateur semble renoncer à la sanction de l'accès avec autorisation dans son projet de loi de 2015.

L'article 6 cette loi dispose : "*Any Person, who without authorization, intentionally accesses in whole or in part, a computer system or network for fraudulent purposes and obtain data that are vital to national security, commits an offence and shall be liable on conviction to imprisonment for a term of not more than 5 years or to a fine of not more than Five Million Naira (5 000 000,00 NGN) or to both fine and imprisonment*".[140]

Quant au législateur sénégalais, il procède de la façon suivante : "*Quiconque aura accédé ou tenté d'accéder frauduleusement à tout ou partie d'un système informatique, sera puni d'un emprisonnement de six (6) mois à trois (3) ans et d'une amende de 1 000 000 à 10 000 000 francs ou de l'une de ces deux peines seulement*".[141] Le législateur ivoirien adopte le même style de rédaction que celui du Sénégal, il n'est donc plus besoin de reprendre la disposition.

L'ensemble des législateurs semblent opter pour la sanction de l'accès sans droit. Selon le rapport explicatif de la Convention de Budapest, l'acte d'accès doit être accompli sans droit. Cela signifie que la pénalisation de l'accès autorisé par le propriétaire du système ou d'une partie de ce système ou par le détenteur d'un droit sur ce système pour des essais n'est pas autorisée. Il est aussi écarté la sanction de l'accès à un système informatique libre et public.[142] La détermination de la preuve de l'accès frauduleux ne pose aucun problème lorsque le système doit nécessairement être protégé. La difficulté surgit lorsque le caractère protégé ou non du système doit constituer une condition de la mise en œuvre des dispositions qui incriminent l'acte dans les législations.[143] En d'autres termes, comment se fera la preuve de l'atteinte à un système ouvert au public ? Puisqu'il ne nécessite pas techniquement un code ou un dispositif d'accès. Le Rapport explicatif

---

[140] Art.6 al.1 Cybercrime Prohibition, Prévention Act 2015.
[141] Art. 431-8, al. 1 de la loi sénégalaise précitée.
[142] Point 47 du Rapport explicatif de la convention de Budapest.
[143] (C.) FERAL-SCHUHL, « Le droit à l'épreuve de l'Internet », Paris, 5e éd. Dalloz, octobre 2008, p.832.

de la Convention de Budapest solutionne déjà la question en écartant par principe la sanction de l'accès à un système ouvert au public. Une autre difficulté peut encore surgir même lorsqu'un dispositif de sécurité existe.

À ce sujet, CASILE mène la réflexion suivante : « ... *Doit-on considérer comme un accès frauduleux le fait d'accaparer un mot de passe et d'entrer dans le système de traitement automatisé de données selon la procédure préalablement définie par le maître du système ? Une réponse à cette question appelle deux hypothèses. La première tendrait à considérer comme frauduleuses toutes les formes d'accès, y compris celles qui respectent les procédures définies par le maître du système. La seconde tendrait à ne pas reconnaître la nature frauduleuse de l'accès qui respecterait une procédure prédéfinie. Dans ce cas, serait considéré comme frauduleux, le seul accès qui ne respecterait pas la procédure définie par le maître du système de traitement automatisé de données ».*[144]

À vrai dire, l'accès régulier à un système en respect des prescriptions de son maître doit être qualifié de frauduleux si l'on n'est pas la personne habilitée à le faire. L'usurpation d'identité qui est aussi une infraction pourrait, cette fois, constituer l'élément fondamental de l'accès frauduleux.

Il convient de noter que le législateur nigérian sanctionne l'accès frauduleux aux systèmes informatiques en opérant une distinction entre les systèmes possédant des informations de sécurité nationale des systèmes qui contiennent des informations de type commercial et industriel. Les atteintes aux seconds types de systèmes sont curieusement sévèrement sanctionnées.[145] Cette position du législateur témoigne de la volonté de l'État nigérian d'accorder une place de choix à l'environnement des affaires dans la lutte contre la cybercriminalité. Cela pourrait attester des grandes menaces auxquelles sont exposés les systèmes informatiques de cet environnement.

---

[144] CASILE, op.cit. p.94.
[145] Art.6 al.1et 2 de Cybercrime Prohibition, Prévention Act, 2015.

b-La détermination de l'élément moral de l'accès aux systèmes informatiques

L'élément moral est assez fondamental dans la constitution d'une infraction, il vient se cumuler à l'élément matériel pour consolider l'existence de l'infraction. En même temps, son inexistence écartera la commission de l'acte présumé répréhensible. L'aspect moral de l'infraction se caractérise par la volonté de commettre un acte prohibé, la conscience d'enfreindre la loi.

Les législateurs sénégalais et ivoirien déterminent l'élément moral à travers le caractère frauduleux de l'accès et du maintien dans le système. Ces législations se caractérisent par la double sanction du dol général et spécial. L'usage de l'adverbe « frauduleusement » l'atteste.

Le dol général se caractérise par la volonté, l'intention pour l'infracteur d'accomplir un acte illicite ou d'enfreindre la loi. Quant au dol spécial, il se caractérise par la conscience pour l'infracteur d'agir sans droit. Ce dernier doit en effet être conscient du fait qu'il n'est pas habilité à accéder ou à se maintenir dans un système informatique. Les législateurs punissent donc le dol général à travers la conscience pour l'infracteur d'enfreindre la loi.

Le législateur du Sénégal semble sanctionner celui qui accède à un système informatique de façon frauduleuse qu'il ait ou non tiré avantage de cet accès. Cette volonté du législateur s'apprécie à travers cette formule : « *Est puni de mêmes peines, celui qui se procure ou tente de se procurer frauduleusement, pour soi-même ou pour autrui, un avantage quelconque en s'introduisant dans un système informatique* ».[146]

Le législateur ivoirien au contraire, ne prévoit pas la recherche d'un avantage. Cette recherche est-elle implicitement sanctionnée par le législateur ivoirien ?

Elle aurait dû plutôt constituer une situation aggravante de la peine dans la législation du Sénégal. La peine aurait dû varier et être plus lourde

[146] Art. 431-8 al.2.de la loi sénégalaise sur la cybercriminalité.

pour celui qui tire un avantage de l'accès frauduleux à un système. Cette manière de prévoir la même sanction aussi bien pour l'accès simple que pour la recherche d'un avantage est une limite de la disposition.

Le législateur sénégalais ramène plutôt les deux situations au même niveau alors que l'infracteur peut avoir conscience d'enfreindre la loi en accédant illégalement au système sans pour autant en tirer profit. Le législateur aurait dû sanctionner sévèrement celui qui aurait atteint le but précis, notamment, le profit qu'il en tirerait.

Le législateur nigérian, dans la détermination de l'élément moral de l'accès frauduleux, ne fait pas recours à la notion de fraude, mais plutôt à celle d'intention, « *intentionally* ».

L'infracteur doit avoir la volonté, donc la conscience d'enfreindre la loi. Le législateur fait recours au dol général. Dans ce cas, l'infracteur doit avoir l'intention, la volonté ou la conscience de violer la loi. Il est alors puni d'une peine maximale d'emprisonnement de sept ans et d'une amende de cinq millions (5 000 000) de Nairas. L'usage du terme « Without autorisation » qui signifie « sans autorisation » employé par l'article 6 du projet de loi de 2015 du Nigéria, confirme l'admission d'un dol spécial dans la sanction de l'infraction d'accès frauduleux. L'infracteur doit alors accéder au système informatique sans aucun droit.

À l'opposé de son homologue sénégalais, le législateur nigérian prévoit une situation aggravante qu'il punit sévèrement. Ainsi, l'infracteur qui a en plus la conscience et la volonté de s'introduire dans le but de commettre une infraction, se procure des avantages comme les données, les dispositifs de sécurité, des secrets commerciaux ou industriels, sera puni d'une peine minimale de trois ans et d'une amende minimale de sept millions (7 000 000) de nairas.[147]

Le législateur nigérian dans son projet de loi de 2012 ne prévoyait pas de dol spécial en ce sens qu'il sanctionnait aussi bien l'accès sans droit que l'accès avec droit. Il est donné de le voir à travers la formule suivante : "*Any Person, who without authorization or in excess of*

[147] Voir les al. 2 et 3 de l'art. 3 de la Voir Cybercrime Bill, 2012.

authorization, intentionally accesses in whole or in part, a computer system or network, commits an offence« L'expression « *without authorization or in excess of authorization* » prouvait que le législateur nigérian ne sanctionnait pas exclusivement l'accès sans droit. La simple conscience de l'illicéité de l'accès suffisait pour faire exister l'infraction. Le législateur nigérian s'est cependant limité à la sanction de l'accès sans autorisation dans la modification de son projet de loi opérée en 2015. Voyons comment les législations répriment les autres atteintes aux systèmes informatiques, notamment, le maintien frauduleux.

7-La preuve du maintien frauduleux dans les systèmes informatiques

Les législations sénégalaise[148] et ivoirienne[149] sanctionnent "*quiconque se maintient ou tente de se maintenir frauduleusement dans tout ou partie d'un système d'information*".

a-L'élément matériel du maintien frauduleux dans un système informatique

L'incrimination du maintien frauduleux[150] vient compléter celle de l'accès frauduleux. Comment se caractérise-t-il matériellement ?

Cumul de l'accès et du maintien frauduleux

Il est ici question de savoir si l'accès qui précède le maintien doit être illicite. Pour répondre à cette préoccupation, la jurisprudence française a fait recours au cumul de l'accès et du maintien frauduleux. La réponse est claire en droit nigérian. Le législateur nigérian semblait avoir opté pour le cumul de l'accès et du maintien frauduleux dans son projet de loi de 2012. Il est donné de l'apprécier dans la disposition suivante : "*Any Person, who without authorization or in excess of authorization, intentionally accesses in whole or in part, a computer system or*

---

148 Voir art. 431-9 du Code pénal sénégalais.

149 Voir art.5 de la loi 2013-451 du 19 juin 2013 relative à la lutte contre la cybercriminalité.

150 (M.) QUEMENER, (Y.) CHARPENEL, « Cybercriminalité, droit pénal appliqué», Paris, éd. Economica, septembre 2010, p.72.

network, commits an offence and liable on conviction to imprisonment for a term of not more than 5 years or to a fine of not more than 5,000,000.00 or to both fine and imprisonment".[151]

Il n'y a aucun doute qu'en droit nigérian, le maintien frauduleux découle d'un accès frauduleux. L'emploi du terme "*without authorization*" le confirme. L'accès avec l'exercice d'une autorisation serait considéré comme maintien frauduleux dans l'hypothèse où l'infracteur aurait accédé conformément au dispositif de sécurité mis en place par le maître du système et qu'il y aurait excédé le délai qui lui serait imparti. Par contre, l'accès sans autorisation serait considéré comme maintien frauduleux dans l'hypothèse où l'infracteur aurait accidentellement accédé au système informatique et y serait demeuré bien qu'il n'ait pas le droit de le faire. Dans un deuxième cas, l'accès sans autorisation serait considéré comme maintien frauduleux dans l'hypothèse où l'infracteur aurait usurpé l'identité d'une personne en accaparant le code d'accès et en y demeurant bien que ne disposant pas de ce droit. Pour ce dernier cas de figure, il est très difficile d'établir une frontière entre l'accès et le maintien frauduleux.

La doctrine française a adopté différentes solutions à propos du cumul de l'accès et du maintien frauduleux. Monsieur le professeur LUCAS de Leyssac a opté pour le cumul.[152] Monsieur le professeur GASSIN par contre, a défendu la thèse du non-cumul. Il admet l'hypothèse du cumul uniquement lorsqu'il existe un moyen technique qui demande à l'auteur de l'accès frauduleux de ressortir du système et qu'il y demeure quand même.[153] Pour le professeur Deveze, il y a cumul lorsque le maintien est actif. Lorsque ce dernier est passif, il n'y a pas nécessairement cumul.[154] En France, l'article 321-1 du Code pénal crée une confusion quant à la distinction de l'élément matériel de l'accès et du maintien frauduleux. Il est ainsi libellé "*Quiconque, frauduleusement aura accédé ou se sera maintenu à tout ou partie d'un*

---

[151] Voir art. 6 Cybercrime Prohibition, Prévention, Act 2015 précité.

[152] LUCAS cité par (P. A.) TOURE in « le traitement de la cybercriminalité devant le juge : l'exemple du Sénégal », Paris, Harmattan, 2013, p.77.

[153] (GASSIN cité par [P. A.] TOURE in « le traitement de la cybercriminalité devant le juge : l'exemple du Sénégal », Paris, Harmattan, 2013, p.77.

[154] (J.) DEVEZE, « Atteintes aux systèmes de traitement automatisé de données », J-CI. pen., art. 323-7, 1997, p. 10, n° 38.

système de traitement automatisé de données sera puni d'une peine d'emprisonnement de deux mois à un an et d'une amende de 304,90 e à 7622,45 euros ou de l'une de ces deux peines".

L'usage de *'la conjonction de coordination "ou" pour caractériser l'élément matériel de l'infraction laisse supposer que l'accès et le maintien frauduleux s'analysent comme deux actes distincts. Or si tel est le cas, le législateur aurait usé de la conjonction 'et', ce qu'il n'a pas fait. Par conséquent, il semble difficile d'isoler, à travers l'expression d'"accès ou de maintien frauduleux", deux éléments matériels distincts. Il semble préférable de voir à travers le maintien, une conséquence logique de l'accès frauduleux, emportant comme conséquence que le maintien frauduleux se comprendrait comme une continuité de l'accès ».*[155]

L'accès frauduleux peut être considéré comme un élément matériel du maintien dans la mesure où ce maintien doit se comprendre comme le moyen juridique d'appréhender toutes les incursions à l'intérieur d'un STAD.[156] L'accès précède alors le maintien. Il est cependant important de retenir que « *si le maintien peut exister sans accès physique au système de traitement automatisé des données, l'inverse n'est pas vérifiable puis qu'il ne peut exister d'accès sans maintien frauduleux* ».[157] La captation du champ magnétique d'un ordinateur en est un exemple.

8-Les autres situations de maintien frauduleux

Il ne s'agit plus dans ces cas d'une liaison entre l'accès et le maintien frauduleux pour la détermination de l'élément matériel du maintien frauduleux. C'est l'aspect autonomie de chaque agissement qui est pris en compte. La réponse se trouve dans les positions doctrinales en France. Il existe plusieurs cas de figure de maintien frauduleux, les auteurs considèrent comme maintien frauduleux l'hypothèse où l'infracteur aura accédé régulièrement et sans autorisation[158] au système

---

155 (J.F) CASILE, op.cit p.95.
156 (J.F.) CASILE, op. cit. p.98.
157 (J.F.) CASILE, op. cit. p.98.
158 L'analyse de Casile montre que celui qui accède régulièrement avec le dispositif de sécurité peut être fraudeur s'il n'est pas autorisé à le faire.

d'information, mais y sera demeuré au-delà de la période qui lui serait reconnue. Cette position est défendue par monsieur le professeur Gassin. Ainsi, le simple fait de se maintenir dans un système informatique pour faire une copie des données alors qu'une simple consultation était autorisée est considéré comme maintien frauduleux.

Il en est de même pour un excès du temps autorisé.[159] On pourrait à ce niveau parler d'excès de pouvoir. C'est le fait d'aller au-delà du temps imparti ou le fait d'excéder les actes à accomplir qui caractérisent le délit de maintien frauduleux.

Le Professeur Gassin par contre, fait référence au maintien frauduleux suite à un accès accidentel qui résulte toutefois d'un accès régulier sans droit. Il s'agit en effet d'un accès par hasard ou par erreur qui n'est pas suivi d'une déconnexion immédiate.[160]

9-La position des législations ouest-africaines

Les législateurs francophones, ivoiriens et sénégalais sanctionnent le maintien et la tentative de maintien frauduleux dans tout ou partie d'un système informatique. Ils ne font pas référence à la fois aux termes « *accès ou maintien frauduleux* » dans leur texte d'incrimination du maintien frauduleux comme le fait le législateur français. Ils séparent les deux termes. Ainsi, on pourrait lire ceci dans la législation sénégalaise : « *Quiconque se sera maintenu ou aura tenté de se maintenir frauduleusement* ».[161] Le législateur ivoirien emploie le « présent de l'indicatif » et punit « *quiconque se maintient ou tente de se maintenir frauduleusement dans tout ou partie d'un système d'information* ».[162]

Il est certes aisé de déterminer l'élément matériel du maintien frauduleux qui est l'action de demeurer irrégulièrement dans le système. Mais il est difficile de dire si les législateurs francophones

---

159 (P. A.) TOURE, Op. Cit. p.76.

160 (J. P.) BUFFLAN, « la répression de la fraude informatique », Expertises, n° 10, mars 1988, p. 100 cité par (P. A.) TOURE, Op. Cit. p.76.

161 Voir art. 431-9 du Code pénal du Sénégal.

162 Voir Art. 5 de la loi de 2013.

entendent faire de l'accès frauduleux une condition préalable à son existence ou s'ils entendent prendre seulement en compte l'hypothèse où le maintien sera fait en dehors d'une période d'accès définie ou s'ils entendent également régir les captations magnétiques au titre du maintien frauduleux.

Il est vraiment difficile d'imaginer un maintien sans accès, car si l'accès au sens figuré fait référence à l'immatériel du point de vue de la conception intellectuelle, alors, le fait par exemple de capter les informations d'un ordinateur est une sorte d'accès.

La sanction de la captation magnétique au titre de maintien frauduleux ne fait l'objet d'aucun doute dans la législation du Nigéria. Le législateur nigérian semble en effet sanctionner le maintien frauduleux à travers l'article 12 du projet de loi de 2015 intitulé « *unlawful interceptions* » qui dispose que : « *Any person, who intentionally and without authorization, intercepts by technical means, non-public transmissions of computer data, content, or traffic data, including electromagnetic emissions or signals from a computer, computer system or network carrying or emitting signals, to or from a computer, computer system or connected system or network; commits an offence and shall be liable on conviction to imprisonment for a term of not more than 2 years or to a fine of more than N5,000,000.00 or to both such fine and imprisonment* ».

Les actes matériels du maintien frauduleux consistent en l'interception d'informations d'un système informatique à travers des techniques, dont les captations électromagnétiques. Il est clair que l'élément matériel du maintien frauduleux est la recherche d'avantages dans les systèmes informatiques.

10-La sanction de la tentative du maintien frauduleux

Les législateurs francophones sanctionnent la tentative du maintien frauduleux qu'on ne retrouve pas dans la loi du Nigéria. Quand commence la tentative ? Comment déterminer avec précision l'acte matériel de la tentative de se maintenir dans un système informatique ?

Il est difficile de cerner l'intention des législateurs à travers l'incrimination de la tentative. Deux hypothèses pourraient se présenter. La première est peut-être la surprise en flagrant délit de celui qui était régulièrement autorisé à accéder au système, en train d'accomplir d'autres actions en dehors de celles pour lesquelles il a été accepté dans le système. On parlera alors de détournement de pouvoir ou de mandat. La deuxième serait le cas où on surprendrait la personne autorisée, juste quelque temps après l'écoulement de sa période règlementaire, en train d'accomplir d'autres actions. Dans ce dernier cas, le maître du système devra avoir informé préalablement celui qui s'introduit dans le système sur son autorisation, de la nécessité d'en ressortir automatiquement après la période réglementaire.

L'intention du législateur devient une véritable énigme lorsqu'on tente de déterminer l'élément matériel de la tentative de maintien frauduleux pour celui qui, accidentellement, accède au système. S'il peut exister des indicateurs de dépassement « d'actions » et « de temps », comme cela a été démontré dans les lignes qui précèdent pour déterminer la tentative de maintien frauduleux dans le système par une personne qui en a l'autorisation, il n'en est pas de même pour l'accès accidentel au système.

La solution pourrait procéder de l'élément intentionnel. Recherchons maintenant l'élément moral de l'infraction d'accès et de maintien frauduleux.

a-L'élément moral du maintien dans un système informatique

L'emploi du terme « frauduleusement » dans les législations francophones du Sénégal et de la Côte d'Ivoire implique l'existence de dol général et spécial pour la sanction du maintien frauduleux. Le délit n'existe en effet que lorsque le maintien est réalisé avec fraude.

L'exigence d'un dol général : l'infracteur doit avoir la conscience et la volonté d'accomplir un acte interdit par la loi. Les situations de maintien sans conscience ne sont pas saisies par les lois pénales.

L'exigence d'un dol spécial : Cette deuxième exigence est prévue par les législations francophones. Il s'agit ici de l'intention de frauder. Le dol spécial vient consolider l'existence de l'infraction du maintien frauduleux. La recherche d'un avantage peut matérialiser le dol spécial dans le maintien frauduleux. Il en est de même pour l'excès du temps requis dans un système informatique.

La sanction de l'accès et du maintien frauduleux vise à protéger la confidentialité des systèmes informatiques. Il convient d'apprécier comment les législations régissent les atteintes au fonctionnement des systèmes informatiques.

11-Les atteintes au fonctionnement des systèmes informatiques

L'atteinte au fonctionnement d'un système fait référence à son intégrité et à sa disponibilité. L'atteinte au fonctionnement d'un système vise toute action ou programme susceptible de perturber le fonctionnement normal du système informatique. Il peut s'agir de l'introduction d'éléments comme les virus, les vers, les chevaux de Troie ou autres logiciels malveillants destinés à détruire les éléments indispensables à ce fonctionnement adéquat.

En d'autres termes, c'est le fait de faire obstacle à la disponibilité et à l'intégrité d'un système en le faussant ou en détournant le fonctionnement pour lequel il est conçu. On pourrait donc dire que « *Fausser ou perturber le fonctionnement d'un système, c'est lui faire produire un résultat qui n'en était pas attendu.* »[163] L'atteinte à l'intégrité d'un système par son entrave peut se matérialiser par *« la destruction de matériel, l'introduction de virus, de modification de codes, d'envois massifs de messages »*.[164]

Madame FERAL-SCHUHL parle de ralentissement ou de paralysie du système.[165] Cette dernière est une manifestation de l'atteinte à la disponibilité qui est une résultante de l'atteinte à l'intégrité.

---

163 Voir rapport du CRDI, « Exploration sur la cybercriminalité et la sécurité en Afrique : état des lieux et priorités de recherche », synthèse des rapports nationaux, Dakar, janvier 2011, p15.

164 (M.) QUEMENER, (J.) FERRY, « Cybercriminalité, défi mondial », Paris, éd. Economica, mars 2009, p.172.

165 (C.) FÉRAL-SCHUHL, op. cit. p. 834.

a-Les incriminations des atteintes à l'intégrité des systèmes informatiques

L'article Article 431-10 du Code Pénal sénégalais incrimine l'atteinte à l'intégrité des systèmes informatiques de la manière suivante : « *Quiconque aura entravé ou faussé ou aura tenté d'entraver ou de fausser le fonctionnement d'un système informatique sera puni d'un emprisonnement d'un (1) an à cinq (5) ans et d'une amende de 5 000 000 à 10 000 000 francs* ». Le législateur sénégalais définit[166] l'atteinte à l'intégrité du système comme l'entrave, l'action de fausser le fonctionnement du système informatique et le punit d'un emprisonnement d'un à cinq ans et d'une amende de cinq (5[167]) à dix (10)[168] millions de francs CFA.[169]

Le législateur ivoirien sanctionne l'atteinte à l'intégrité des systèmes informatiques à travers l'article 6 de la loi de la loi n 2013-451 du 19 juin 2013 sur la cybercriminalité qui prévoit : « *Est puni de un à cinq ans d'emprisonnement et de 10 000 000 à 40 000 000*[170] *de FCA d'amende, quiconque entrave, fausse ou tente d'entraver ou de fausser frauduleusement le fonctionnement d'un système d'information* ».

Ce législateur fait de mêmes agissements d'entraver ou de fausser le fonctionnement d'un système informatique des actes caractérisant l'atteinte à l'intégrité des systèmes informatiques. Il sanctionne sévèrement cet agissement contrairement à son collègue sénégalais au niveau de l'amende. La peine d'emprisonnement varie d'un à cinq ans et l'amende de dix (10) millions à quarante (40) millions de FCFA. Les législateurs ivoiriens et sénégalais sanctionnent sévèrement l'atteinte à l'intégrité des systèmes informatiques par rapport à l'accès frauduleux. Les deux législateurs sanctionnent la tentative de fausser ou d'entraver le fonctionnement d'un système informatique.[171]

---

166 Voir Art. 431 al.10 de la loi sénégalaise.

167 7 622 euros.

168 15 244 euros.

169 Le législateur accorde une gravité à cette atteinte par rapport à celle de l'accès et du maintien frauduleux qui sont punis d'une sanction plus inférieure.

170 61 068 euros.

171 Les peines de la tentative d'atteinte à l'intégrité des systèmes sont similaires à celles prévues pour atteinte à l'intégrité elle-même.

Le législateur nigérian incrimine l'atteinte à l'intégrité des systèmes informatiques à travers l'article 8 de son projet de loi de 2015 sur la cybercriminalité qui dispose : « *Any person who without lawful authority, intentionally or for fraudulent purposes does an act which causes directly or indirectly the serious hindering of the functioning of a computer system by inputting, transmitting, damaging, deleting, deteriorating, altering or suppressing computer data or any other form of interference with the computer system, which prevents the computer system or any part thereof, from functioning in accordance with its intended purpose, commits an offence and shall be liable on conviction to imprisonment for a term of not more than 2 years or to a fine of not more than Five Million Naira (N5,000,000.00)*[172] *or to both such fine and imprisonment* ».

Contrairement aux législateurs francophones, celui du Nigéria sanctionne l'atteinte au fonctionnement des systèmes informatiques sans distinguer l'atteinte à l'intégrité de l'atteinte à la disponibilité des systèmes informatiques. Le législateur nigérian sanctionne moins sévèrement l'atteinte au fonctionnement du système par rapport à l'accès frauduleux. La peine privative de liberté est de deux ans maximum et d'une amende maximale de cinq millions (5 000 000) de nairas. Le législateur nigérian sanctionne un peu plus sévèrement l'atteinte au fonctionnement des systèmes informatiques par rapport à celui du Sénégal. Le législateur ivoirien par contre, est plus sévère que les deux premiers. Il convient de déterminer les éléments constitutifs de l'infraction d'atteinte à l'intégrité d'un système informatique.

b-L'élément matériel de l'atteinte à l'intégrité des systèmes informatiques

Les législateurs francophones prévoient deux types d'actes susceptibles de caractériser le délit d'atteinte à l'intégrité des systèmes. Ce sont notamment, l'entrave et l'action de fausser le fonctionnement du système.

---

[172] 14250 euros.

Entraver le fonctionnement du système informatique

Entraver, c'est empêcher la réalisation de quelque chose, c'est faire obstacle à la réalisation d'une action. L'entrave est « un empêchement, un frein, une gêne, un obstacle » l'entrave vise les actes de sabotages informatiques. Se prononçant sur le contenu de l'article 323-2 du Code pénal français, « *Le Professeur Gassin voit à travers l'entrave, un acte physique matériel, et non un acte logique* ».[173] La notion d'entrave n'est pas nouvelle en droit pénal spécial et varie en fonction de la matière à laquelle elle s'applique. Une question pertinente a été posée à propos du délit d'entrave par Casile. Il s'agit, en effet, de celle de savoir si le délit d'entrave au fonctionnement d'un système de traitement automatisé de données concerne le fait d'arrêter ou d'infléchir le fonctionnement du système.[174]

L'évidence dans la constitution du délit d'entrave est l'existence d'une action positive. L'auteur de l'entrave doit agir par une action. On pourrait alors distinguer l'entrave matérielle de celle intellectuelle.

L'entrave matérielle est soutenue par le professeur Gassin qui parle de sabotage. Cet agissement est en réalité, une action de blocage du système informatique. Il peut s'agir d'une atteinte au dispositif informatique. Quant à l'entrave intellectuelle, elle est soutenue par les professeurs à l'instar de Buffelan[175] et Deveze. Les procédés utilisés pour la matérialisation de l'entrave sont multiples et subtils. Il peut s'agir des bombes ou virus informatiques, de la saturation des capacités d'accès des systèmes informatiques. Le virus « *I love you* » de 2000 s'est si rapidement répandu à l'échelle mondiale qu'il a posé avec acuité la question des infections informatiques.

Le spamming représente aussi la matérialisation de l'entrave intellectuelle. Il consiste en l'envoi massif de courriers indésirables à une tierce personne. Quant au *mail bombing* qui en est également une variante, il consiste à adresser des centaines de courriers non sollicités

---

[173] (J.F.) Casile, op.Cit. p.124.
[174] (J.F.) Casile, op.Cit. p.125.
[175] (J.P.) BUFFELAN « Les nouveaux délits informatiques », Expertises, n° 104, 1988, p.101.

à une personne dans le but de saturer sa boîte électronique afin d'empêcher son fonctionnement normal. L'autre élément de matérialisation de l'atteinte à l'intégrité des systèmes informatiques est l'action de fausser leur fonctionnement.

L'action de fausser le fonctionnement du système informatique

L'action de fausser fait appel à la production d'un faux résultat. C'est la production d'un résultat qui n'est pas normalement celui attendu. Selon les auteurs Vivant et autres, «*fausser*, (...), *c'est* (...) *faire produire au système un résultat autre que celui attendu, "l'infléchir", "le gauchir" par rapport à ce qu'il aurait dû être* ».[176] Des questions se soulèvent autour de l'action de fausser le fonctionnement du système informatique. Il est en effet important de se demander si l'on doit tenir compte uniquement du résultat attendu ou aussi du laps de temps dans lequel le résultat devrait être produit. Dans l'hypothèse où on tiendrait compte des deux exigences à la fois, il pourrait en résulter une appréciation biaisée que Casile a si bien perçu « *Le laps de temps imparti à un ordinateur pour accéder à un texte mis en mémoire ne saurait être identique suivant le volume de ce texte qui influe sur la mémoire, et donc modifie la capacité de traitement. Par ailleurs, il s'avère également impossible sur un réseau comme Internet d'escompter atteindre une donnée informative en un laps de temps précisément calculé puisque le temps d'accès au résultat recherché dépend du volume de connexion à l'instant "t", rendant impossible toute prévision sur ce point. L'action de fausser ne saurait donc être constituée par le fournisseur d'accès qui, ne pouvant permettre à l'internaute d'accéder aux informations recherchées du fait d'une saturation du réseau, verrait le système gauchi, au sens de ralenti* ».[177] Il est alors logique d'écarter la prise en compte du temps dans la production du résultat dans la matérialisation de l'action de fausser, car ce paramètre ne saurait être objectif. Au contraire, c'est le contenu du résultat du traitement recherché qui doit être privilégié.

« *À la différence de l'entrave, qui se matérialise par un ralentissement du système, l'action de fausser le système serait constituée dès l'instant*

[176] VIVANT et alii cités par CASILE, op. Cit.p.129.
[177] (J. F.) CASILE, Op.Cit.p.131.

où celui-ci se bloque totalement et de manière irréversible ».[178] L'entrave par contre se caractérise par la réversibilité de la situation. Il est important de noter que ce sont les actes d'entrave et les actions de fausser qui constituent les actes matériels de l'atteinte à l'intégrité d'un système informatique. Force est cependant de constater qu'il n'est pas aisé de les dissocier.

L'article 431-10 de la loi sénégalaise et l'article 6 de la loi ivoirienne, pour ce qui concerne l'atteinte à l'intégrité, font référence à l'acte d'entraver ou de fausser le système. Les législateurs francophones vont plus loin, en punissant la tentative d'entraver et de fausser un système. S'il est aisé de constater l'acte d'atteinte à l'intégrité du système, ce n'est pas le cas pour la tentative. En effet, il sera difficile de démarquer l'acte lui-même de la tentative. La volonté des législateurs est difficilement identifiable à travers leur initiative de sanctionner la tentative. La matérialisation de la tentative sera difficile à démontrer. La menace de la cybercriminalité est telle qu'ils n'ont pas voulu laisser d'agissement sans sanction. Même si leur préoccupation se comprend il n'en demeure pas moins que la peine pèse plus à l'égard de l'auteur de la tentative. En effet, ce dernier n'aura pas pu matérialiser son acte, soit, parce qu'il venait de l'entreprendre lorsqu'on l'a interrompu, soit, parce qu'il aura échoué. Le premier infracteur aura cependant atteint son objectif en matérialisant l'acte. Le législateur aurait dû endurcir la peine à l'égard de celui qui a pu atteindre son objectif en matérialisant son intention. La tentative peut aussi se matérialiser par la possession d'éléments qui permettent de fausser un système informatique (virus, codes, etc.).

Le législateur nigérian ne fait pas référence aux actes matériels de fausser et d'entraver à travers l'article 8 de son projet de loi de 2015 pour matérialiser l'atteinte à la disponibilité des systèmes informatiques. Il fait plutôt référence aux actions pouvant affecter le fonctionnement d'un système informatique. Il emploie les termes « *the serious hindering of the functioning of a computer system* ». Il vise alors l'altération, la suppression, la détérioration, la modification des données ou toute autre interférence pouvant altérer le fonctionnement

[178] (J. F.) CASILE, Op.Cit.p.131.

d'un système informatique. Le législateur ne prévoit pas la tentative d'atteinte à l'intégrité des systèmes informatiques.

Qu'en est-il de l'élément moral de l'atteinte à l'intégrité des systèmes informatiques ?

c-L'élément moral de l'atteinte à l'intégrité des systèmes informatiques

L'incrimination de l'atteinte à l'intégrité a pour finalité de protéger le fonctionnement des systèmes informatiques qui peut être l'objet de l'atteinte. Les approches divergent dans la détermination de l'élément intentionnel de l'acte d'atteinte à l'intégrité des systèmes. Le législateur sénégalais exige seulement un dol général et écarte le dol spécial pour la constitution du délit. L'infracteur doit en effet seulement avoir la conscience d'enfreindre la loi. Les agissements découlant d'une imprudence ne sont alors pas pris en considération dans la détermination de l'élément moral du délit d'atteinte à la disponibilité des systèmes informatiques. La preuve de l'intention coupable de ce délit devrait découler de l'accomplissement des actions d'entraver et de fausser le fonctionnement du système informatique de façon délibérée et sans l'ordre du maître du système. Les atteintes accidentelles au fonctionnement ne sauraient être saisies.

Le législateur ivoirien contrairement à son homologue sénégalais exige le double dol ; général et spécial. Il est donné de le constater dans la formule « ... *quiconque entrave, fausse ou tente d'entraver frauduleusement le fonctionnement d'un système informatique* »[179] l'usage du terme « *frauduleusement* » implique l'exigence du double dol. L'infracteur doit avoir la conscience d'accomplir un acte qui viole la loi. Il doit en outre le faire en violation des règles. Il doit donc le faire de façon délibérée. L'exigence du dol spécial est une manière pour le législateur d'écarter ouvertement les agissements accidentels d'atteinte au fonctionnement du système et de saisir les actions non autorisées. L'infracteur doit agir sans droit. La responsabilité de celui qui agit avec droit ne saurait alors être engagée.

---

[179] Art.8 de la Cybercrime Prohibition, Prévention, Act 2015.

Pourquoi le législateur exige un dol spécial qui suppose l'accomplissement d'une action non autorisée par l'infracteur alors même que l'entrave ou l'action de fausser sont déjà des actes intrinsèquement interdits selon Deveze ?[180] La volonté du législateur ivoirien est peut-être à rechercher ailleurs. En exigeant un dol spécial, il recherche probablement le désir pour l'infracteur de causer préjudice en portant atteinte au fonctionnement du système. Est-ce à dire dans ce cas qu'une simple atteinte au système sans aucune volonté de causer préjudice ou d'en tirer un avantage n'est pas saisie ? La réponse est claire dans la législation sénégalaise. Il suffit de porter atteinte au fonctionnement du système informatique de manière délibérée pour subir la sanction de la loi.

Le législateur nigérian, détermine l'élément moral de l'atteinte à l'intégrité du système informatique par les termes « *with lawful authority* » et « *fraudulent* ». L'infracteur doit agir sans autorisation avec une intention de nuire. Cette dernière détermine une volonté d'enfreindre la loi. Autrement dit, la volonté de porter atteinte au système informatique. Le législateur nigérian semble écarter les actions accidentelles qui ne sont pas accompagnées d'intention de nuire. La preuve de l'intention criminelle se trouve dans la volonté de causer un préjudice.

Il n'y a pas que l'atteinte à l'intégrité des systèmes qui est prévue par les législateurs ouest-africains pour protéger les systèmes informatiques dans leur fonctionnement, ils prévoient les atteintes à la disponibilité des systèmes pour ce faire.

12-Les incriminations des atteintes à la disponibilité des systèmes informatiques

Le Code pénal sénégalais en son article 431-11 sanctionne les atteintes à la disponibilité des systèmes informatiques en prévoyant que « *Quiconque aura accédé ou tenté d'accéder frauduleusement, introduit ou tenté d'introduire, frauduleusement des données dans un système informatique, sera puni d'un emprisonnement d'un (1) an à*

[180] DEVEZE cité par TOURE in « Le traitement de la cybercriminalité devant le juge : l'exemple du Sénégal p.89.

cinq (5) ans et d'une amende de 5 000 000 à 10 000 000 francs ou de l'une de ces deux peines seulement ».

L'atteinte à la disponibilité[181] du système est définie par le législateur sénégalais comme une introduction frauduleuse de données dans un système informatique.

Le législateur ivoirien en donne la même définition. Il régit l'atteinte à la disponibilité des systèmes informatiques dans l'article 7 de sa loi sur la cybercriminalité qui prévoit : « *Est puni de un à cinq ans d'emprisonnement et de 10 000 000 à 40 000 000 de francs CFA quiconque introduit ou tente d'introduire frauduleusement des données dans un système d'information* ».

Le législateur ivoirien à l'image de celui du Sénégal fait de l'introduction frauduleuse de données dans un système informatique une atteinte à la disponibilité de ce système. La définition est quelque peu vague et cela est d'autant plus vérifié que les législateurs ne précisent pas s'il s'agit d'une introduction de données dans le dispositif technique lui-même qui aura sans doute une conséquence sur le fonctionnement du service, ou s'il s'agit d'une modification des données contenues dans le système. La conséquence est qu'on a l'impression d'être en présence d'une atteinte à l'intégrité des données. Les législateurs ivoirien et sénégalais maintiennent les mêmes peines que celles prévues pour l'atteinte à l'intégrité des systèmes informatiques. En effet, le législateur ivoirien prévoit une peine d'emprisonnement qui varie d'un à cinq ans et d'amende de dix (10) millions à quarante (40) millions de francs CFA. Quant au législateur sénégalais, il sanctionne l'infraction d'une peine d'un à cinq ans et d'une amende de 5 000 000 à 10 000 000 francs ou de l'une de ces deux peines seulement. Le législateur sénégalais admet cependant une option entre l'emprisonnement ou l'amende pour l'infraction d'entrave alors qu'il cumule les deux peines pour l'atteinte à l'intégrité des systèmes informatiques. Le législateur sénégalais est donc plus sévère dans le traitement de cette atteinte par rapport à celle relative à la disponibilité des systèmes informatiques. Le législateur ivoirien par contre cumule les peines d'emprisonnement et l'amende.

---

[181] Cf. Art. 431-11 de la loi du Sénégal.

Le législateur nigérian reste assez timide dans la sanction de l'atteinte à la disponibilité du système. Il n'incrimine pas cet agissement dans une disposition séparée, mais plutôt dans le même article intitulé « *system interference* »[182] qui régit aussi l'atteinte à l'intégrité du système. La peine est donc similaire à celle de l'atteinte à l'intégrité des systèmes informatiques. Il accorde donc la même gravité aux actes d'atteinte à l'intégrité des systèmes informatiques et à ceux relatifs à la disponibilité des systèmes informatiques à l'instar des législateurs francophones sauf qu'il n'est pas très organisé dans la présentation de sa loi. Le législateur nigérian accorde à la fois, l'option entre les peines d'amende et celle privative de liberté ainsi que le cumul des deux peines dans la détermination de la sanction.

13-La preuve des éléments constitutifs de l'atteinte à l'intégrité et à la disponibilité des systèmes

La recherche des éléments constitutifs de l'atteinte à l'intégrité et à la disponibilité du système renvoie à la détermination du comportement ayant suscité l'acte et le mobile intellectuel l'ayant animé.

a-L'élément matériel de l'atteinte à la disponibilité des systèmes informatiques

L'atteinte à la disponibilité des systèmes informatiques se matérialise par l'introduction de données dans les systèmes informatiques. L'incorporation de données est une introduction de caractères magnétiques nouveaux dans un système de traitement automatisé de données.[183] La question se pose de savoir s'il est question de données au sens restreint comme représentation d'informations ou de données au sens large avec les programmes informatiques à l'instar des virus informatiques. La réponse varie en fonction des législateurs.

Le législateur sénégalais retient l'approche restrictive en définissant les données informatisées comme « *toute représentation de faits,*

[182] Art.8 de la Cybercrime Prohibition, Prévention, Act 2015.
[183] BUFFELAN cité par P.A Touré in « Le traitement de la cybercriminalité devant le juge : l'exemple du Sénégal p.91).

d'informations ou de concepts sous une forme qui se prête à un traitement informatique ».[184] Le législateur ivoirien à l'opposé adopte l'approche extensive des données informatiques. Il les définit comme *« toute représentation de faits, d'informations ou de concepts sous une forme qui se prête à un traitement informatique, y compris un programme de nature à faire exécuter une fonction par un système d'information* ».[185]

Le législateur ivoirien se démarque sur ce point de la Directive communautaire dont il s'inspire alors que ce texte adopte l'approche restrictive des données informatiques.

Le législateur nigérian à l'image du législateur ivoirien adopte l'approche extensive des données informatiques en y incluant les programmes informatiques.[186] Ce législateur se démarque également de la Directive communautaire de la CEDEAO qu'il transpose.

Les données dont l'introduction dans les systèmes informatiques est constitutive de l'infraction d'atteinte à la disponibilité des systèmes informatiques se limitent aux informations, faits et concepts en droit sénégalais tandis qu'elles s'étendent aux programmes informatiques comme les virus, les chevaux de Troie en droit ivoirien et nigérian.

Le législateur sénégalais définit le comportement matériel d'atteinte à la disponibilité du système par l'introduction de données dans le système informatique. Mais il précède cet acte matériel d'introduction de données de celui d'accès et de tentative d'accès au système informatique. Est-ce à dire que l'accès ainsi que la tentative d'accès est une matérialisation de l'atteinte à la disponibilité du système ou est-ce qu'ils conditionnent l'introduction de données dans le système ? En réalité, l'expression *« Quiconque aura accédé ou tenté d'accéder frauduleusement* » que contient la disposition qui incrimine l'atteinte à la disponibilité du système rend superflue la détermination de l'acte matériel d'atteinte à la disponibilité du système. Celui qui tente d'accéder à un système informatique ne peut être accusé d'atteinte à la disponibilité de ce système dans la mesure où seul celui qui accède au

---

[184] Voir Article 431-7 du Code Pénal du Sénegal.
[185] Voir Article premier de la loi ivoirienne sur la cybercriminalité.
[186] Voir art. 58 de la Cybercrime Prohibition, Prévention, Act 2015.

système peut y introduire des données susceptibles d'affecter sa disponibilité. La tentative d'accès avant l'introduction de données est alors inappropriée dans cette disposition étant donné que la tentative d'accès à un système informatique est déjà régie au niveau de la protection de la confidentialité.

À propos de la jonction de l'accès frauduleux à l'incrimination de l'atteinte à la disponibilité des systèmes informatiques, le magistrat Touré trouve qu'il s'agit d'une erreur rédactionnelle à rectifier.[187] Le législateur sénégalais sanctionne en outre la tentative d'atteinte à la disponibilité du système par la tentative d'introduction de données. La formule « ... *introduit ou tenté d'introduire frauduleusement des données dans un système informatique...* » le prouve.

L'acte matériel de la tentative d'introduire des données dans le système informatique reste encore à ce niveau, toujours difficile à définir matériellement.

Le législateur ivoirien incrimine l'atteinte à la disponibilité du système comme celui du Sénégal, mais se démarque un peu de sa formule. Ainsi, l'acte matériel de cette atteinte est clairement déterminé, il consiste en l'introduction ou la tentative d'introduction frauduleuse de données dans le système informatique. Il convient de noter que la tentative est difficile à démontrer matériellement. Contrairement au législateur sénégalais, celui ivoirien ne fait pas précéder expressément l'introduction de données par l'accès et de la tentative d'accès. Son attitude se comprend dans la mesure où l'introduction de données ne saurait se faire en dehors de l'accès. La tentative d'introduction de données pourrait peut-être s'apprécier par la possession de données par l'infracteur. Il appartiendra alors au magistrat de démontrer que ces données étaient destinées à rendre indisponible un système informatique, notamment, celui concerné par l'affaire dont il aura la charge.

Le législateur nigérian définit l'acte matériel de l'atteinte à l'intégrité du système informatique à travers l'article 8 de sa loi qui est aussi applicable en matière d'atteinte à l'intégrité des systèmes. Il avait déjà

---

[187] (P. A.) TOURE, Op. Cit. p.91.

été précisé que le législateur nigérian régissait l'atteinte au fonctionnement des systèmes informatiques sans dissocier les atteintes à l'intégrité de celles à la disponibilité des systèmes. Les autres législateurs ont pris le soin de distinguer ces agissements qui portent tous atteinte au fonctionnement des systèmes informatiques.

Le législateur nigérian prévoit cependant plusieurs agissements de matérialisation de l'atteinte à la disponibilité des systèmes informatiques. Il s'agit en effet des actes de transmission, d'endommagement, de suppression, de détérioration, d'altération des données d'un système informatique. Il s'agit également de l'usage de données informatisées ou de programmes informatiques qui affecteront la disponibilité du système informatique. Pour être sanctionnée, l'atteinte à la disponibilité des systèmes informatiques doit prévoir en plus des actes matériels qui le caractérisent, un élément moral.

b-L'élément moral de l'atteinte à l'intégrité et à la disponibilité des systèmes

Les législateurs ivoirien, sénégalais et nigérian exigent le double dol ; général et spécial dans la détermination de l'élément moral de l'infraction d'atteinte à la disponibilité des systèmes informatiques.

L'exigence du dol général

L'infracteur doit avoir la conscience de porter atteinte à la disponibilité du système informatique. Il doit, en effet, être conscient que ses agissements modifieront le système informatique. Il doit alors agir avec conscience au moment où il introduit les données dans le système informatique. Cela revient à dire que les actions accidentelles ou de pure maladresse ne tombent pas sous le coup de la loi.

L'exigence du dol spécial

C'est l'intention frauduleuse qui est exactement recherchée à ce stade dans la mesure où l'introduction, la modification ou la suppression de données informatiques relève de l'activité normale de l'informaticien. L'intention frauduleuse est le fait de nuire par la volonté de rechercher un certain résultat qui n'est pas attendu. Bien que les législations sénégalaise, ivoirienne et nigériane ne soient pas similaires sur la majorité des aspects de l'incrimination des atteintes ci-dessus étudiées, elles se rejoignent cependant, sur la plupart des points analysés. Que prévoit le législateur ghanéen ?

14- Les réponses spécifiques de la législation ghanéenne face aux atteintes aux systèmes informatiques

Il est nécessaire de souligner d'entrée de jeu que le Ghana est le seul État, qui lutte contre la cybercriminalité par une série de textes dispersés. Il s'agit néanmoins d'une adaptation de certaines dispositions de sa législation pénale classique par le biais de textes complémentaires, qui n'ont pas de rapport avec les autres législations qui procèdent de la Directive de la CEDEAO de 2011. Il a déjà été spécifié qu'il n'était pas aisé d'envisager l'étude des incriminations relatives aux systèmes informatiques de ce pays avec celles des autres ayant adopté une loi spécifique et employant plus ou moins la même méthodologie en raison de l'unicité de leur source d'inspiration.[188]

Par rapport à la classification des infractions portant sur l'atteinte aux systèmes informatiques, il est ressorti de l'étude exploratoire du CRDI sur la Cybercriminalité dans les États africains, le constat qui suit : « *l'étude nationale ghanéenne ne retient pas cette classification* [189]*et les atteintes visées à travers les atteintes aux systèmes sont présentées de manière laconique comme les atteintes aux personnes ou aux organisations* ».[190] Ce constat est une réalité, les atteintes aux systèmes informatiques qui sont régies par la loi « *electronic transaction Act*[191] », n'adoptent visiblement pas la même classification retenue par les autres États. Les incriminations en question existent certes, mais sont difficilement décelables en raison des intérêts protégés par le

---

[188] Les législations ivoirienne et nigériane s'inspirent de la Directive de la CEDEAO qui elle, s'inspire de la loi du Sénégal.

[189] Il s'agit des atteintes aux systèmes informatiques qui se regroupent en atteinte à la confidentialité, en atteinte à l'intégrité et en atteinte à la disponibilité des systèmes informatiques.

[190] CRDI, op.cit. p.16.

[191] Cette loi a été adoptée en 2008. Elle a pour but d'assurer la facilitation des communications et transactions électroniques dans l'intérêt public. Voir art.1, object of the Act.

législateur. Après analyse du texte, il en ressort qu'il traite ouvertement de l'accès et du maintien frauduleux dans les systèmes informatiques, l'atteinte à l'intégrité des systèmes et à l'intégrité des données que nous analyserons tour à tour.

a-L'incrimination spéciale de l'accès et du maintien frauduleux dans les systèmes informatiques

La spécificité de l'incrimination de l'accès frauduleux par le législateur ghanéen réside dans le type de système protégé et dans la diversité de la peine. L'accès frauduleux est régi à travers une disposition générale dont le contenu suit : « *A person who secures unauthorized access or attempts to secure access to a protected system in contravention of a provision of this Act commits an offence and is liable on summary conviction to a fine of not more than five thousand penalty units or to a term of imprisonment of not more than ten years or to both* ».[192]

La peine privative de liberté peut aller jusqu'à dix ans et l'amende maximale à seulement cinq mille (5000)[193] cedis.

b-Une incrimination particulière de l'accès frauduleux aux systèmes informatiques représentant un intérêt national

Cette sanction est prévue lorsqu'il s'agit de l'accès à un système ayant un intérêt national « *National interest and sécurity* ». Le législateur sanctionne « *Whever knowly accesses a computer without autorisation or exceeds authorised access, and by means of the conduct accesses information from a protected computer commits an offence…* », c'est-à-dire quiconque en connaissance de cause et sans autorisation, accède aux informations d'un système informatique protégé. À ce niveau, la peine est plus sévère, elle va jusqu'à vingt ans d'emprisonnement et dix mille (10 000)[194] cedis d'amende[195] en raison du fait que l'intérêt national est en jeu.

---

192 Art. 118, électronic transaction Act.

193 1760 euros.

194 3500 euros.

195 Voir Art.133, électronic transaction Act. Offence relating to national interest and sécurity.

L'élément matériel de l'accès et du maintien frauduleux

Quelle que soit la nature[196] de la protection des systèmes contre les accès frauduleux, la détermination de l'élément matériel de l'infraction ne pose pas de problème dans la législation du Ghana. Toutefois, quelques précisions méritent d'être faites. Le législateur protège dans les deux cas les systèmes sécurisés. L'accès doit alors se faire en violation des consignes de sécurité. Cela explique l'institution de la condition de l'accès non autorisé, « *unauthorised access* ». Une nuance est encore à faire au niveau de l'atteinte contre les intérêts de l'État. L'accès doit, non seulement, être non autorisé. Mais il doit se faire en violation des règles qui réglementent l'accès autorisé, « *exceeds athorised access* ». Le législateur incrimine donc, de façon subtile, le maintien frauduleux dans un système informatique. Il le fait seulement lorsque le système en jeu protège des intérêts nationaux. Le maintien frauduleux se matérialise par un excès de pouvoir de la part de la personne qui a accédé au système informatique avec l'accord du maître du système. Qu'en est-il du maintien frauduleux dans un système autre que celui protégeant les intérêts nationaux ?

Le législateur ghanéen privilégie la peine privative de liberté par rapport à celle pécuniaire en cas d'accès frauduleux aux systèmes informatiques.[197]

L'élément moral des infractions d'accès et de maintien frauduleux dans les systèmes informatiques

Le législateur ghanéen institue à l'image de ceux du Sénégal et de la Côte d'Ivoire, le double dol général et spécial. L'infracteur doit non seulement avoir la volonté manifeste de porter atteinte au système informatique de l'État et de violer la loi. Il doit aussi y porter atteinte sans aucun droit. C'est ce qui justifie l'emploi du terme « *unauthorized access* ».

---

[196] Voir intérêt de l'État et les autres intérêts sus mentionnés.

[197] La peine encourue peut aller jusqu'à 10 ans, selon le cas, alors que les peines vont jusqu'à trois ans pour le Sénégal. Elle est plus grave au Nigéria, car si le minimum de la peine est de 2 ans, le maximum reste inconnu, il est donc, à l'appréciation du juge pénal.

Le législateur ne fait pas référence aux termes frauduleux ou intentionnel pour déterminer l'élément moral de l'infraction. Le caractère frauduleux de l'infraction découle de l'absence d'autorisation de celui qui accède au système. Le législateur exige donc que l'accès soit non autorisé, donc frauduleux, mais ne précise pas si cet acte doit procéder de la volonté comme le fait le législateur nigérian. Est-ce à dire qu'il prend en compte aussi bien les accès volontaires que ceux involontaires ? Accéder sans autorisation au système informatique implique-t-il une volonté manifeste ou une conscience de commettre un acte répréhensible ? Le terme « *knowingly* » qui veut dire en connaissance de cause pourrait représenter la volonté. Si le dol général nécessite déjà la conscience ou la volonté de commettre un acte illicite, cela signifierait que l'accès accidentel est écarté. Il est important de souligner que le législateur ghanéen prend le soin de saisir le maintien dans les systèmes informatiques dans l'hypothèse où les pouvoirs reconnus pour l'accès autorisé sont dépassés. La conscience, la volonté de transgresser les pouvoirs établis par le maître du système caractérise l'intention de frauder.

c-Une prévention de l'atteinte à la confidentialité des systèmes informatiques

Le législateur ghanéen dans sa loi « *Electronic Transaction Act* » prévient l'atteinte à la confidentialité des systèmes informatiques en sanctionnant certains agissements à savoir la production, la vente, la possession de programmes informatiques ou de tout élément ayant pour but de porter atteinte au dispositif de sécurité.[198] Tout accès illicite au dispositif de sécurité comme un mot de passe constitue une infraction.

15-Incrimination ambiguë de l'atteinte au fonctionnement des systèmes informatiques en droit ghanéen

L'ambiguïté se trouve d'une part, dans l'inconstance des peines pour les mêmes atteintes[199] et d'autre part, dans l'amalgame quelquefois, entre les atteintes à l'intégrité des systèmes et celles portant sur la disponibilité des systèmes. Ces dernières sont quelquefois difficiles à

---

[198] Art.126 Electronic Transaction Act, 2008.

[199] Voir les diverses incriminations pour l'atteinte à l'intégrité des systèmes informatiques.

dissocier et se trouvent dans des dispositions multiples de la loi ghanéenne.[200]

L'atteinte au fonctionnement d'un système informatique a déjà été définie comme toute action susceptible de perturber son fonctionnement. Elle implique une atteinte à l'intégrité du système et celle portant sur sa disponibilité.

a-Une incrimination voilée de l'atteinte à l'intégrité des systèmes informatiques et de l'atteinte à la disponibilité des systèmes

L'atteinte à l'intégrité des systèmes informatiques est le fait de « fausser ou d'entraver le fonctionnement » de ces derniers. Le législateur ghanéen ne prévoit malheureusement pas de disposition qui renferme explicitement ces agissements. Il est cependant possible de les retrouver dans des dispositions séparées. Ainsi l'article 125 de sa loi Electronik transaction Act de 2008 prévoit que : « *A person who intentionally and without authority interferes with an electronic record in a way which causes the electronic record to be modified, destroyed or otherwise rendered ineffective, commits an offence* ».

La peine privative de liberté est de cinq ans maximum et d'une amende maximale de deux mille cinq cents (2500) cedis.[201] L'art. 128 de la même loi incrimine le déni de service « *dénial of service* » d'une peine sensiblement inférieure. La peine pécuniaire demeure la même tandis que la peine maximale d'emprisonnement est rabaissée à deux ans. Est-ce à dire que le déni de service en tant qu'atteinte au fonctionnement du système est moins grave que les autres atteintes de ce genre ? Le législateur punit plus sévèrement les envois de courriers non sollicités. Les peines sont de cinq mille (5000) cedis d'amende et d'une durée maximum de dix ans d'emprisonnement. Les messages non sollicités peuvent aussi porter atteinte au bon fonctionnement des systèmes s'ils sont massifs ou malveillants. Le législateur limite cependant cette disposition au domaine des communications commerciales. On pourrait être tenté de se demander s'il s'agit d'une omission ou d'un choix. En tout cas, il aurait été mieux d'inclure tous les types de courriers non

[200] Electronic Transaction Act, 2008.
[201] 549,35 euros.

sollicités, car l'escroquerie en ligne qui est une réalité récurrente en Afrique de l'Ouest se fait aussi à travers des courriers non sollicités de toute autre nature.[202]

La disposition qui sanctionne l'introduction de virus dans le système vient peut-être à la rescousse. En effet, l'art. 123 de la loi sur les transactions électroniques punit des mêmes peines l'atteinte à la disponibilité d'un système par les virus. Cette disposition pourrait peut-être s'appliquer aux courriers non sollicités qui ont pour but la propagation de virus.[203]

L'article 134[204] de la « *ElectronicTransaction Act, 2008* » sanctionne l'atteinte au fonctionnement des systèmes informatiques par des virus. Le dysfonctionnement doit être soit temporaire ou permanent. La peine est d'un maximum de 5000 cedis ou d'un maximum de dix ans d'emprisonnement.

b-La prévention de l'atteinte à la confidentialité et au fonctionnement des systèmes informatiques

L'article 126 de l'*Electronic Transaction Act* sanctionne la vente illicite, la possession ou la mise à disposition de programmes ainsi que tout élément ayant pour finalité de violer le dispositif de sécurité.

L'article 135 prévient également l'atteinte aux systèmes informatiques et au fonctionnement du système. Ce texte énonce : « *A person who intentionally, recklessly, without lawful excuse or justification, possesses, produces, sells, procures for use, imports, exports, distributes or otherwise makes available (a) a device, including a computer programme, that is designed or adapted for the purpose of committing an offence, or (b) a computer password, access code or similar electronic record by which the whole or any part of a computer system is capable of being accessed with the intent that it be used by a*

---

[202] Il est vrai que les courriers non sollicités sont généralement à caractère commercial, mais il existe des courriers non sollicités qui ne sont pas à caractère commercial, notamment les courriers de l'arnaque à la nigériane basés sur des sollicitations d'amour ou des aides sociales.

[203] Ces courriers n'ont pas forcément pour objet les sollicitations commerciales.

[204] Ce texte est intitulé Causing a computer to cease to function.

person for an offence commits an offence and is liable on summary conviction to a fine of not more than five thousand penalty units or a term of imprisonment of not more than ten years or to both.

Cette disposition à l'image de l'article 126 prévient les atteintes à la confidentialité des systèmes informatiques ainsi que les atteintes à leur fonctionnement. Les actes de possession, de vente, de mise à disposition, la production de mots de passe ou de programmes informatiques visant à réaliser ces atteintes sont sanctionnés.

c— Les faiblesses de la législation ghanéenne

Elle réside dans le fait qu'elle n'incrimine pas l'accès et le maintien frauduleux dans des textes séparés. Le législateur est plus focalisé et sévère à l'endroit des atteintes contre les intérêts de l'État par rapport à celle des autres intérêts. Le législateur ne sanctionne pas non plus de façon claire les atteintes au fonctionnement des systèmes informatiques. Il est difficile de séparer les atteintes à l'intégrité des systèmes de celles relatives à leur disponibilité. Il sanctionne cependant les agissements susceptibles de porter atteinte au fonctionnement des systèmes. Il est alors nécessaire que le pays transpose la Directive de la CEDEAO de 2011 portant lutte contre la cybercriminalité.

L'atteinte à l'intégrité des données est sévèrement punie pour les actes de modifications des programmes ou données, soit cinq mille (5000) cedis d'amende et dix ans de peine d'emprisonnement maximum.[205] L'atteinte à l'intégrité des données a l'air d'être doublement régie par l'art. 125 de la loi qui sanctionne l'atteinte à l'intégrité du système. La peine est moindre dans cette disposition. Elle est de deux mille cinq cents (2500) cedis d'amende et 5 ans d'emprisonnement maximum. Cette confusion aura le désavantage de compliquer la tâche du juge qui devra rechercher laquelle des dispositions est applicable.

Après cette brève analyse des incriminations relatives aux atteintes aux systèmes informatiques, on constate que l'atteinte à la confidentialité par le biais de l'accès et du maintien frauduleux est régie par les législations des lois des États (Sénégal, Côte d'Ivoire, Nigéria, Ghana,).

---

[205] Cf. Art 131, électronic transaction.

Les incriminations qui existent varient d'un État à un autre en fonction des approches des législateurs orientées par les intérêts à protéger. La faiblesse ou la sévérité des sanctions dénote de l'importance accordée par chaque législateur aux actes répréhensibles en jeu. Les lois du Nigéria et de la Côte d'Ivoire sanctionnent sévèrement l'accès et le maintien frauduleux dans les systèmes informatiques.

Le législateur nigérian gradue cependant la peine de l'accès frauduleux en fonction des circonstances et des intérêts en jeu. Celui du Sénégal le fait moins sévèrement, mais sanctionne la tentative aussi bien pour l'accès que le maintien frauduleux. Il sanctionne dans des dispositions séparées les atteintes à l'intégrité et à la disponibilité des systèmes qu'il punit sévèrement par rapport à l'accès et au maintien frauduleux. Le législateur de la Côte d'Ivoire punit sévèrement les atteintes à l'intégrité et à la disponibilité du système par rapport à l'accès et au maintien frauduleux y compris la tentative desdites atteintes.

Le législateur ghanéen prévoit des peines privatives de liberté plus lourdes par rapport aux peines d'amende. Le législateur sénégalais par contre est plus sévère au niveau des sanctions pécuniaires par rapport à celui du Ghana. On note une grande sévérité des législateurs nigérian et ivoirien pour toutes les deux peines.

Les atteintes aux TIC ne concernent pas uniquement les atteintes aux systèmes informatiques. Les législateurs ouest-africains ont pris le soin de régir les atteintes aux données informatisées.

PARAGRAPHE II : LES INCRIMINATIONS DES ATTEINTES AUX DONNÉES INFORMATISÉES

Avant toute réflexion relative à ces atteintes, il convient de comprendre la notion de données informatisées.

Définition des données informatiques

Il convient de noter que les termes « données informatiques » et « données informatisées » ont le même sens. Les législateurs ont adopté l'un ou l'autre terme. Une analyse des définitions de la Directive de la

CEDEAO,[206] de la législation ivoirienne sur la cybercriminalité [207] et du Code pénal sénégalais,[208] permet effectivement d'affirmer que les notions de données informatisées et celles de données informatiques sont similaires. En effet, la loi ivoirienne à l'instar de la Directive emploie le terme « *données informatiques* » tandis que la loi du Sénégal fait référence aux « *données informatisées* ».

« ***Données informatisées*** *: toute représentation de faits, d'informations ou de concepts sous une forme qui se prête à un traitement informatique ».*[209]

« ***Données informatiques*** *: toute représentation de faits, d'informations ou de concepts sous une forme qui se prête à un traitement informatique ».*[210]

« ***Données informatiques ou données*** *: toute représentation de faits, d'informations ou de concepts sous une forme qui se prête à un traitement informatique, y compris un programme de nature à faire exécuter une fonction par un système d'information ».*[211]

Le législateur ivoirien donne le même sens à la notion de données et à celle de données informatiques. Il ajoute à la notion de données informatiques les programmes qui font exécuter une fonction par un système d'information. Le législateur ivoirien a opté pour une conception large de la notion de données informatiques.

La loi nigériane[212] quant à elle parle de « computer data » pour désigner les données informatiques. Elle offre la définition suivante : « *computer data — include information required by the computer to be able to operate, run programs, store programs and store information that the*

[206] Directive de la CEDEAO, op.cit.
[207] Loi de la Côte d'Ivoire sur la cybercriminalité, op. cit.
[208] Loi du Sénégal sur la cybercriminaltité, op. cit.
[209] Définition de la loi du Sénégal.
[210] Définition de la Directive de la CEDEAO de 2011 sur la cybercriminalité.
[211] Définition de la loi de Côte d'Ivoire sur l cybercriminalité.
[212] Cybercrime Prohibition, Prévention, Act 2015, op.cit.

computer user needs such as text files or other files that are associated with the program the computer user is running ».

Le législateur nigérian adopte sensiblement la même définition que le législateur ivoirien.

Quelles que soient les appellations ou les approches des législateurs, les données informatisées font appel à la problématique de la protection de l'information dans la lutte contre la cybercriminalité. Avant d'aborder les aspects pénaux proprement dits, il est incontournable de comprendre la notion de l'information et de son statut dans les législations (A). Cet exercice est capital pour la compréhension de la nécessité de sa protection contre l'interception (B) la falsification et la fraude (C), sous réserve de l'atteinte à l'intégrité des données déjà abordée dans les lignes précédentes.

1-La question de l'information dans la lutte contre la cybercriminalité en Afrique de l'Ouest

a-La protection pénale de l'information comme donnée

L'information se définit par le Dictionnaire Larousse comme « un élément de connaissance susceptible d'être codé pour être conservé, traité ou communiqué ».[213] Quant à la donnée elle se définit par le même dictionnaire comme « la représentation conventionnelle d'une information sous une forme convenant à son traitement par ordinateur ».[214] La loi ivoirienne sur la cybercriminalité définit la donnée comme toute représentation de faits, d'informations ou de concepts sous une forme qui se prête à un traitement informatique, y compris un programme de nature à faire exécuter une fonction par un système d'information.

La définition de la donnée montre sans ambages qu'elle constitue une information. Cette dernière est seulement présentée sous une forme conventionnelle. On parlera d'information traitée ou en traitement. Il est vrai que la donnée est toujours une information, mais le contraire

[213] Larousse poche 2017.
[214] Larousse poche 2017.

n'est pas évident. L'information traitée dépasse le cap de l'état brut pour aboutir à celui de donnée qui a de l'importance en valeur ajoutée. C'est cela qu'affirme Hance en ces mots : « *L'information brute de collecte n'est pas sans valeur, mais c'est surtout l'information compilée, corrélée, enrichie qui peut être objet de négoce* ». Il attache une valeur négociable à la donnée sans toutefois nier le fait que l'information brute puisse en posséder. Ce constat lève l'équivoque quant à la protection juridique de la donnée.

La position du droit français est claire, le législateur accorde à l'information traitée un régime juridique propre qui n'est pas le même lorsque l'information n'est pas traitée ou ne fait l'objet d'aucun traitement.[215] En effet, la transposition par la loi n° 98-536 du 1er juillet 1998[216] de la Directive n° 96/9/CE du parlement européen du 11 mars 1996 concernant la protection juridique des bases de données consacre le régime juridique de la protection des données. Une protection est donc offerte aux contenus informationnels contre toute atteinte qu'elle soit une modification, une altération, une soustraction ou une réutilisation, etc. La protection des bases de données ne fait l'objet d'aucun doute aussi bien en jurisprudence française qu'en doctrine. La difficulté se présente lorsqu'il ne s'agit pas de base de données.

La jurisprudence française n'accorde pas de statut juridique à l'information. Cela est d'autant plus vérifié qu'elle n'est pas assimilable à une chose[217] et par conséquent, insusceptible d'appropriation. En effet, « *Dans l'arrêt Bourquin, le juge répressif lui attribue le statut de chose pour a priori, le lui retirer dans l'arrêt Fressoz sans pour autant la faire sortir du domaine du droit pénal* ».[218]

---

[215] (J.F.) CASILE, op.cit. p. 343 et 344.

[216] La loi N° 98-536 du 1er juillet transpose la directive n° 96/9/CE dans le code de propriété intellectuelle français.

[217] Le droit des biens s'est depuis longtemps fondé sur l'appropriation de choses matérielles. Cette théorie a eu une implication sur le droit pénal qui n'accorde une protection qu'aux choses en n'incriminant que leur vol, escroquerie et le recel sous réserve du vol d'électricité qui est une chose immatérielle.

[218] CASILE, op.cit. p.343.

Dans l'arrêt Bourquin[219] deux ex-employés de l'imprimerie ont été reconnus coupables du vol de 70 disquettes et du vol de contenu informationnel[220] de 47 disquettes. Dans l'arrêt Fressoz,[221] le juge refuse la sanction des journalistes ayant publié des informations relatives aux revenus du président-directeur général d'une des principales firmes automobiles françaises sous le chef de recel de violation de secret professionnel et de vol. Il le fait plutôt par le biais de recel de photocopie en ces termes : « *Alors, de surcroît, que des informations qui ne peuvent faire l'objet d'une appréhension matérielle sont insusceptibles d'être l'objet d'un recel ; que la cour d'appel, qui relaxe les journalistes du chef de vol et ne caractérise aucune infraction portant sur les documents eux-mêmes, se borne ainsi à caractériser un recel d'informations, un tel recel échappant à la loi pénale, faute d'élément matériel de détention ; que cet élément matériel ne peut être légalement constitué par la "publication" des documents, le seul fait de divulguer une information qui aurait été en violation d'un secret ne tombant pas sous le coup de la loi pénale* ».

Les deux décisions dégagent tout le problème que constitue la place de l'information en droit pénal français. Si dans l'affaire Bourquin, l'information a été qualifiée de chose, ce n'était que pour le temps de réalisation de la reproduction du contenu des disquettes. Le juge pénal a imaginé par une belle formule, la dépossession temporaire de l'imprimerie de ce contenu informationnel. Il refuse de le faire dans la deuxième affaire qui était semblable. Il a plutôt préféré se baser sur le support de l'information en l'occurrence, la photocopie pour engager la responsabilité des journalistes. Il rejoint à ce niveau le concept de l'atteinte indirecte à l'information.

Certains auteurs suggèrent la sanction du vol de l'information par le canal du vol du support, par la reproduction par photocopie. Dans l'affaire Fressoz, le juge pénal a rejeté la qualification de recel d'informations sur la base de la publication des informations relatives aux revenus du DG de la société d'automobile, alors qu'il l'avait fait

---

[219] Cass., Crim., 12 janvier 1989, 87-82.265, bull. n° 14 p. 38.

[220] Le vol du contenu informationnel a été reconnu pour la période nécessaire à la reproduction.

[221] Cass., crim., du 3 avril 1995, 93-81.569, Bull. 1995 N° 142 p. 397.

dans une affaire précédente en admettant le délit de recel du secret de l'enquête et de l'instruction en le caractérisant par la publication des photographies d'un meurtre, dans les revues.[222] Le constat[223] de Casile selon lequel « *le statut juridique de l'information dépend à l'heure actuelle, du pouvoir d'interprétation du juge* »[224] a tout son sens dans le contexte français. Les législateurs ouest-africains semblent prévenir ces épreuves auxquelles sont soumis les juges chargés de la répression des infractions en reconnaissant progressivement un statut juridique à l'information.

2-L'information qualifiée de chose dans les législations pénales ouest-africaines.

Les législateurs dans leur quête de solutions juridiques pour faire face à la cybercriminalité ont adapté quelques dispositions de leurs droits classiques de sorte qu'elles puissent saisir sans détour certains agissements répréhensibles qui constituent la réalité de l'environnement numérique. C'est le cas de l'information. Elle a été admise au statut de chose par les législateurs ghanéens, ivoiriens et sénégalais. Cette adaptation n'est pas sans conséquence sur sa situation en droit pénal. En effet, l'information qui est insusceptible d'être protégée sous le régime juridique des infractions de vol, d'escroquerie de recel et d'abus de confiance acquiert ce statut dans certaines législations ouest-africaines.

a-Les aménagements de la législation pénale du Ghana

L'appréhension de l'information en chose par la législation pénale du Ghana passe par le renforcement et l'adaptation à travers les notions de vol et d'appropriation (stealing and appropriation) respectivement régies par les articles 107 et 108 de la loi Ghanéenne Electronic Transaction Act.[225] Le premier texte intitulé stealing dispose : « *Section 124 of the Criminal Offences Act, 1960 (Act 29) on stealing applies with the necessary modification* (a) *to anything done using an electronic*

---

[222] Cass., crim., du 13 mai 1991, 90-83.520, Bull. 1991 N° 200, p. 514.
[223] Le constat se limite au contexte français.
[224] CASILE, op. cit. p. 343.
[225] Ghana Electronic Transaction Act, op. cit.

processing or procuring procedure system whether or not the appropriation was by use of an electronic processing procedure, and (b) *to anything whether or not the medium used in the receiving in whole or in part was an electronic record* ».

Le Code pénal du Ghana[226] définit le vol comme une appropriation frauduleuse de la chose d'autrui.[227] Le réaménagement de l'article 10 rend possible une adaptation de la disposition du Code pénal relative au vol pour l'étendre à toute action électronique, donc aux choses immatérielles. Le juge pénal est alors investi du pouvoir d'interpréter la loi pour qualifier de vol toute action en rapport avec les TIC, qui relève de l'immatériel et qui porte atteinte à la propriété d'autrui. Si la loi est claire pour ce qui concerne l'infraction de vol, elle demeure silencieuse pour les autres infractions susceptibles de frapper les biens, notamment, l'escroquerie, l'abus de confiance et le recel. Il est alors intéressant de s'interroger sur le sort de ces cas. Il n'y a point de doute que l'information puisse être objet de recel en droit ghanéen, car si l'infraction principale à laquelle se rattache cet agissement est le vol d'information, alors, la question n'est plus à poser. Voyons si les autres cas trouveront leur réponse dans l'aménagement de la disposition relative à l'appropriation des choses.

L'article 108 relatif à l'appropriation dispose : « *(1) Section 122 (2) of the Criminal Offences Act, 1960 (Act 29) on acts witch amount to appropriation applies with the necessary modification to anything whether or not the moving, taking, obtaining, carrying away or dealing is by means of electronic processing or procuring procedure in part or in whole. (2) For a cyber offence, "**thing**" includes any electronic related matter which result in the loss of property, identity, electronic payement medium, information, electronic record and any related matter whether tangible or intangible wherever located on any network if the accused is subject to prosecution under this Act* ».

Le législateur prend en compte l'information immatérielle qui bénéficie du statut de chose par le pouvoir d'interprétation du juge.

---

[226] Art. 29 Criminal Offences Act, 1960.
[227] Art. 126 Criminal offences Act, 1960.

Le second alinéa définit la notion de chose dans l'espace virtuel « *cyber* » en faisant référence à toute action en rapport avec le domaine électronique. Ainsi, sont relevées au rang de choses les matières intangibles au même titre que celles tangibles. Il n'y a donc plus de doute concernant la question soulevée précédemment. Les infractions aux biens telles que l'escroquerie et l'abus de confiance sont saisies par la matière pénale du Ghana, au même titre que celles du vol et du recel. Le législateur du Ghana a su adapter sa législation pénale au besoin du moment, surtout que les atteintes aux droits dans le monde virtuel sont devenues monnaie courante. L'information est parfaitement protégée en droit ghanéen. Qu'en est-il de la législation sénégalaise ?

b-La position de la législation sénégalaise

On y trouve des efforts d'adaptation des incriminations traditionnelles aux réalités des TIC. Un élargissement de l'objet des infractions contre les biens a été fait. Un chapitre relatif aux atteintes aux biens a été inséré dans la loi sur la cybercriminalité.[228]

La résultante a été la consécration de la théorie du vol, du recel, de l'admission de l'escroquerie portant sur l'information. Le législateur sénégalais a comblé les lacunes de sa législation classique qui était axée sur la protection des biens matériels, afin de saisir l'immatériel.

L'information a alors été incluse dans l'assiette de certaines atteintes aux biens.[229] L'article 431-53 du Code pénal sénégalais dispose : « *La soustraction frauduleuse d'information au préjudice d'autrui est assimilée au vol* ». Le juge pénal était déjà favorable à l'extension de l'infraction du vol à l'information. C'est ce que constatait le magistrat TOURE : « *Avant l'entrée en vigueur de la loi sur la cybercriminalité, le jugement du 9 mai 2006 du Tribunal Régional Hors Classe de Dakar*

[228] Ce chapitre vient renforcer les dispositions traditionnelles du code pénal sénégalais relatives aux biens.

[229] (P. A) TOURE, Conseil de l'Europe-programme octopus interface 2010, conférence sur la coopération contre la cybercriminalité, « *La cyber stratégie de répression de la cybercriminalité au Sénégal : présentation de la loi n° 2008-11 du 25 janvier 200 8, portant sur la cybercriminalité.* », Strasbourg, France, 23-25 mars 2010, P.8.

dans l'affaire dite de la Clinique du Cap[230] *confirmé par l'arrêt de la Cour d'Appel du 16 avril 2007*[231] *avait déjà admis la possibilité d'un vol portant sur des données électroniques contenues dans un serveur, par simple copiage ».*[232]

L'escroquerie ayant pour objet l'information est prévue par l'article 453-56 qui dispose : « *Quiconque aura reçu des informations personnelles, confidentielles ou celles qui sont protégées par le secret professionnel, usant des manœuvres frauduleuses quelconques, soit en faisant usage de faux noms ou de fausses qualités, sera puni des peines prévues à l'alinéa 1er de l'article 379 ».*[233] Le législateur prend en compte l'usurpation d'identité dans la réalisation de l'infraction. Cette dernière est un moyen considérable par lequel de multiples actes répréhensibles sont commis sur le net en Afrique de l'Ouest.

Le recel portant sur l'information est prévu à l'article 453-57 du Code pénal sénégalais qui prévoit : « *Ceux qui auront recelé des informations enlevées, détenues ou obtenues à l'aide d'un crime ou d'un délit, seront punis des peines prévues à l'alinéa précédent ».* L'infraction de recel ne faisait pas l'unanimité devant le juge pénal entraînant une divergence de décisions. Par ailleurs, « *La nouvelle législation a le mérite de dissiper l'ambiguïté qui caractérisait la jurisprudence de la 1ere chambre correctionnelle du Tribunal Régional Hors Classe de Dakar. En effet, après avoir rejeté la possibilité d'un recel portant sur une information provenant de la violation du secret de l'instruction dans l'affaire Madiambal DIAGNE rendue le 21 novembre 2006*[234]*, les juges ont admis la possibilité d'un recel d'une information provenant d'un délit d'initié dans le jugement rendu le 1er avril 2008.*[235] *Cette dernière décision a d'ailleurs été confirmée en toutes ses dispositions*

[230] T.R Hors Classe Dakar n° 1981 du 9 mai 2006, affaire de la Clinique du Cap, jugement inédit.

[231] V. C A Dakar, n° 680 du 16 avril 2007, arrêt inédit.

[232] P. À TOURE, Conseil de l'Europe-programme octopus interface 2010, conférence sur la coopération contre la cybercriminalité, « La cyber stratégie de répression de la cybercriminalité au Sénégal : présentation de la loi n° 2008-11 du 25 janvier 200 8, portant sur la cybercriminalité. », Strasbourg, France, 23-25 mars 2010, P.8.

[233] L'article 379 renvoi au code pénal du Sénégal p.8.

[234] V. TRHC Dakar, n° 5310 du 21 novembre 2006, affaire Madiambal DIAGNE, jugement inédit.

[235] TRHC Dakar, 1er avril 2008, jugement inédit.

par un arrêt de la Cour d'Appel de Dakar du 24 juillet 2009[236]».[237] Qu'en est-il de la législation ivoirienne ?

c-La position du législateur ivoirien

Il consacre le vol d'information de la façon suivante : « *Quiconque prend frauduleusement connaissance d'une information à l'intérieur d'un système d'information électronique, ou copie frauduleusement une information à partir d'un tel système, ou encore soustrait frauduleusement le support physique sur lequel se trouve une information, est coupable de vol d'information. Quiconque commet un vol d'information est puni d'un emprisonnement de cinq à dix ans et 3000 000 à 5 000 000 de FCFA. La tentative est punissable* ».[238]

Le législateur ivoirien sanctionne le vol de l'information. Ce dernier peut se réaliser par la prise de connaissance ou le copiage frauduleux d'une information d'un système ou encore la soustraction d'un support contenant des informations numériques. Le législateur ivoirien aggrave la peine de l'infraction du vol d'informations à travers les articles 27 et 28 de sa législation sur la cybercriminalité. Il en est ainsi lorsque le vol ou la tentative de vol sont accompagnés de violence ayant entraîné des blessures, lorsqu'il est fait avec effraction, escalade ou une fausse clé, en réunion par deux personnes, avec usage frauduleux d'un uniforme, d'un costume d'un fonctionnaire public civil ou militaire ou d'un titre de fonctionnaire public, avec l'usage d'un masque, d'un véhicule ou nuitamment.[239] Constitue encore une situation aggravante en droit ivoirien le vol ou la tentative de vol d'informations commis sous la menace d'une arme apparente ou cachée, lorsque l'auteur fait usage d'une arme entraînant la blessure ou la mort de la victime.[240] Il est vrai que le vol et la tentative de vol d'informations sont sévèrement sanctionnés dans la législation ivoirienne avec la détermination de situations aggravantes. Mais contrairement au législateur sénégalais,

---

[236] V. CA Dakar, n° 555 du 24 juillet 2009, jugement inédit.

[237] (P. A) TOURE, op. cit. p. 8.

[238] Art. 26 de la loi de Côte d'Ivoire sur la cybercriminalité.

[239] Voir art. 27 de la loi ivoirienne sur la cybercriminalité. La sanction est de dix à vingt ans d'emprisonnement et une amende de 5 à 10 000 000 FCFA.

[240] Voir art. 28 de la loi ivoirienne sur la cybercriminalité. La sanction est de vingt ans d'emprisonnement et d'une amende de 10 000 000 de FCFA.

celui ivoirien n'incrimine pas ouvertement les autres atteintes aux biens susceptibles d'atteindre l'information, notamment, le recel, l'escroquerie et l'abus de confiance. Il n'y a pas de problème pour l'admission du recel de l'information si l'infraction principale à laquelle il se rattache est le vol ou tout autre acte délictuel. Le juge pénal ivoirien pourra-t-il admettre l'abus de confiance et l'escroquerie portant sur une information sans être dans l'illégalité ? Le législateur ivoirien devra intervenir pour rendre explicites les infractions d'escroquerie et d'abus de confiance portant sur l'information. Il devra adapter sa législation aux atteintes qui sont une réalité dans le pays. Qu'en est-il de la législation du Nigéria ?

d-La position du législateur nigérian

Le législateur nigérian n'avait pas ouvertement abordé la question de l'information dans son droit pénal à l'instar de ses collègues ghanéen, sénégalais et ivoirien dans son projet de loi de 2012 intitulé « Cybercrime Bill, 2012 ». Il le faisait cependant, de façon subtile à travers la protection de l'identité contre le vol, qu'il intitule « *Identity theft and impersonation* ».[241] Ce sont les informations relatives à l'identité d'une personne ou d'une entité qui font l'objet de protection dans la disposition relative au vol d'identité.

L'information pouvait faire l'objet de vol si elle se rapportait à l'identité d'une personne ou d'une entité et si la perte de propriété s'en suivait ou encore si son appréhension avait pour but de porter atteinte à la propriété d'une personne ou d'une entité. En voulant protéger les biens des personnes physiques et morales contre la fraude, le législateur a implicitement consacré le vol de l'information.

Lors des modifications opérées dans son projet de loi de 2015 intitulé «*Cybercrime Prohibition, Prévention, Act 2015* », le législateur nigérian a explicitement abordé la question du vol d'informations en prévoyant une disposition intitulée « *Theft of Electronic Devices* ».[242] À travers cette nouvelle formule, le législateur ne protège pas

---

[241] Voir Art.10, Cybercrime Bill 2012 et art 22 Cybercrime Prohibition, Prévention, Act 2015.

[242] Voir art.15 Cybercrime Prohibition, Prévention, Act 2015.

l'information en général, mais seulement quelques-unes. Ainsi, sont protégées contre le vol des informations appartenant aux institutions financières, aux infrastructures publiques ou celles contenues dans les systèmes automatisés de traitement des données (STAD).[243] Qu'en est-il des informations privées qui ne font pas l'objet de traitement automatisé ?

Une question se pose toujours alors, doit-on considérer cette consécration comme générale ? Ou encore doit-on étendre cette consécration à toutes les interceptions non autorisées d'informations ? La tâche n'est pas du tout aisée. Il appartiendra au juge de faire cet exercice. Il pourrait éventuellement admettre par la même occasion, les autres atteintes aux biens, à savoir, l'escroquerie et le recel. Le législateur devra également intervenir pour combler ce vide de son projet de loi sur la cybercriminalité afin que le juge ne soit pas dans l'illégalité. L'admission du vol d'identité dans le monde virtuel répond au besoin du moment où cet agissement est un moyen de facilitation de plusieurs infractions sur le réseau en Afrique de l'Ouest. La loi pénale ne doit-elle pas aussi avoir pour souci d'anticiper ? En tout cas, les autres atteintes aux biens menacent aussi la croissance de l'économie des États et constituent par conséquent des préoccupations majeures.

Il faut noter que dans l'ensemble des législations ayant fait l'objet de l'étude, il n'y a aucun doute sur la protection de l'information. Les législations contiennent cependant, quelques limites qu'il faut combler. En effet, si le vol de l'information est ouvertement incriminé dans l'ensemble des législations ce n'est cependant pas le cas pour les autres infractions d'atteinte aux biens.

Après cette brève analyse de la place de l'information en droit pénal, il convient de découvrir les modalités de leur atteinte dans les législations.

2- Les atteintes à la confidentialité des données informatiques

Les atteintes à la confidentialité des données informatiques se matérialisent par les interceptions frauduleuses.

---

[243] Voir art. 15 Cybercrime Prohibition, Prévention, Act, 2015.

a-Les interceptions frauduleuses

Les données peuvent faire l'objet d'interception lors de leur transmission dans un système ou d'un système à un autre ou pendant leur stockage dans le système. Pour mieux comprendre les développements qui suivent, il est indispensable de définir l'action d'intercepter. « *Intercepter, est le fait de « s'emparer d'une chose destinée à autrui »*.[244] En matière d'information, il s'agit du fait de prendre connaissance d'éléments qui ne vous étaient pas destinés. En d'autres termes, ce sont les atteintes par la prise de connaissance des données lors de leur transmission ou de leur stockage dans un système informatique. Selon le rapport explicatif de la Convention de Budapest, l'incrimination de l'interception illégale dans les systèmes informatiques vise à protéger le droit au respect des données transmises. L'infraction représente la violation du droit au respect des communications ainsi que l'écoute et l'enregistrement classiques des conversations téléphoniques entre des personnes.[245]

Les données sont celles qui ont fait l'objet de définition plus haut à savoir : « *Toute représentation de faits, d'informations ou de concepts sous une forme qui se prête à un traitement informatique* ».

Comment les législateurs ouest-africains incriminent-ils ces interceptions illicites des données ?

La diversité des incriminations de l'atteinte aux correspondances non publiques

La loi sénégalaise à travers son article 431-12 prévoit : "*Quiconque aura intercepté ou tenté d'intercepter frauduleusement par des moyens techniques des données informatisées lors de leur transmission non publique à destination, en provenance ou à l'intérieur d'un système informatique, sera puni d'un emprisonnement d'un (1) an à cinq (5) ans et 5 d'une amende de 5 000 000[246] à 10.000.000[247] francs ou de l'une de ces deux peines seulement*".

---

[244] Dictionnaire Larousse poche, 2017.
[245] Point 51 du rapport explicatif de la Convention de Budapest sur la cybercriminalité.
[246] 7 622 euros.
[247] 15 244 euros.

À la lecture de ce passage, il est clair que le législateur fait référence aux données lors de leur transmission ou de leur réception entre systèmes informatiques ou à l'intérieur d'un système informatique.

Le législateur nigérian procède de la même façon en incriminant l'interception de données lors de leur transmission ou de leur réception non publique « *transmissions of non-public computer data* ».[248] Il alourdit la peine privative de liberté[249] et la sanction pécuniaire[250] par rapport au législateur sénégalais. Le législateur ivoirien prévoit deux dispositions pour régir les interceptions frauduleuses d'information. Il sanctionne à travers l'article 8 de la loi sur la cybercriminalité de 2013 : *« Quiconque intercepte ou tente d'intercepter frauduleusement par des moyens techniques des données informatiques lors de leur transmission non publique à destination, en provenance ou à l'intérieur d'un système d'information* ».

La peine est de cinq à dix ans d'emprisonnement et de 40 000 000[251] à 60 000 000[252] de francs CFA. Il sanctionne également l'interception à travers l'article 31 de sa loi sur la cybercriminalité qui stipule : « *Est puni d'un emprisonnement d'un à cinq ans et de 1000 000*[253] *de francs CFA d'amende, quiconque de mauvaise foi, ouvre, supprime, retarde ou détourne des correspondances électroniques arrivées ou non à destination et adressées à un tiers, ou en prend frauduleusement connaissance. Est puni des mêmes peines quiconque, de mauvaise foi, intercepte, détourne, utilise ou divulgue des correspondances électroniques émises, transmises ou reçues par la voie des télécommunications ou procède à l'installation d'appareils conçus pour réaliser de telles interceptions* ».[254]

---

[248] Cf. Art.12 de 15 Cybercrime Prohibition, Prévention, Act 2015, op.cit.

[249] La peine est un minimum de deux ans alors qu'elle est un minimum d'un an au Sénégal.

[250] Cinq millions de nairas au minimum. Ce montant dépasse l'amende maximale du Sénégal qui est dix million de francs CFA.

[251] 60 979 euros.

[252] 91 469 euros.

[253] 1500 euros.

[254] Art. 31 de la loi de Côte d'Ivoire sur la cybercriminalité.

Le législateur ivoirien sanctionne doublement l'atteinte frauduleuse aux informations lors de leur transmission dans les systèmes informatiques. Il sanctionne en effet, séparément, l'interception de données informatisées et les correspondances électroniques. Il sanctionne cependant plus sévèrement les interceptions frauduleuses des données informatisées par rapport aux interceptions des correspondances électroniques. Il est nécessaire que l'on s'interroge sur les raisons qui ont poussé le législateur à séparer ces deux éléments. Les correspondances électroniques ne sont-elles pas des données informatisées ? Le législateur a sans doute voulu sanctionner moins sévèrement les atteintes aux simples correspondances électroniques[255] par rapport aux autres informations ayant une grande valeur en fonction des intérêts qu'elles représentent.

Le législateur ghanéen dans sa loi relative aux transactions électroniques, traite brièvement et subtilement du secret de la correspondance, à travers l'interception frauduleuse qu'il intitule «*unauthorized access or interception* ». Il incrimine cet acte de la façon suivante : « *A person who intentionally access or intercepts an electronic record without authority or permission commits an offence and is liable on summary conviction to a fine of not more than two thousand five hundred penalty units or to a term of imprisonment of more than five years or to both* ».[256]

Il régit l'interception des données électroniques en général, et ne fait cependant pas explicitement référence à l'interception d'une communication. Mais, on pourrait dire que les données électroniques dont il parle peuvent être interceptées lors de leur traitement ou de leur transmission. Contrairement à ses homologues nigérian, sénégalais et ivoirien, le législateur ghanéen ne sanctionne pas ouvertement l'interception d'une communication non publique. Cela supposerait-il que les correspondances aussi bien publiques que privées sont concernées ? Il suffirait de les intercepter de façon frauduleuse, c'est-à-dire sans permission et intentionnellement, pour être sous le coup de la loi ? Le législateur aurait dû sanctionner clairement l'interception des

[255] E-mail.
[256] Cf. Art. 124, electronic transaction Act. Op.cit.

communications non publiques et non celle des données électroniques même si l'objet des premières se trouve dans les secondes.

Le législateur ghanéen punit moins sévèrement cette atteinte par rapport aux autres. Il prévoit une peine privative de liberté de cinq ans maximum et une amende maximale de 2500[257] Cedis.

Est-ce à dire qu'il accorde moins d'importance à ces types d'atteintes ? L'incrimination de l'interception des correspondances au Ghana n'est plus à rechercher dans une autre disposition puisque la loi sur les transactions électroniques « Electronic transaction Act » a vocation à s'appliquer à toutes les infractions commises en partie ou totalement par les moyens électroniques ou sous la forme électronique avec une possible modification en fonction de la personnalité de l'infracteur.[258]

3-La sanction de la tentative

Les législateurs francophones de la Côte d'Ivoire et du Sénégal sanctionnent la tentative d'interception. La peine est similaire à celle de l'interception frauduleuse. Les législateurs anglophones du Nigéria et du Ghana par contre, ne le font pas. Les législateurs entendent protéger les correspondances non publiques dans les systèmes informatiques contre toute intrusion. Bien évidemment, l'objet de cette correspondance constitue les données qui risquent, en raison de leur importance, d'être interceptées. Il est vrai qu'ils entendent sécuriser les données contre toute interception, dans leur transmission non publique, mais ne clarifient pas pour autant, ce qu'ils ont appelé « *transmission non publique* ». L'incompréhension de cette terminologie pourrait constituer une difficulté pour le juge pénal dans la mise en œuvre de la loi. Le législateur ghanéen n'emploie pas ce terme. Il ne fait aucune référence à la nature des éléments qu'il entend protéger.

Malgré l'ambiguïté de la législation ghanéenne face à la nature de la communication qui fait l'objet de protection, il est toujours impérieux d'appréhender le sens des correspondances qualifiées de non publiques et pouvant faire l'objet d'interception frauduleuse, car cet exercice est

[257] 900 euros.
[258] Cf. Art. 123, electronic transaction Act. Op. cit.

une nécessité pour la détermination des éléments constitutifs de l'infraction en jeu. Nous allons tenter d'en savoir plus, au regard de la doctrine et de la jurisprudence. Les correspondances protégées sont celles ayant une nature privée.

a-La difficulté de définition des correspondances privées[259]

La définition de la correspondance privée a fait l'objet de plusieurs avis aussi bien en doctrine qu'en jurisprudence française. Cette problématique s'est posée sous plusieurs angles dont la vie privée, les correspondances personnelles et celles professionnelles. Certains auteurs tentent de comprendre la notion de communication[260] privée en se référant à la correspondance publique. Mais avant, il est impérieux de cerner le terme *« public »*. Le professeur Linant de Belefonds le considère comme un nombre indéterminé de personnes. Dans une affaire connue par la CJCE,[261] le juge a eu l'occasion de donner un contenu à la notion de public par la théorie de l'accumulation spatiale[262]. Selon cette décision, toutes les personnes présentes dans un espace à un moment donné sont un public. Casile se demande si «… *C'est la divulgation de l'information ou la nature du public préconstitué à la réception de l'information qui crée l'illégitimité du public* ». Il est envisageable de prendre en compte les deux hypothèses. Elles ressortent en effet le caractère privé de l'information à protéger qui tire son essence du secret.[263] Les correspondances privées peuvent alors se définir par rapport au public auquel elles sont adressées et par rapport au contenu du message. « *Traditionnellement, il est considéré que la correspondance privée est caractérisée par l'identification de son expéditeur, de son destinataire et la personnalisation du*

---

[259] Notre intervention se limitera aux correspondances électroniques, puisque c'est de cela qu'il est question.

[260] Les termes communication et correspondance ont le même sens dans le cadre de notre étude.

[261]CJCE, 3e chambre, 2 juin 2005, Médiakabel BV contre Commissariat voor de Media, Aff. C—89/ 04.

[262] CASILE, op.cit. p.183.

[263] Le secret est certes difficile à cerner du fait qu'il implique une non communication. Cette non communication peut être perçue comme l'exclusion de certaines personnes à sa réception.

contenu ».[264] La correspondance doit donc préciser clairement ses acteurs et avoir un contenu individualisé et appartenir à un individu[265] ou à une personne morale.[266] Ces deux cas de figure mettant en jeu le titulaire de la correspondance se présentent dans les relations de travail. Cela est d'autant plus vérifié que les deux entités sont susceptibles d'être propriétaires d'une correspondance privée.

b-La correspondance privée personnelle

Cette forme de correspondance privée devient le centre de plusieurs questionnements lorsqu'elle se situe dans un cadre professionnel. À ce niveau, l'employeur est susceptible d'en être le véritable ennemi, toujours animé par la volonté de l'intercepter pour des soucis de contrôle pour la bonne marche des activités de l'entreprise. Il faut alors la protéger. La protection de la correspondance privée du travailleur par le biais de celle de sa vie privée est une réalité aussi bien en jurisprudence qu'en doctrine française. L'arrêt Nikon[267] a reconnu que le travailleur a droit au respect de sa privée sur son lieu de travail et cela suppose que les correspondances personnelles émises par lui à l'aide du courrier électronique mis à sa disposition constituent des communications privées auxquelles l'employeur n'a pas droit. En l'espèce l'employeur a été condamné pour avoir licencié son salarié après avoir pris connaissance de ses correspondances électroniques personnelles lui ayant donné les preuves que ce dernier s'adonnait à d'autres activités sur son lieu de travail.

En effet, la nature du message empêche l'employeur d'en prendre connaissance, même s'il avait interdit l'usage de l'ordinateur à des fins personnelles. Une réelle difficulté réside dans la distinction des messages électroniques personnels du salarié de ceux professionnels,

---

[264]Axel SAINT MARTIN, « *Une présomption de "professionnalité" des messages électroniques du salarié ?* », Revue Lamy Droit de l'Immatériel 2007 — n° 27 du 05/2007, en ligne.

[265] C'est le cas d'une correspondance appartenant à un individu en tant que personne physique.

[266] Les personnes morales, notamment les entreprises ou même l'État, peuvent être titulaires de correspondance privées, s'ils sont considérés comme l'expéditeur ou le récepteur du message.

[267] Cass., Soc., 02 octobre 2001, Bull. 2001 V N° 291 p. 233.

surtout qu'ils existent tous à travers le dispositif informatique de l'employeur. L'arrêt Nikon renforce la protection des libertés individuelles face au pouvoir de contrôle de l'employeur alors que *« la protection des libertés ne saurait faire oublier la proportionnalité et la raison devant animer leur exercice, notamment afin de ne pas porter atteinte plus que de raison aux autres intérêts légitimes en présence, à savoir notamment la possibilité pour un employeur d'exiger de ses salariés qu'ils exécutent leur contrat de travail avec loyauté et qu'ils ne se consacrent pas à des activités personnelles dans le cadre de leur travail »*.[268]

Récemment en 2013, un arrêt de la Cour d'Appel d'Orléans[269] viendra préciser les choses en mettant un bémol à ce droit. En l'espèce, le salarié a été sanctionné pour avoir passé un temps non négligeable à des fins extérieures à son activité professionnelle. Il utilisait le matériel professionnel mis à sa disposition pour envoyer des messages personnels. N'ayant pas pris le soin de les spécifier comme personnels, la Cour d'Appel d'Orléans a confirmé le jugement du Conseil de prud'hommes de bois qui l'avait licencié pour faute grave. La Cour d'Appel a donc reprécisé implicitement l'arrêt Nikon en acceptant que l'employeur fût en droit de prendre connaissance du contenu des messages du salarié, à partir du moment où ils n'étaient pas titrés comme personnels. On pourrait dire que même si l'employeur avait eu le droit de prendre connaissance des correspondances privées de son salarié, il n'était pas en droit de le sanctionner.[270] Dans l'affaire Nikon, la Cour d'Appel a estimé que l'employeur pouvait sanctionner le salarié dans la mesure où cette liberté avait des limites, à savoir l'exécution du contrat de travail avec loyauté.

Une jurisprudence sénégalaise du 8 mai 2013 va dans le même sens, il s'agit en l'occurrence de l'affaire de la société Hyperdist. Le droit de prendre connaissance des messages électroniques des salariés a été reconnu par le juge sénégalais. En l'espèce, une salariée fut licenciée

---

[268] Lamy, Droit & Patrimoine, « Cybersurveillance et secret des correspondances : un difficile équilibre », social, n° 103 du 04/2002. Disponible en ligne sur Lamyline.
[269] CA, 19 février 2013, N° 08-00840, inédit.
[270] Voir Cass. Soc., 28 avril 2011, N° 09-67037, inédit. À propos de l'impossibilité pour l'employeur de sanctionner le salarié après avoir pris connaissance de ses messages ou informations privée sur le matériel de travail.

pour faute lourde après que son employeur ait pris connaissance du contenu de sa messagerie électronique personnelle et avait découvert qu'elle avait envoyé des informations secrètes de l'entreprise à une entreprise concurrente.[271]

La jurisprudence de la Cour d'Appel d'Orléans fait tomber le constat de SAINT Martin qui affirmait à propos de la distinction des messages professionnels de ceux privés que *« Si la jurisprudence n'a pas encore eu l'occasion de s'exprimer clairement à ce sujet, elle l'a fait en matière de communications téléphoniques ou de courrier postal ».*[272]

S'il est facile d'affirmer que la correspondance téléphonique et le courrier postal ont généralement un caractère privé, il n'est pas du tout aisé de le dire à propos du courrier professionnel. Le juge français a eu l'occasion de lui attribuer la présomption de caractère professionnel dans l'arrêt de la Cour d'Appel d'Orléans lorsqu'aucune mention ne précisait son caractère personnel. En effet, cette mention personnelle du message lui fait échapper au contrôle de l'employeur.

La présomption de professionnalité est aussi reconnue aux fichiers enregistrés sur le disque dur de l'ordinateur du salarié. C'est ce que reconnaît SAINT Martin qui affirme ceci : « … *une présomption du caractère professionnel des fichiers contenus sur l'ordinateur mis à disposition du salarié est aujourd'hui largement admise par la doctrine comme par le juge… ».*[273]

Pour bénéficier d'une protection, lesdits fichiers devaient revêtir une identification distinctive qui montre clairement leur caractère personnel[274]. L'employeur peut prendre connaissance des fichiers personnels de son salarié, seulement en sa présence. C'est ce qu'une décision du juge français de la chambre sociale de la Cour de cassation rendue en 2005, démontre à travers ses attendus qui suivent :

---

[271] (P.A.)TOURE Op.Cit. p.104.

[272] Axel SAINT MARTIN, Ibid. « Une présomption de "professionnalité" des messages électroniques du salarié ?», op. cit.

[273]Axel SAINT MARTIN, « Présomption de professionnalité, connexions Internet et cybersurveillance du salarié », Revue Lamy Droit de l'Immatériel 2009 — n° 50 du 06/2009, en ligne.

[274] Cass., soc., 10 mai 2012, 11-13.884, Bull.

« Attendu cependant, que, sauf risque ou événement particulier, l'employeur ne peut ouvrir les fichiers identifiés par le salarié comme personnels contenus sur le disque dur de l'ordinateur mis à sa disposition qu'en présence de ce dernier ou celui-ci dûment appelé ; Qu'en statuant comme elle l'a fait, alors que l'ouverture des fichiers personnels, effectuée hors la présence de l'intéressé, n'était justifiée par aucun risque ou événement particulier, la cour d'appel a violé les textes susvisés... ».[275]

Dans cette affaire, l'employeur avait ouvert les fichiers personnels de l'employé en son absence et avait procédé à son licenciement suite à la découverte d'informations à caractère sexuel n'ayant, bien sûr, aucun lien avec son activité professionnelle. Le contrôle des salariés ne peut se faire sans l'information préalable de ceux-ci. Dans le cas contraire, les informations obtenues ne sauraient servir de preuve lors d'un procès, c'est ce qu'a décidé la Cour d'Appel de Paris dans une décision du 20 décembre 2007.[276] En l'espèce, l'employeur a procédé à un contrôle à l'insu du salarié et a délibérément pris connaissance de ses informations personnelles se trouvant sur le disque dur de son ordinateur. Le juge a souligné l'irrecevabilité des preuves recueillies irrégulièrement.

L'entreprise peut aussi être titulaire de vie privée, donc, de correspondances privées. Ses messages électroniques ne sont pas non plus à l'abri de toute interception à l'égard d'un public non habilité à les recevoir.

c-La correspondance privée professionnelle

L'entreprise en tant qu'entité morale bénéficie des prérogatives attachées à la protection de ses correspondances privées. Mais en pratique, pour ce qui concerne les courriers électroniques, le salarié les reçoit dans la boîte créée en son nom par l'entreprise, qui s'identifie[277] par lui. L'entreprise représente l'expéditeur ou le destinataire des messages électroniques bien que le salarié en soit l'acteur apparent. La

---

[275] Cass. Soc. 17 mai 2005, 03-40.017, Bull. 2005 V N° 165 p. 143.
[276] Cour d'appel de Paris, 20 décembre 2007, 06-1123. Disponible sur Légifrance.
[277] SAINT MARTIN parle d'identification de l'employeur au salarié.

protection des correspondances électroniques est donc assurée contre les tiers n'étant en rien concernés par elles. Ces derniers ne peuvent en prendre connaissance frauduleusement, sans se rendre coupables de l'infraction d'interception frauduleuse de données.

En somme, cette infraction a pour élément matériel la prise de connaissance frauduleuse d'une communication, par des personnes non habilitées à la recevoir, lors de sa transmission. La détermination du destinataire ajouté au caractère personnel, voire secret, du contenu de la communication fonde son caractère privé donc non public.

4-Les éléments constitutifs de l'interception frauduleuse des données informatiques

a-L'élément matériel du délit dans les législations

Les actes prohibés par les législateurs sont l'interception ou la tentative d'interception frauduleuse de données informatisées à destination, en provenance ou à l'intérieur d'un système informatique. Les données informatiques sont donc protégées lors de leur déplacement vers ou à l'intérieur d'un système informatique. C'est l'atteinte à l'information lors de son déplacement d'un point A vers un point B qui est saisi par les législations. Les interceptions ne tombant pas sous le coup de la loi : sont écartées les interceptions de données à destination publique. Seules sont protégées les données informatisées ayant un caractère non public. Les habilitations légales d'interception de données ne tombent pas sous le coup de la loi. Voyons comment est caractérisé l'élément moral du délit d'interception dans les législations.

b-L'élément moral du délit d'interception

Les législateurs francophones du Sénégal[278] et de la Côte d'Ivoire[279] sanctionnent *« quiconque intercepte ou tente d'intercepter frauduleusement par des moyens techniques des données informatiques lors de leur transmission non publique à destination, en provenance ou à l'intérieur d'un système d'information »*. Les

---

[278] Voir art.431-12 de la loi sénégalaise sur la cybercriminalité.

[279] Voir art. 8 de la loi ivoirienne sur la cybercriminalité.

législateurs ivoirien, sénégalais, ghanéen et nigérian prévoient un double dol général et spécial pour la caractérisation du délit d'interception.

Le dol général

C'est la volonté de celui qui intercepte de prendre connaissance de données ou de correspondances qui ne lui sont pas destinées. L'infracteur doit le faire en connaissance de cause.[280] Sera donc écartée du champ de l'incrimination de l'interception frauduleuse de message électronique ou de données informatisées, toute prise de connaissance de façon accidentelle ou par imprudence.

Le dol spécial

La connaissance et la violation manifestes des règles en constituent l'élément déterminant. Le délinquant doit savoir qu'il viole un interdit en agissant sans aucun droit. Les législateurs francophones marquent l'exigence du dol spécial par l'adverbe « frauduleusement » Le terme « *without authorization* » qui signifie sans autorisation peut caractériser le dol spécial dans l'incrimination prévue par les législations anglophones du Nigéria[281] et du Ghana.[282]

5-Les incriminations de l'atteinte à l'intégrité des données informatiques

L'atteinte à l'intégrité des données peut se matérialiser par une atteinte aux données informatisées notamment par le biais de la falsification et la fraude informatique. Dans tous les cas, il est question d'une atteinte aux données de sorte à leur donner un autre aspect ou de sorte à leur attribuer une mission frauduleuse.

---

[280] Celui qui intercepte le message doit avoir conscience qu'il porte atteinte à une information secrète. L'élément moral peut aussi s'apprécier par l'usage qu'il voudrait faire de l'information.

[281] Voir art. 12 Cybercrime Prohibition, Prévention, Act 2015.

[282] Voir art. 116 Electronik Transaction Act, 2008.

a-Les incriminations de l'atteinte aux données informatisées

La protection des données informatisées a pour finalité de les préserver contre les dommages, les destructions et les dégradations. Le Rapport explicatif de la Convention de Budapest précise que l'incrimination de l'atteinte aux données « ... *vise à assurer aux données et programmes informatiques une protection analogue à celle dont jouissent les biens corporels à l'encontre des dommages occasionnés délibérément. En l'occurrence, les intérêts juridiques protégés sont l'intégrité et le bon fonctionnement ou le bon usage de données ou programmes informatiques enregistrés* ».[283]

Le législateur ivoirien sanctionne « *quiconque altère ou tente d'altérer, modifie ou tente de modifier, supprime ou tente de supprimer frauduleusement des données informatiques* »[284] quant au législateur sénégalais, il sanctionne « *quiconque aura endommagé ou tenté d'endommager, effacé ou tenté d'effacer, détérioré ou tenté de détériorer, altérer ou tenté d'altérer, modifié ou tenté de modifier, frauduleusement les données informatisées* ».[285]

Le législateur nigérian sanctionne les mêmes agissements à travers les dispositions suivantes : « *Any person who with intent and without lawful authority directly or indirectly modifies or causes modification of any data held in any computer system or network* »[286] et « *Any person who without lawful authority, intentionally does an act which causes directly or indirectly the serious hindering of the functioning of a computer system by inputting, transmitting, damaging, deleting, deteriorating, altering or suppressing computer data or any other form of interference with the computer system...* ».[287]

---

[283] Point 60 du Rapport explicatif de la Convention de Budapest.

[284] Art. 9 de la Loi n° 2013 — 451 du 19 juin 2013 relative à la lutte contre la cybercriminalité en Côte d'Ivoire.

[285] Art. 431-13 du Code pénal sénégalais.

[286] Art.16 al. 1 Cybercrime Prohibition, Prevention, Act 2015.

[287] Art.16 al. 3 Cybercrime Prohibition, Prevention, Act 2015.

b-La preuve de l'élément matériel et moral de l'atteinte aux données informatiques

La preuve de l'élément matériel

Dans la structuration de l'infraction, il convient de noter que les données protégées doivent être contenues dans un système informatique. Le législateur ivoirien énumère quelques actions interdites. Il s'agit de l'altération, de la modification et de la suppression des données informatiques. Quant aux législateurs nigérian et sénégalais, ils interdisent les actions d'endommagement, d'effacement, de détérioration, d'altération et de modification.

Le législateur ivoirien s'est sans doute limité aux trois actions pour éviter le chevauchement d'actions qui peuvent plus ou moins avoir le même sens. Il peut en effet en être ainsi des actions d'endommagement, d'altération et de détérioration des données informatiques. Ces actions peuvent être perçues comme une atteinte à l'intégrité des données et concernent leur destruction. Le rapport explicatif de la Convention de Budapest sur la cybercriminalité considère l'endommagement et la détérioration comme des actes qui se chevauchent. Ils « *concernent notamment l'altération négative de l'intégrité ou du contenu informatif de données et de programmes* ».[288]

Le même rapport explicatif donne un sens à la suppression ; *« par suppression des données informatiques, on entend tout acte à la suite duquel ces données ne sont pas ou ne sont plus accessibles à la personne ayant accès à l'ordinateur ou au support sur lequel les données étaient stockées »*.[289] La suppression est alors l'action de faire disparaître les données de l'endroit où elles auraient dû se trouver. Quant à l'altération, elle est définie par le rapport explicatif comme « *la modification de données existantes* ».[290]

[288] Rapport explicatif de la Convention de Budapest sur la cybercriminalité, n° 61.
[289] Idem.
[290] Idem.

La modification de données est qualifiée de « tripatouillage » ou de « maquillage de données. Il s'agit d'un changement de données. C'est en d'autres termes l'action de remplacer les données par d'autres données inappropriées. Les actions d'atteinte aux données informatiques doivent résulter d'actes volontaires de celui qui agit.

Si le législateur sénégalais semble protéger les données indifféremment à leur existence dans un système informatique, telle ne semble pas être la position des législateurs ivoirien et nigérian. Le magistrat TOURE remarque que « *les auteurs de la loi sénégalaise sur la cybercriminalité ont envisagé une protection pénale aux données informatiques indépendamment de leur insertion dans un système....L'interprète n'ayant pas à distinguer là où la loi ne distingue pas, il est possible d'inférer de ce texte, du moins, en principe de protection autonome des données informatiques indépendamment de leur intégration dans un système informatique* ».[291]

L'emploi des termes « *données informatiques* » et « *données informatisées* » respectivement par les législateurs ivoirien et sénégalais ont tout leur sens et impliquent la nature des données protégées selon qu'elles soient ou non dans un système informatique. L'usage des notions « *computer system or network* » comme lieu d'existence des données protégées est la preuve que le législateur nigérian ne vise que les données contenues dans un système informatique ou dans un réseau de systèmes. En droit français, la sanction de la suppression et de la modification frauduleuse des données par l'article 323-3 du Code pénal nouveau ne concerne que les données contenues dans un système informatique.

c-La preuve de l'élément moral d'atteinte aux données informatiques

Les législateurs ivoirien et sénégalais emploient le terme « frauduleusement » pour qualifier les actions d'atteintes à sanctionner. Ce terme est la preuve de l'exigence du double dol général et spécial.

[291](P. A.) TOURE, Op. Cit. p.113.

Le dol général

Il se caractérise par la conscience pour l'infracteur qu'il commet un acte répréhensible. Il doit en d'autres termes avoir la conscience qu'il porte atteinte aux données informatiques ou informatisées. Les erreurs d'endommagement, de suppression, de détérioration, d'altération ou de modification sont écartées. Le législateur nigérian n'exige que le dol général. L'expression « *without authority and with intent to cause an authorized modification* » est la preuve que le législateur exige la volonté pour l'auteur de l'acte d'enfreindre la loi. Il convient de noter que le législateur nigérian à travers l'article 16 de sa *Cybercrime, Prohibition, Prevention, Act 2015* sanctionne celui qui endommage, supprime, détériore, altère ou modifie les données informatiques sans autorité. Cela pourrait supposer que les erreurs ou actions d'imprudence ne sont pas sanctionnées par ce législateur. En effet, le fait pour le législateur de sanctionner « *Any person who with intent and without lawful authority directly or indirectly modifies or causes modification of any data held in any computer system or network* »[292] montre qu'il sanctionne les modifications découlant du maintien frauduleux. Il est en effet question de sanctionner un accès non autorisé avec l'intention de modifier des données.

Le législateur nigérian aborde sensiblement la sanction d'atteinte aux données informatiques comme le législateur français qui sanctionne les atteintes aux données informatiques suite à un accès et un maintien frauduleux. L'article 323-1 du Code pénal français en fait une circonstance aggravante. Le législateur nigérian ne fait cependant pas de l'atteinte aux données découlant du maintien frauduleux une situation aggravante.

Le dol spécial

L'exigence du dol spécial découle du fait que les actions incriminées, en l'occurrence, l'endommagement, la suppression, la détérioration, l'altération ou la modification sont inhérents aux activités informatiques. Le dol spécial découle de la violation d'un interdit.

---

[292] Art.16 al. 1 Cybercrime Prohibition, Prevention, Act 2015 op. cit.

Sanction de la tentative

Elle est prévue par les législateurs du Sénégal et de la Côte d'Ivoire pour les actes d'endommagement, de suppression, de détérioration, d'altération ou de modification contre les données informatiques.

6-Les incriminations de la falsification et la fraude informatique

Elles se rapportent à des infractions spécifiques de manipulation des systèmes ou des données informatiques. La volonté des législateurs de protéger certains intérêts juridiques traditionnels justifie ces incriminations.

a-La falsification de données informatiques

Elle est « *Le fait pour toute personne de produire ou de fabriquer un ensemble de données numérisées par l'introduction, la suppression ou l'effacement frauduleux de données informatiques stockées, traitées ou transmises par un système informatique engendrant des données contrefaites, dans l'intention qu'elles soient prises en compte ou utilisées à des fins légales comme si elles étaient originales* ».[293]

L'incrimination de la falsification a pour objet d'instituer une infraction qui soit le pendant de la falsification des documents sur papier. Elle vise à combler les lacunes du droit pénal se rapportant à la falsification classique.[294] Le Rapport explicatif de la Convention de Budapest définit la falsification informatique comme le fait de créer ou de modifier sans autorisation des données enregistrées de façon qu'elles acquièrent une valeur probante différente et que le déroulement de transactions juridiques, qui est fondé sur l'authenticité des informations fournies par ces données, puisse faire l'objet de tromperie.[295]

b-La fraude informatique

Elle est définie par la Directive de la CEDEAO comme « *Le fait pour toute personne d'obtenir frauduleusement, pour soi-même ou pour*

---

[293] Art.10 de la Directive CEDEAO op cit.
[294] Voir Rapport explicatif n° 81de la convention de Budapest, op. cit.
[295] Idem.

autrui, un avantage matériel ou économique par l'introduction, l'altération, l'effacement ou la suppression de données informatiques ou par toute forme d'atteinte au fonctionnement d'un système informatique ».[296]

La définition de la fraude informatique a fait l'objet de plusieurs approches doctrinales en France.[297] Parker a basé sa définition sur la jouissance d'un profit.[298] D'autres la définissent comme l'ensemble des actes répréhensibles en rapport avec l'informatique.

Tandis que le faux informatique est le remplacement de vraies données par de fausses données en les faisant passer pour des données authentiques. La fraude informatique par contre est axée sur la recherche d'avantages. Une action est alors faite soit sur les données ou sur le bon fonctionnement du système. Selon le rapport explicatif de la Convention de Budapest, l'incrimination de la fraude informatique a pour but de rendre passible d'une sanction pénale toute manipulation abusive au cours d'un traitement de données en vue d'effectuer un transfert illicite de propriété.[299]

7-Les incriminations diversifiées des législations

La législation nigériane adopte les définitions de la Directive à quelques mots près pour ce qui concerne aussi bien la falsification que la fraude informatique.[300] Celle[301]du Sénégal contient les mêmes définitions.[302] Le législateur ivoirien va également dans le même sens en adoptant des définitions[303] similaires à celles de la Directive dont elle découle. Quant

[296] Art.11 de la Directive de la CEDEAO.
[297] CASILE, op. cit. p. 19.
[298] Voir PARKER (D. B.), NYCAM (G.) et AÜRA (A.S.), Computer abuse, SRI, nov.1983. et PARKER (D. B.), combattre la criminalité informatique, p.18.
[299] Point 86 de la Convention de Budapest sur la cybercriminalité.
[300] Voir respectivement articles 13 et 14, Cybercrime Prohibition, Prevention, Act 2015 op. cit.
[301] Voir art. 431-14 et 16 de la loi sénégalaise.
[302] La raison qui explique cette similitude de définition est relative au fait que la législation sénégalaise a servi d'inspiration à la Directive. Les experts sénégalais ont aussi contribué à la rédaction de la Directive.
[303] Voir les articles 13 et 14 de la loi de Côte d'Ivoire sur la cybercriminalité respectivement pour la falsification et la fraude informatique.

à la législation du Ghana qui n'est pas une émanation de la Directive de la CEDEAO, elle ne définit pas ouvertement la falsification ni la fraude de données informatisées. La définition qui existe est très subtile. La démonstration sera amplement faite dans une analyse exclusivement réservée à cette législation.

8-La falsification des données informatisées

La protection contre la falsification a pour finalité de garantir l'authenticité des données comme c'est le cas en droit commun. La jurisprudence sénégalaise a eu l'occasion de sanctionner le faux portant sur les données informatiques avant l'adoption de la loi sur la cybercriminalité.[304]

Il est noté que les incriminations du Nigéria, de la Côte d'Ivoire et du Sénégal de la falsification et de la fraude étaient assez similaires à celle de la Directive communautaire ouest-africaine. Il existe cependant quelques petites différences dans les approches. Dans sa sanction de la falsification, le législateur nigérian fait référence à l'accès en connaissance de cause à un ordinateur ou à un réseau dont résultera l'infraction « *knowingly accesses any computer or network* » tandis que le législateur sénégalais parle de « *production et de fabrication de données informatisées*, stockées, *traitées ou transmises par un système informatique* » qui aboutiront à la falsification. En réalité, ces différentes manières d'aborder l'infraction créent une petite confusion.

L'approche nigériane sous-tend que la falsification implique un accès frauduleux et une modification de données aboutissant à la falsification. Alors que l'approche du Sénégal qui procède de la façon suivante : «*Quiconque aura produit ou fabriqué un ensemble de données numérisées par l'introduction, l'effacement ou la suppression frauduleuse de données informatisées…* », n'est pas de nature à faciliter les choses. Des interrogations naissent automatiquement après la lecture de ce passage. Est-ce l'introduction, l'effacement ou la suppression de données informatisées qui constituent la production ou la fabrication ? Si le mot « *production* » se comprend, ce n'est pas le

---

[304] V. T.R.H.C.Dakar, n° 499/2008 du 5 septembre 2008, affaire de la Direction du Traitement
Automatique de l'Information (DTAI), jugement inédit.

cas pour « *fabrication* ». Ce mot est-il employé au sens péjoratif ? Que voulait dire le législateur par ce terme ? Il a peut-être voulu mettre en exergue l'action de falsification par les termes production ou fabrication qui prêtent un peu à confusion. Sous un autre angle, ces notions visent un résultat déjà atteint par l'usage des verbes au passé « *aura produit ou fabriqué des données numérisées* ». Est-ce les données numérisées fabriquées qui doivent être considérées comme contrefaites ou les données informatisées stockées qui ont subi la modification ?

L'approche laisse croire que la fabrication dont parle le législateur n'est rien d'autre que la modification. L'emploi de la conjonction de coordination « ou » entre les termes « produit » et « fabriqué » lève toute équivoque pour confirmer que les deux termes ont le même sens. L'usage de ces deux mots exprime peut-être une volonté du législateur de ne pas laisser s'échapper aussi bien les données numérisées produites que le délinquant garderait en sa possession en dehors du système informatique et aussi les données modifiées qui restent dans les systèmes comme si elles étaient authentiques.

L'usage des deux termes à la fois de *« données numérisées »* et de « *données informatisées stockées* » prête aussi à confusion. Les deux notions ont-elles le même sens dans le texte ?

L'article Article 431-14 du Code pénal sénégalais sanctionne « *Quiconque aura produit ou fabriqué un ensemble de données numérisées par l'introduction, l'effacement ou la suppression frauduleuse de données informatisées stockées, traitées ou transmises par un système informatique, engendrant des données contrefaites, dans l'intention qu'elles soient prises en compte ou utilisées à des fins légales comme si elles étaient originales sera puni d'un emprisonnement d'un (1) an à cinq (5) ans et d'une amende de 5 000 000 francs à 10 000 000 francs ou de l'une de ces deux peines seulement* ».

Le législateur ivoirien à l'image de celui du Sénégal emploie les notions de production et de fabrication des données informatiques qui précèdent la falsification. Il ne tient cependant pas compte de leur stockage, traitement ou transmission par un système informatique. L'infraction de falsification est, en d'autres termes, commise par le simple fait que des données informatiques soient produites ou contrefaites. Le législateur ivoirien est indifférent à leur stockage, traitement ou transmission par un système informatique. Concernant la peine, le législateur ivoirien demeure plus sévère dans la sanction de la falsification des données informatiques par rapport aux autres législateurs du Sénégal, du Nigéria et du Ghana. La sanction de cette infraction est de cinq à dix ans d'emprisonnement et quarante (40)[305] à soixante millions (60 000 000)[306] de francs CFA. Le législateur nigérian punit sévèrement la falsification par rapport aux autres du Sénégal et du Ghana. Il retient trois ans minimums d'emprisonnement et/ou sept millions (7000 000)[307] de Nairas. La peine est moindre pour le Sénégal, un an à cinq ans et/ou d'une amende de 5 000 000[308] à 10.000.000[309] millions de francs CFA. La sévérité des législateurs ivoirien et nigérian dans la sanction de la falsification dénote encore une fois de la récurrence des actes cybercriminels dans ces pays. L'escroquerie, l'usurpation d'identité ont aussi pour mode opératoire la falsification de données informatiques.

9- La sanction de la tentative

Le législateur sénégalais sanctionne des mêmes peines celui qui fait usage de données informatisées falsifiées ainsi que l'auteur d'une tentative. Le législateur nigérian ne sanctionne ni l'usager des données informatisées falsifiées ni l'auteur de la tentative de falsification alors que la fraude sur les données informatisées sert à produire des documents susceptibles de faire l'objet de trafic dans le pays. Le législateur ivoirien par contre, sanctionne celui qui fait usage de données informatiques frauduleusement obtenues. L'usage est sanctionné[310] d'une peine inférieure à celle de la falsification proprement dite, à savoir une peine d'emprisonnement d'un à cinq ans et une amende de vingt millions (20 000 000)[311] à quarante millions

305 60 979 euros.
306 91 200 euros.
307 10 640 euros.
308 7 600 euros.
309 15 200 euros.
310 Voir art. 11 de la Loi n° 2013 — 451 du 19 juin 2013 relative à la lutte contre la cybercriminalité en Côte d'Ivoire.
311 30 400 euros.

(40 000 000) de FCFA. Contrairement au législateur du Sénégal, celui de Côte d'Ivoire ne sanctionne pas la tentative. Il cumule cependant les peines d'emprisonnement et l'amende pour la falsification et l'usage de données falsifiées. Le législateur sénégalais donne l'option d'application d'une seule sanction (amende ou peine d'emprisonnement).

a-La détermination des éléments constitutifs de l'infraction de falsification des données informatisées.

L'élément matériel de la falsification.

Cette infraction se réalise par l'introduction, l'effacement ou la suppression frauduleuse de données informatisées. On parle alors d'altération des données. Il doit en résulter des données contrefaites, c'est-à-dire de fausses données. Il doit s'agir d'atteintes aux données informatisées stockées, traitées ou transmises par un système informatique. Le législateur nigérian se limite au terme donné informatique « *data* » qui doit subir une modification. Le législateur ivoirien se limite également à la modification, l'altération ou la suppression des données informatiques sans tenir compte de leur stockage, traitement ou transmission dans le système informatique.

Le législateur sénégalais parle de « *données informatisées stockées, traitées ou transmises* ». Cette précision signifie-t-elle que les données informatiques non encore traitées n'entrent pas dans son champ d'incrimination ? Le stockage des données est-il différent de son traitement ? La notion de données informatisée se comprend, car elle a fait l'objet de définition dans les lignes précédentes. Elle se définit comme « *toute représentation de faits, d'informations ou de concepts sous une forme qui se prête à un traitement informatique* ».[312]
Le législateur sénégalais a encore laissé glisser une petite erreur dans la rédaction de son texte, car le stockage et la transmission des données informatisées sont déjà assimilables à leur traitement. L'acte matériel de l'infraction repose grosso modo sur les mêmes éléments au sein des législations avec quelques différences terminologiques. Qu'en est-il de l'élément moral ?

---

[312] Cf. loi sénégalaise op. cit.

L'élément moral de la falsification

Cet élément s'appréciera surtout par le biais du caractère frauduleux des modifications qui entraîneront la réalisation de données contrefaites. L'infracteur doit en outre avoir l'intention de les faire passer pour des données authentiques. À ce niveau, il n'y a pas de problème, car les législateurs du Nigéria, de la Côte d'Ivoire et du Sénégal procèdent de la même façon.

b-La fraude des données informatisées

Le législateur sénégalais sanctionne « *Quiconque aura obtenu frauduleusement, pour soi-même ou pour autrui, un avantage quelconque, par l'introduction, l'altération, l'effacement ou la suppression de données informatisées ou par toute forme d'atteinte au fonctionnement d'un système informatique* ».[313]

Le législateur ivoirien procède de la même façon et sanctionne « *quiconque obtient frauduleusement, pour soi-même ou pour autrui, un avantage quelconque, par l'introduction, l'utilisation, la modification, l'altération ou la suppression de données informatiques ou par toute forme d'atteinte au système informatique* ».[314]

Le législateur nigérian sanctionne « *Any person who knowingly and without authority or in excess of authority causes any loss of property to another by altering, erasing, inputting or suppressing any data held in any computer, whether or not for the purpose of conferring any economic benefits whether for himself or another person*». (Voir art.09 du cybercrime Bill) Il adopte en effet la même incrimination que les législateurs francophones de la Côte d'Ivoire et du Sénégal. Cela s'explique sans ambages par le fait que les sources d'inspirations soient liées les unes aux autres.

---

[313] Voir respectivement, les articles 14 al. 1 Cybercrime Prohibition, Prevention Act du Nigéria et 2015 et 431-16 du Code pénal sénégalais.

[314] Art. 12 de la loi Loi n° 2013 — 451 du 19 juin 2013 relative à la lutte contre la cybercriminalité en Côte d'Ivoire.

Les législateurs nigérians et sénégalais sanctionnent sévèrement le délit de fraude aux données informatiques. Ils maintiennent les mêmes peines qu'ils prévoient pour la falsification des données informatiques. Les sanctions sont de trois ans minimum et/ou sept millions (7000 000) de Nairas pour le Nigéria et 1 à 5 ans et, ou d'une amende de 5 000 000 à 10 000 000 millions de francs pour le Sénégal.

Le législateur ivoirien contrairement à ceux du Nigéria et du Sénégal ne sanctionne pas la fraude informatique de la même peine que la falsification. La fraude informatique est moins sévèrement sanctionnée, un à cinq ans d'emprisonnement et trente (30 000 000)[315] à cinquante millions (50 000 000)[316] de FCFA. On pourrait être tenté de se demander pourquoi le législateur ivoirien sanctionne moins sévèrement la fraude informatique par rapport à la falsification ?

Une nuance existe encore dans l'approche adoptée par chacun des législateurs. Les législateurs francophones[317] parlent du bénéfice d'un avantage frauduleux quelconque que l'infracteur peut tirer de la modification ou de la suppression des données informatisées ou de l'atteinte au fonctionnement du système informatique.[318] Celui du Nigéria ne vise que les avantages économiques que le délinquant pourrait en tirer pour son propre compte ou au profit d'une tierce personne. Les termes *loss of property*[319] et *any economic benefits*[320] le confirment.

Le législateur nigérian va plus loin dans sa répression de la fraude et sanctionne très sévèrement la tentative et la complicité de fraude qui se matérialisent par un message électronique qui entraînera un dommage ou une perte.[321] La peine privative de liberté dans ce cas, est de 5 ans

315 45 734 euros.

316 75 762 euros.

317 Sénégal et Côte d'Ivoire.

318 Le législateur ivoirien parle d'atteinte au système d'information.

319 Il s'agit d'une perte de propriété dont pourra être victime une personne du faite de la suppression ou la modification des données informatisées.

320 Ce terme fait appel à l'avantage économique que l'infracteur ou une autre personne peut retirer de la modification des données informatisées.

321 Cf. art.14 al. 2 de Cybercrime Prohibition, Prévention Act, 2015.

minimum et 10 000 000 millions minimum de Naira.[322] L'usage du courrier électronique pour la perpétration de l'infraction est une situation aggravante. Le législateur nigérian adapte la répression de la fraude aux réalités de sa société. Il associe le vol d'identité[323] à cet acte répréhensible qui porte sur les données informatisées. Il réprime donc celui qui au cours de l'usage d'un système informatique s'approprie l'identité d'une autre personne vivante ou décédée ou d'une entité,[324] dans le but d'en tirer profit. Il doit en résulter une perte ou un dommage.[325]

c-La preuve de l'élément matériel de la fraude informatique.

À ce stade, deux éléments sont à prendre en considération. D'une part, l'acte d'introduction, d'altération, d'effacement ou de suppression de données informatisées. Et d'autre part, l'avantage qui en résulte. Sur ce deuxième élément, les législateurs se démarquent les uns des autres. Tandis que les législateurs francophones consacrent une approche généraliste de l'avantage que l'infracteur peut retirer de son action de modification des données informatisées, le législateur nigérian fait référence à un avantage économique. Il dit en effet qu'il doit résulter de l'acte de modification des données informatisées, un avantage économique pour l'infracteur ou son complice et une perte de propriété pour la victime.

10-L'élément moral de la fraude informatique

Les législateurs ivoirien et sénégalais emploient l'adverbe «*frauduleusement* » pour exiger à la fois le dol général et spécial.

---

[322] 46 800 euros.

[323] Le législateur emploie le terme « *Identitytheft and impersonation* »

[324] Il doit s'agir des personnes morales. Les identités de certaines entités de l'État, des sociétés et de certaines grandes institutions sont usurpées et servent d'appât dans la réalisation de l'arnaque ou d'autres infractions en Afrique de l'ouest. C'est qui explique la sévérité du législateur nigérian.

[325] Voir art. 22 Cybercrime Prohibition, Prevention Act 2015.

a-Le dol général

C'est la conscience de porter atteinte aux données informatiques. L'infracteur doit agir avec conscience, cela suppose que les actions involontaires d'altération, d'effacement ou de suppression de données informatisées ne sont pas considérées. Le caractère frauduleux de l'acte est retenu comme l'intention de commettre l'infraction.

Le législateur nigérian par contre ne prévoit que le dol général. La fraude aux données informatiques doit se faire avec une conscience et une volonté de nuire en portant atteinte au patrimoine d'autrui ou en se procurant un avantage économique.

Les législateurs francophones se limitent à la volonté de nuire, alors que celui du Nigéria prend en compte l'infraction de la fraude dans l'exercice d'une autorisation pourvu seulement qu'il en résulte une perte de propriété. Si l'élément intentionnel est facile à prouver pour celui qui opère la modification, l'altération, la suppression sans autorité ou frauduleusement, ce ne sera pas le cas pour celui qui le fait avec autorisation. Le législateur nigérian veut-il par-là réprimer les actions accidentelles de modification de données informatisées ayant abouti à une perte de propriété ? Puisque ces actes sont par nature normaux en informatique, le législateur a l'air d'engager la responsabilité de celui qui causera préjudice en les accomplissant, peu importe sa qualité. Le juge aura la tâche de rechercher l'élément moral du cas où le supposé infracteur aura agi avec une autorité.

b-Le dol spécial dans le délit de fraude informatique

Les législateurs ivoirien et sénégalais prévoient un dol spécial en raison du fait que les actes de suppression, de modification, d'altération sont eux-mêmes normaux en informatique. Le dol spécial est l'intention de violer un interdit, en dehors de l'intention de nuire. L'infracteur doit violer un interdit. C'est-à-dire qu'il doit accomplir ces actes supposés normaux en informatique tout en sachant qu'il n'aurait pas dû le faire. Le législateur nigérian contrairement aux autres ne prévoit pas de dol spécial pour la sanction de la fraude informatique.

Si les trois législations sont liées par leurs sources d'inspiration, il convient de noter qu'elles abordent les infractions avec quelques divergences. Il convient d'apprécier la manière dont le législateur du Ghana procède pour l'incrimination de la falsification et la fraude informatique.

10-Incrimination conjointe et restrictive de la falsification et de la fraude sur les données informatisées dans la législation ghanéenne

La législation du Ghana relative aux transactions électroniques aborde ces deux infractions de façon subtile et disparate. Elle ne définit ni la falsification ni la fraude des données informatisées. Mais axe sa répression sur les intérêts économiques à l'image du législateur nigérian et c'est en cela qu'elle est dite restrictive. Elle sanctionne cumulativement ce qu'on pourrait qualifier de falsification et fraude de données informatisées.

La falsification et la fraude des données informatisées tombent sous le coup des articles 119 à 122 de l'*Electronic Transction Act*. Ces deux infractions ne sont pas ouvertement nommées comme c'est le cas dans les législations déjà étudiées. Il faut en effet les déceler dans la répression de l'obtention de faux moyens de paiements électroniques, usage de faux paiements électroniques, de la possession de matériel de contrefaçon électronique et les transferts électroniques frauduleux de fonds. Si toutes ces incriminations ont pour but de sanctionner la falsification, l'usage du faux et la fraude sur les données informatisées ayant un intérêt économique, force est de constater que le législateur ne fait pas ouvertement mention du profit ou de la perte qui pourrait en résulter pour la victime dans la détermination de la fraude. Le législateur ne fait pas non plus référence à l'introduction, à l'effacement ou à la suppression frauduleuse de données pour aboutir à ces agissements. Analysons tour à tour ces éléments pour voir s'ils supposent une modification préalable de données informatisées, comme c'était le cas dans les autres législations qui entretiennent une relation étroite avec la Directive Communautaire.

a-Obtention de faux moyens de paiements électroniques.

Cette infraction est prévue par l'article 119 de l'*Electronic Transction Act*. Un faux moyen de paiement électronique suppose le piratage d'un système informatique. Ce dernier peut impliquer une action sur les données informatisées. L'article 119 peut être interprété dans ce sens, puisqu'il fait mention d'une fausse représentation pour l'obtention d'un faux moyen de payement électronique. La fausse représentation peut concerner une modification des données informatisées.

b-Usage de faux paiements électroniques.

L'article 120 sanctionne toute personne qui est en possession indue de moyen de paiement électronique ou celui qui en fait un faux usage. La disposition réprime en outre toute représentation ou mauvais usage de dispositif. Le simple fait de posséder les moyens de paiements ne constitue pas une modification de données informatisées. Mais le mauvais usage de ces moyens de paiement et dispositifs peut impliquer une modification de certaines données informatisées afin que l'acte délictueux envisagé soit possible. L'article 120 énonce qu'il y a atteinte aux échanges électroniques lorsque ce type d'actes est commis.

c-Possession de matériel de contrefaçon.

Cet acte est prévu par l'article 121 qui sanctionne toute personne qui possède, reçoit, transfère, achète, contrôle ou qui garde des équipements de fabrication de données électroniques contrefaites. La disposition prévient la commission de la falsification et de la fraude. Il ne s'agit pas d'une répression de ces actes, mais on peut la classer comme moyen de répression de la tentative de fraude ou de falsification. En effet, la disposition est préventive des infractions en question, car même si l'acte répréhensible de possession de matériel de contrefaçon en lui-même ne constitue pas une modification de données informatisées, il représente quand même une volonté future d'atteinte à ces données. La volonté du législateur de prévenir ces atteintes s'explique par tout son intérêt pour la lutte contre les atteintes au commerce électronique.

d-Les transferts électroniques frauduleux de fonds

Ils sont prévus par l'article 121 et concernent la réception, l'envoi de fonds, l'obtention de biens, de service ou tout autre chose, frauduleusement, par de faux transferts d'argent ou paiement électroniques. Il s'agit concrètement des cas où l'individu emploie de fausses données informatisées pour obtenir ou effectuer une transaction pour en tirer profit. Ces données peuvent être fausses soit parce qu'elles ne lui appartiennent pas, soit parce qu'elles ont été modifiées pour avoir l'air d'être sa propriété, donc vraies.[326] Le texte parle d'usage sans autorité dans le but de frauder sur des moyens électroniques de paiement. Les termes « *A person who without authority* », « *with intent to defraud* », permettent de l'affirmer.

La sanction prévue pour tous ces agissements qui se rapprochent de la falsification et de la fraude sur les données informatisées est sévère.[327] La peine pécuniaire est un maximum de cinq (5) mille cedis et dix ans d'emprisonnement pour la peine privative de liberté.

La modification non autorisée des données informatiques.

La sanction de cet agissement est prévue par l'article 131. Ce texte prévoit que toute personne qui, directement ou indirectement, commet un acte sans autorité, et qui entraîne une modification non autorisée de tout programme ou données électroniques, commet une infraction et est punissable de la peine d'une amende maximum de cinq (5000) mille cedis et d'une peine d'emprisonnement de dix ans maximum. Cette disposition en effet réprime l'atteinte à l'intégrité des données d'un système informatique. Elle présente l'avantage de pouvoir prendre en compte la falsification et la fraude portant sur les données informatisées. La disposition est généraliste et a l'intérêt d'inclure lesdites infractions sans tenir compte de l'intérêt économique visé par l'atteinte ni de la perte de propriété pour la victime et l'avantage que l'infracteur pourrait tirer de son acte. Nul besoin que les données

---

[326] Il peut s'agir d'un cas d'usurpation d'identité portant sur des données électroniques. Surtout, lorsque l'infracteur se fait passer pour le titulaire des données du paiement électronique.

[327] Cette sanction est jugée sévère par rapport aux sanctions de certains actes répréhensibles déjà étudiés.

modifiées paraissent authentiques pour une qualification éventuelle de l'acte en falsification de données informatisées. La peine prévue est similaire à celle prévue pour les trois cas précédents étudiés.

La seule difficulté pour le juge pénal sera un problème de qualification de l'agissement en falsification ou en fraude de données informatisées. Il ne pourra pas le faire en raison du principe d'interprétation stricte de la loi pénale qui prévaut en droit pénal ghanéen. Il ne pourra cependant réprimer ces agissements sous cette disposition générale. À l'instar des autres législateurs, celui du Ghana accorde la même gravité à ces deux agissements qu'il réprime de mêmes peines.

La répression des données informatisées étudiées sous ce paragraphe s'est limitée à leur falsification et à la fraude. La première constitue une modification frauduleuse des données informatisées afin de les faire paraître comme authentiques. La deuxième, quant à elle, constitue une modification des données informatisées de façon frauduleuse dans le but d'en tirer profit. Ce dernier acte entraîne un appauvrissement de la victime et procure un avantage à son auteur ou complice.

Les législations qui ont un lien avec la Directive communautaire[328] ont défini et abordé ces agissements de la même manière à quelques petites différences près. Certaines d'entre elles, en l'occurrence celles du Sénégal et du Nigéria, ont accordé la même gravité aux infractions en question. Ce n'est pas le cas du législateur ivoirien qui érige la falsification en un agissement plus grave que la fraude. Les sanctions sont particulièrement sévères dans les législations ivoirienne et nigériane. La législation ghanéenne n'aborde pas ouvertement les deux infractions de falsification et de fraude. Mais sa lecture minutieuse permet de réaliser qu'il n'y a pas un vide juridique. La falsification et la fraude des données informatisées sont en effet régies subtilement par certaines dispositions particulières et par une disposition générale relative à la modification frauduleuse des données informatiques. Les législateurs anglophones sont beaucoup plus portés sur la protection des intérêts économiques à travers la consécration d'une répression plus forte des atteintes de types économiques.

---

[328] Il s'agit des législations du Nigéria, Sénégal et de la Côte d'Ivoire.

L'étude consacrée à l'atteinte aux systèmes informatiques et aux informations générales nous a permis d'analyser la répression prévue par les législations. Les infractions relatives à la confidentialité à travers l'accès et le maintien frauduleux ainsi que l'atteinte à l'intégrité et à la disponibilité des systèmes sont régies de façon divergente par les lois pénales des États. En effet, tandis que les législateurs nigérian et ivoirien sont très sévères aussi bien pour les peines pécuniaires que pour celles privatives de liberté, celui du Sénégal focalise sa sévérité uniquement sur les peines privatives de liberté contrairement aux peines pécuniaires. Le législateur ghanéen est le plus flexible. Il punit moins sévèrement au niveau de l'amende. Il reste toutefois un peu sévère dans la détermination des peines d'emprisonnement. Le Législateur ivoirien cumule en général la sanction pécuniaire et la peine privative de liberté alors que les autres législateurs offrent la possibilité au juge pénal de prononcer l'une ou l'autre peine.[329]

Les atteintes aux données informatisées, notamment, la falsification et la fraude ont été définies de la même façon et incriminées sévèrement par les législations ivoirienne et nigériane et de manière modérée par le législateur sénégalais. Le législateur ghanéen régit subtilement la falsification et la fraude, mais se prononce clairement sur la question de l'information et en fait une chose. Plus question de s'interroger sur son statut juridique. C'est aussi le cas des législateurs ivoirien et sénégalais qui reconnaissent ce statut de chose à l'information. Ils sanctionnent les infractions de vol, d'escroquerie, d'abus de confiance et de recel qui peuvent l'atteindre. Les deux législateurs ne répriment pas la tentative pour les délits informatiques du faux et de la falsification, mais seulement la tentative d'usage de données falsifiées. Comment se manifestent les atteintes aux données informatisées personnelles ou comment se manifestent les atteintes aux systèmes de traitement automatisé des données personnelles ?

---

[329] Il s'agit de l'amende ou la peine d'emprisonnement.

SECTION II : LES INCRIMINATIONS MITIGÉES DES ATTEINTES AUX TRAITEMENTS AUTOMATISES DES DONNÉES PERSONNELLES EN AFRIQUE DE L'OUEST

Le cyberespace est une zone où les droits humains sont particulièrement vulnérables. Tel est le risque que courent les données relatives à l'identification d'une personne à savoir les données personnelles. Celles-ci sont éprouvées. En effet, le développement d'Internet implique des échanges entre individus situés aux quatre coins de la planète. Les utilisateurs des réseaux sociaux laissent généralement plusieurs informations en rapport avec leur vie privée qui n'est pourtant pas à l'abri de toute exploitation illicite. Le développement du commerce en ligne est de plus en plus à la base d'une course effrénée pour la collecte et l'usage illicite des données se rapportant à la vie privée des individus.[330] À cela, il faudrait ajouter toutes les frustrations et les préjudices que les personnes risquent de subir pour un mauvais usage, notamment, une divulgation de leurs données personnelles auprès d'un public non approprié.

La population ouest-africaine n'est pas en marge de tous ces risques que courent les données des individus dans le cyberespace. C'est pourquoi dans cette étude portant sur les législations pénales face à la cybercriminalité dans cette région du continent, il est nécessaire de passer en revue la problématique de la protection des données personnelles (§I) qui permettra de mesurer l'ampleur de la question. Une analyse des incriminations prévues par les États permettra d'apprécier leur efficacité et de comprendre l'approche de protection adoptée pour le traitement automatisé de ces données (§II).

PARAGRAPHE I : LA PROBLÉMATIQUE DES DONNÉES À CARACTÈRE PERSONNEL EN AFRIQUE

Le constat qu'il est donné de faire dans le contexte ouest-africain, est que l'utilisation des Technologies de l'Information et de la Communication (TIC) est croissante aussi bien dans le secteur public que privé. Un tel environnement est assez propice aux abus relatifs à l'usage des données à caractère personnel, surtout que les législations

---

[330] (F.) LEROY, « *Réseaux Sociaux et Clé : Le commerce des données personnelles* », France, Ed. Actes sud, Avril 2013, 263 p.

tardent à s'y conformer[331] par des incriminations. On pourrait même parler de vide juridique en matière de répression de ces infractions touchant à la personne humaine dans la région.[332] La compréhension de la notion de données personnelles (A) est un préalable à la compréhension des atteintes qu'elles peuvent subir ainsi qu'une meilleure appréciation des incriminations qui feront l'objet d'analyse. Le cadre juridique se caractérise par un vide qui laisse petit à petit place à l'institution des normes de sanctions pénales (B).

1-Notion de donnée à caractère personnel

a-Définition

L'Acte Additionnel de la CEDEAO[333] définit les données à caractère personnel comme « *Toute information relative à une personne physique identifiée ou identifiable directement ou indirectement, par référence à un numéro d'identification ou à un ou plusieurs éléments, propres à son identité physique, physiologique, génétique, psychique, culturelle, sociale ou économique* ».

La Convention[334] du Conseil de l'Europe sur les données à caractère personnel en donne cette définition, « *données à caractère personnel » signifie : toute information concernant une personne physique identifiée ou identifiable* ».[335]

---

[331] En Afrique de l'ouest seuls quelques États sur 15 ont adopté une loi pour la protection des données personnelles. Il s'agit du Cap Vert (2001), du Burkina Faso (2004), du Bénin et du Sénégal (2008), Ghana (2010) et la Côte d'Ivoire (2013). Jusque-là seuls le Burkina Faso, le Sénégal et récemment la Côte d'Ivoire ont mis en place des structures nationales de données personnelles pour la mise en œuvre des dispositions adoptées.

[332] Voir le nombre assez bas d'États ayant adopté une législation 6/15 et le nombre d'États ayant une structure nationale d'application des textes 2/6. Notons surtout que les textes resteront quasiment lettre morte s'il n'existe pas de structures nationales protection des données personnelles.

[333] Acte additionnel A/SA.1/01/10 de la CEDEAO du 16 février 2010 relatif à la protection des données à caractère personnel.

[334] Il s'agit de la Convention 108 du CE du 28 janvier 1981 pour la protection des personnes à l'égard du traitement automatisé des données à caractère personnel. Elle a été amendée le 15 juin 1999. Les États non membres du Conseil de l'Europe peuvent adhérer à la Convention.

[335] Cf. Art. 2 de la convention.

« *En principe les données sont considérées comme à caractère personnel dès lors qu'elles permettent d'identifier directement ou indirectement des personnes physiques. Une personne est identifiée lorsque son nom apparaît dans un fichier. Une personne est identifiable lorsqu'un fichier comporte des informations permettant indirectement son identification (ex. : n° d'immatriculation, adresse IP, numéro de téléphone, photographie…)* ».[336]

Même s'il existe quelques tentatives de définition de la notion de données à caractère personnel, force est de constater qu'il est quelquefois difficile de dire si l'on est en présence ou non de ce type de données. La preuve en est que Monsieur AUROUX en fait une classification[337] en plusieurs groupes en fonction de la qualité des informations et de leur nature à être qualifiée en données personnelles. Il s'agit en effet, des données manifestement personnelles,[338] des données indirectement personnelles,[339] des données à caractère personnel moins affirmées,[340] des données des communications électroniques[341] et des données à caractère personnel en anonymisation.[342] Nous axons notre analyse sur une classification se basant sur le caractère sensible ou non des données à caractère personnel.

---

336 http://fr.jurispedia.org Consulté le 2 août 2013.

337 (J.-B) AUROUX, « le patrimoine informationnel de l'entreprise », Lamy, droit du numérique, 2013, p.551, disponible en ligne sur lamyline.

338 Ces données portent par exemple sur l'état de santé, l'appartenance politique, syndicale ou raciale.

339 Voir l'exemple de la pratique de segmentation qui consiste à catégoriser les clients par la banque pour l'octroi d'avantages ou dans la proposition de produits ou autres avantages.

340 C'est le cas par exemple des badges professionnels électroniques, qui collectent et donnent certaines informations sur le travailleur.

341 L'auteur fait référence aux adresses IP. Ces dernières ont fait l'objet de controverse aussi bien en doctrine qu'en jurisprudence française, relativement à leur qualification en données personnelles.

342 Il s'agit des données qui font l'objet d'un traitement en vue d'une anonymisation. L'utilisation sera faite à des fins d'intérêt public.

b-L'exception du traitement des données sensibles.

Le droit français, à travers la Loi informatique et libertés considère comme données sensibles, les informations relatives aux origines raciales ou ethniques, aux opinions politiques, philosophiques ou religieuses, à l'appartenance syndicale, à la santé ou à la vie sexuelle.[343] L'Acte additionnel de la CEDEAO définit les données sensibles comme *« toutes les données à caractère personnel relatives aux opinions ou activités religieuses, philosophiques, politiques, à la vie sexuelle ou raciale, à la santé, aux mesures d'ordre social, aux poursuites, aux sanctions pénales ou administratives ».*[344]

Le principe est l'interdiction de traitement de ces données qualifiées de sensibles dans les États membres de la CEDEAO.[345] Le texte communautaire pose donc le principe de l'interdiction de traitement à l'égard des données relatives à l'origine raciale, ethnique ou régionale,[346] la filiation, les opinions politiques, les convictions religieuses ou philosophiques, l'appartenance syndicale, la vie sexuelle, les données génétiques ou les données relatives à l'état de santé.

Le traitement de ces données ne doit se faire qu'exceptionnellement pour deux types de raisons. La première est individuelle et la deuxième est relative à la préservation d'intérêts publics.

2-Le traitement des données pour des raisons privées

Il s'agit du cas où les données ont été rendues publiques par la personne concernée, en cas de consentement du concerné, dans le cadre de la nécessité de préservation d'une vie,[347] pour l'exercice ou la défense d'un droit en justice, pour des raisons d'exécution d'un contrat auquel

---

[343] Voir art. 8 nouveau modifiant L. 78-17.

[344] Acte Additionnel de la CEDEAO op. cit. Art. 1.

[345]Acte Additionnel de la CEDEAO op. cit. Art. 30

[346] En Afrique de l'ouest, les considérations régionales sont une réalité si bien que le favoritisme ou la discrimination s'en servent régulièrement pour leur réalisation. Interdire le traitement facile de ces données est assez salutaire pour la vie privée des individus.

[347] Le texte fait référence à la vie de la personne concernée par le traitement ou celle d'autrui. La personne concernée doit être hors d'état d'exprimer sa volonté.

le concerné est partie prenante et pour l'exercice d'une activité associative à but non lucratif et à finalité politique, philosophique, religieuse, mutualiste ou syndicale.[348]

3-Le traitement des données pour la préservation d'intérêts publics

Dans ce cas, les traitements seront admis pour des intérêts publics à des fins historique, statistique ou scientifique, pour le respect d'une obligation légale, en vue de l'exécution d'une mission publique.[349]

a-La règlementation du traitement des données non sensibles

Il est ici question des données personnelles générales qui ne font pas l'objet d'interdiction de traitement par principe.

Notons que le traitement des données porte sur toute information relative à une personne physique identifiée ou identifiable directement ou indirectement.

La possibilité de traitement est soumise à une condition préalable dans le cadre de l'Acte Additionnel de la CEDAO. Il s'agit de la déclaration.

La déclaration préalable

Le traitement des données à caractère personnel fait l'objet d'une déclaration préalable auprès de l'autorité de protection.

Sont exclues du champ de cette condition, les traitements de données par une personne physique dans le cadre de ses activités personnelles ou domestiques,[350] les traitements à caractère personnel pour le compte

---

[348] Dans cette hypothèse, le traitement doit se limiter aux seuls membres et personnes liées à l'organisation. Le consentement constitue quand même un préalable au traitement des données de ces personnes.
[349] Art. 31 Acte Additionnel de la CEDEAO du 16 février 2010 relatif à la protection des données à caractère personnel.
[350] Art.4 et 11 Acte Additionnel de la CEDEAO du 16 février 2010 relatif à la protection des données à caractère personnel.

du service public,[351] les cas de dispense de formalité,[352] les données traitées sur autorisation de l'autorité de protection.[353]

Le flou entretenu par la dispense des usages privés des données à caractère personnel

L'Acte Additionnel de la communauté exclut du champ de son application les données utilisées par une personne physique dans le cadre de ses activités personnelles ou domestiques. Ces traitements sont en outre dispensés des formalités préalables dans l'article 11 de l'Acte Additionnel. Cette disposition constitue un flou. Une autre zone d'ombre concerne la dispense accordée au traitement ayant pour seul objet la tenue d'un registre qui est destiné à un usage exclusivement privé. On pourrait se demander pourquoi en plus des *« traitements pour activités personnelles ou domestiques »*, le législateur communautaire fait encore référence au « *traitement ayant pour seul objet la tenue d'un registre qui est destiné à un usage exclusivement privé* ». Cette deuxième catégorie de traitement n'entre-t-elle pas dans le cadre du premier traitement relatif aux activités personnelles ou domestiques ? Ces activités ne peuvent-elles pas être considérées comme privées ? Quel contenu le législateur communautaire donne-t-il à la notion de privé ?

La confusion entretenue par la dispense aux formalités accordées aux traitements ayant pour seul objet la tenue d'un registre destiné à un usage exclusivement privé est réelle dans la mesure où s'il est vrai que tout usage domestique ou personnel est forcément privé, le contraire n'est pas toujours évident. En effet, le fait pour le législateur de ne pas faire mention de la personne physique cette fois dévoile son intention

---

[351] Art.6 Acte Additionnel de la CEDEAO du 16 février 2010 relatif à la protection des données à caractère personnel.

[352] Art.11 Acte Additionnel de la CEDEAO op. Cit. La dispense concerne les traitements pour usage domestique ou personnel et la tenue d'un registre à usage privé et les traitements mis en œuvre par une association ou tout organisme à but non lucratif et à caractère religieux, philosophique, politique ou syndical.

[353] Art. 12 Acte Additionnel de la CEDEAO op. Cit. Il s'agit entre autres des traitements portant sur les données génétiques et de santé, des données relatives aux infractions, condamnations et mesures de sureté, traitement de données portant sur l'interconnexion de fichiers, les traitements portant sur un numéro national d'identification, etc.

d'étendre cette dispense aux personnes morales qui elles aussi peuvent tenir un registre dit à usage exclusivement privé. À ce stade encore, le doute plane. Surtout, lorsqu'on procède à l'analyse de la notion *« exclusivement privé »* employée.

Le fait pour le législateur d'utiliser le terme « *exclusivement* » confirme la réalité de la possibilité d'atteinte à la vie privée des individus par les traitements dits à usage privé. La dispense prévue par l'article 11 de l'Acte communautaire constitue indéniablement une porte ouverte aux abus en matière de protection des données à caractère personnel. La garantie des droits perdrait petit à petit tout son sens avec une telle disposition fourre-tout. Son application aura pour effet de vider les droits protégés de leur contenu en les faisant simplement basculer sur le terrain d'un usage dit exclusivement privé. La tâche du juge ne sera pas facile dans la sanction des violations du traitement des données à caractère personnel à usage privé, car il lui faudrait les définir là où les législations nationales ne l'auront pas fait.

Les législations du Sénégal,[354] du Ghana[355] et de la Côte d'Ivoire [356] vont dans le même sens que l'Acte additionnel de la CEDEAO en excluant de leur champ d'application les traitements à caractère personnel ou domestique faits par une personne physique dans le cadre de ses activités personnelles. Même si les législateurs sénégalais et ivoiriens fixent la limite qui suit, « *à condition toutefois que les données ne soient pas destinées à une communication systématique à des tiers ou à la diffusion* »,[357] le doute persiste toujours, car rien ne garantit que le titulaire de l'activité privée ne divulgue pas les données en sa possession. Les registres étant informatisés, le risque de divulgation des informations sera grand en raison de la possibilité de leur volatilité dans l'espace numérique.

Les législateurs sénégalais et ivoiriens prennent ce risque en excluant les traitements privés des données à caractère personnel du cadre de la déclaration préalable. Ces lois prévoient que « *Les copies temporaires*

---

[354] Voir Art. 3 al. 1 de la loi du Sénégal sur les données à caractère personnel, op.cit.
[355] Cf. Art. 51 de la loi du Ghana, Data Protection Act, op.cit.
[356] Voir Art. 3 al. 1 de la loi du Sénégal sur les données à caractère personnel, op.cit. Et l'Art.4 al.1 de la loi de Côte d'Ivoire sur les données à caractère personnel.
[357] Voir les lois ivoirienne et sénégalaise sur les données à caractère personnel.

faites dans le cadre des activités techniques de transmission et de fourniture d'accès à un réseau numérique, en vue du stockage automatique, intermédiaire et transitoire des données à seule fin de permettre à d'autres destinataires du service le meilleur accès possible aux informations transmises ».[358]

4-Les principes qui gouvernent la collecte des données en Afrique de l'ouest

La collecte des données à caractère personnel est gouvernée par le respect de principes directeurs et spécifiques.

a-Les principes directeurs

Ce sont la légitimité et le consentement,[359] la licéité et la loyauté,[360] la finalité et la pertinence de la conservation,[361] l'exactitude,[362] la transparence[363], la confidentialité et la sécurité[364] et le choix d'un sous-traitant.[365] Ces règles doivent être respectées dans le but de protéger la personne humaine à travers sa vie privée. Ces principes donnent un sens à la protection des données à caractère personnel qui ne sauraient être collectées et traitées de façon libre.

---

[358] Voir Art. 3 al. 2 de la loi du Sénégal sur les données à caractère personnel, op.cit. et l'Art.4 al.2 de la loi de Côte d'Ivoire sur les données à caractère personnel.

[359] La personne concernée doit donner son consentement pour que le traitement soit légitime. Il y a toutefois des cas de dérogation au consentement, comme l'exercice d'une mission d'intérêt public, etc.

[360] Aucune action de collecte, de stockage, de traitement ne doit se faire de façon frauduleuse. Elle doit respecter les prescriptions de la loi.

[361] Les données doivent être collectées pour un but bien précis et nécessaire. La conservation doit se faire dans un temps bien précis qui doit être clairement défini dès le départ de l'action, conformément à sa finalité.

[362] Les données collectées doivent faire l'objet d'une mise à jour régulière afin de correspondre à la réalité.

[363] Le responsable du traitement des données a l'obligation d'informer obligatoirement la personne dont les données sont concernées.

[364] La confidentialité des données à caractère personnel est une obligation. Elle doit être assurée par leur sécurisation lors de leur transmission sur un réseau.

[365] Le sous-traitant aidera le responsable du traitement à assurer la mise en œuvre de toutes des règles de sécurité.

b-Le principe spécifique

Il constitue la deuxième catégorie de principe à côté des principes directeurs. Il concerne les cas de prohibition de traitement des données à caractère personnel dans l'espace CEDEAO.[366] Tous ces efforts de compréhension de la notion de données à caractère personnel ainsi que les principes de leur collecte et de leur traitement ont permis de comprendre les engagements et la volonté de la communauté ouest-africaine en matière de protection de la personne humaine. Il convient cependant d'analyser la relation entre la vie privée et les données à caractère personnel pour mieux cerner le fondement de la protection.

5-Protection de la vie privée et des données personnelles, deux domaines distincts

En France, la protection de la vie privée a historiquement évolué. Depuis l'antiquité, la notion de vie privée était construite autour de réalités objectives. Elle était rattachée à la sphère matérielle, notamment l'espace que constituait le domicile. Elle était l'objet de délimitation physique.[367] La protection a, au fil du temps, glissé vers la personne humaine. En effet, sous l'action des philosophes des Lumières au 19e siècle, le concept de vie privée a fait la promotion de valeurs subjectives inhérentes à la personne humaine. Cet être tributaire de valeurs doit être protégé, même en dehors de son domicile, c'est-à-dire partout, puisque sa vie privée l'y suit. C'est la promotion des droits et libertés collectifs ainsi qu'individuels. On comprendra alors tout l'intérêt de l'émergence de la panoplie de protections rattachées à la dignité humaine. C'est ce que confirment ces deux auteurs lorsqu'ils affirment que « *le glissement de la protection de ce qui est caché derrière le "mur de la vie privée" au sens matériel du terme vers un univers de valeurs traduit une évolution des objectifs de la protection* ».[368] Les données personnelles font partie de ces valeurs à protéger dans un monde où la technologie évolue à grande vitesse et où

---

[366] Voir les données sensibles et leur exception de traitement étudiées dans les lignes précédentes.

[367] On parle du mur de la vie privée.

[368] (J.) LE CLAINCHE (D.) LE MÉTAYER, « Données personnelles, vie privée et non-discrimination : des protections complémentaires, une convergence nécessaire », Revue Lamy Droit de l'Immatériel, n° 90, février 2013, lamyline.

ces informations courent le risque d'être utilisées abusivement. Le respect de la vie privée est un droit fondamental consacré dans bon nombre de Constitutions d'États ouest-africains.[369] Après la Deuxième Guerre mondiale, le concept a été promu par la Déclaration Universelle des Droits de l'Homme (DUDH) en ces termes : « *Nul ne sera l'objet d'immixtions arbitraires dans sa vie privée, sa famille, son domicile ou sa correspondance, ni d'atteintes à son honneur et à sa réputation. Toute personne a droit à la protection de la loi contre de telles immixtions ou de telles atteintes ».*[370] Le Pacte International relatif aux Droits Civils et Politiques[371] (PIDCP) accorde la même garantie dans des termes similaires en son article 17.

En droit français, le droit au respect de la vie privée a été formellement consacré par la loi du 17 juillet 1970 [372] qui a modifié l'article 09 du Code Civil. L'individu était désormais protégé contre toute sorte d'intrusion dans sa vie, quelle qu'en soit l'origine, individuelle ou étatique. Cette protection s'est cependant avérée insuffisante en droit français pour la protection des droits de l'individu face au développement de la technique, notamment l'informatique. C'est ce que confirme le professeur DECAUX en ces termes : « *Toutefois ces principes classiques qui supposent une non-ingérence, une "abstention" de l'État, ne sont pas suffisants pour protéger l'individu face au développement de l'informatique. C'est le sens de la loi du 6 janvier 1978 relative à l'informatique, aux fichiers et aux libertés qui a institué en France un régime particulièrement protecteur, en instituant la Commission nationale de l'informatique et des libertés (CNIL) ».*[373]

369Voir Constitutions des États.

370 Art. 12 de la Déclaration Universelle des Droits de l'Homme adoptée le 10 décembre 1948.

371 Le Pacte International relatif aux Droits Civils et Politiques a été adopté le 16 décembre 1966. Contrairement à la DUDH, il a une valeur contraignante à l'égard des États qui y ont souscrit.

372 Loi n° 70-643 du 17 juillet 1970 tendant à renforcer la garantie des droits individuels des citoyens.

373 (E.) DECAUX, « *La protection de la vie privée au regard des données informatiques* », 2008, Archives N° 7, janvier 2008 — décembre 2009, disponible en ligne sur http://www.droits-fondamentaux.org Consulté le 5 août 2013.

La protection de l'individu à travers des dispositions spécifiques face aux menaces de la technologie s'impose donc avec acuité et c'est ce qui va justifier une protection des données personnelles qui sont particulièrement exposées à l'ère du numérique.

6-La protection originale du droit des données personnelles

La spécificité de ce droit fait sa différence avec le respect de la vie privée. La protection de ces droits a débuté en droit français par la protection des grands fichiers de l'État avec la loi du 6 janvier 1978 relative à l'informatique, aux fichiers et aux libertés. Elle s'est par la suite étendue à la protection des personnes physiques par la modification opérée avec la loi n° 2004-801 du 6 août 2004.[374] Cette dernière met en place une Commission Nationale Informatique et Libertés (CNIL), qui permettra à l'État de protéger les données personnelles par une institution administrative. Le Professeur DECAUX qualifie d'originale cette nouveauté en ces termes : « *L'idée de confier un rôle de protection à une autorité administrative indépendante est également très novatrice, par rapport à la conception traditionnelle qui fait de "l'autorité judiciaire [la] gardienne de la liberté individuelle", comme le rappelle l'article 66 de la Constitution française* ».[375]

Alors que le respect de la vie privée était exclusivement assuré par les juridictions, le droit des données personnelles est mis en œuvre par une autorité administrative. L'État ne se limite plus à la phase d'abstention, il protège en agissant. Les États ouest-africains se sont inspirés des législations européennes[376] pour adopter un droit communautaire. Il s'agit de l'Acte additionnel A/SA.1/01/10 de la CEDEAO du 16 février

---

[374] Cette loi a transposé la directive 95/46/CE du parlement européen et du Conseil du 24 octobre 1995 relative à la protection des personnes physiques à l'égard du traitement des données à caractère personnel et à la libre circulation de ces données.

[375] (E.) DECAUX, « *La protection de la vie privée au regard des données informatiques* », op. cit.

[376] La législation ouest-africaine s'inspire de la Convention 108 du Conseil de l'Europe du 28 janvier 1981 pour la protection des personnes à l'égard du traitement automatisé des données à caractère personnel et la Directive N° 95/46/CE du 24 Octobre 1995 relative à la protection des personnes physiques à l'égard des traitements de données à caractères personnels.

2010 relatif à la protection des données à caractère personnel. Ce texte reconduit quasiment le contenu des instruments européens avec quelques différences et consacre une protection administrative de ces données par la suggestion de création d'autorités administratives indépendantes. Tandis que le respect de la vie privée institue un contrôle a posteriori, puisqu'il faut une atteinte pour la mise en œuvre de la sanction, le droit des données personnelles par contre institue une protection a priori. L'autorité administrative en assure le contrôle par le biais de la déclaration et de l'autorisation.

Une autre analyse qui démarque les deux domaines est celle faite par Le CLAINCHE et Le METAYER en droit français : « *Le droit des données personnelles s'applique indépendamment de toute atteinte au respect de la vie privée et les décisions prises sur le fondement d'un traitement automatisé de données n'impliquent pas nécessairement une intrusion dans la vie privée. Par exemple, le défaut d'accomplissement des formalités préalables à la mise en œuvre d'un traitement est sanctionné par l'article 226-16 du Code pénal,*[377] *peu importe que le traitement soit susceptible de porter atteinte ou non au droit au respect de la vie privée. De même, le refus d'exercice du droit d'opposition, le détournement de finalité, la collecte déloyale ou frauduleuse, le non-respect de l'obligation de sécurité ou une durée de conservation trop longue sont réprimés pénalement par les articles 226-17 à 226-21 du Code pénal, sans que le plaignant ait à rapporter la preuve d'une atteinte au respect de la vie privée* ».

Ce constat est d'autant plus intéressant pour nous qu'il vaut pour la législation communautaire ouest-africaine. Le droit des données personnelles peut être mis en œuvre indépendamment de l'atteinte à la vie privée. Il suffit en effet que les prescriptions des textes soient violées pour que la sanction soit mise en œuvre. Le plaignant rapporterait par contre la preuve s'il prétendait que sa vie privée était violée. Du coup, certains aspects du respect de la vie privée peuvent bénéficier d'une protection intéressante dans le droit des données personnelles, surtout que le plaignant n'aura plus d'effort à fournir pour voir la violation de son droit sanctionnée. C'est en cela que les deux droits s'entremêlent mutuellement.

---

[377] Il s'agit du Code pénal Français.

7-Le rapprochement de la protection de la vie privée de celle des données à caractère personnel.

Toutes les informations directement ou indirectement rattachables à une personne étant constitutives de données personnelles, il est alors intéressant de regarder de près la question pour savoir comment une atteinte aux données personnelles peut concerner la vie privée. Les fichiers informatisés contenant des données personnelles présentent particulièrement le grand risque de porter atteinte à la vie privée des individus. En effet, le stockage des données sur des supports entraîne une facilité et une rapidité d'accès et de leur collecte qui risquent d'atteindre la vie privée des personnes concernées. Cela est d'autant plus vérifié que les informations peuvent être détournées, falsifiées voire divulguées.

Les actions de traitement des informations peuvent alors porter atteinte à la dignité d'un individu si elles se déroulent irrégulièrement. Car elles peuvent constituer des informations intimes, confidentielles ou sensibles pour le titulaire qui ne voudrait pas les voir divulguées d'aucune manière que ce soit.

Les TIC étant très développées de nos jours, les données à caractère personnel sont exposées à ce risque de traitement abusif et de divulgation qui portera nécessairement atteinte à la partie de sa vie que chaque individu voudrait voir protéger.[378] L'institution des principes étudiés dans les lignes précédentes a pour but de garantir la protection de cette vie privée. Les principes du consentement, de la transparence, de la loyauté, de la confidentialité et de sécurité en sont révélateurs.

Le législateur ouest-africain a reconnu cette nécessité de protection de la vie privée dans la phase introductive de l'Acte additionnel relatif à la protection des données à caractère personnel par un considérant dont la teneur suit : « *Considérant les progrès importants réalisés dans les domaines des Technologies de l'Information et de la Communication*

---

[378] À propos de menaces à la vie privée par le traitement des données personnelles, voir LEROY, op. cit.

(TIC) ainsi que de l'Internet dont l'utilisation inappropriée dans la vie quotidienne pose des problèmes relativement à la vie privée ».[379]

Il poursuit en établissant toujours un lien entre la nécessité de protection des données à caractère personnel et le risque de violation de la vie privée en ces termes : « *Conscientes également que l'utilisation croissante des technologies de l'information et de la communication peut être préjudiciable à la vie privée et professionnelle des utilisateurs».*[380]

Le législateur sénégalais dans sa loi sur les données à caractère personnel[381] établit aussi un lien entre les deux réalités dans la partie introductive de sa loi nationale. Il va plus loin en prévoyant que sa loi a pour objectif de mettre en place un dispositif permettant de lutter contre les atteintes à la vie privée que peuvent entraîner la collecte, le traitement la transmission, l'usage et le stockage des données à caractère personnel.[382] Il reconnaît ouvertement qu'un mauvais traitement des données à caractère personnel agit négativement sur la vie privée. Le législateur ivoirien en fait de même. Celui du Ghana reste muet sur la question, mais sa position se clarifie lorsqu'il fait assurer la mise en œuvre de sa loi sur les données personnelles sous l'autorité de la Commission Nationale en charge des droits de l'Homme. Il fait alors, implicitement le lien entre atteinte aux données à caractère personnel et la violation des droits humains qui implique les atteintes à la vie privée.[383]

Le classement des données en sensibles et moins sensibles, montre aussi tout l'intérêt accordé à la vie privée dans la protection des données à caractère personnel. La collecte des premières est interdite par principe parce qu'elle touche à des aspects de la vie de l'individu qui ne peuvent faire l'objet de divulgation libre. Prenons l'exemple du cas de

---

379 Voir partie introductive de l'Acte additionnel de la CEDEAO sur la protection des données à caractère personnel.

380 Acte additionnel de la CEDEAO sur la protection des données à caractère personnel.

381 Loi n° 2008-12 sur la protection des données à caractère personnel.

382 Voir art. Premier al. 1. de la Loi n° 2008-12 sur la protection des données à caractère personnel.

383 Bill, Data protection Act, 2010.

l'orientation sexuelle d'une personne. Le contexte africain étant assez défavorable à certaines pratiques sexuelles à l'image de celle entre deux personnes de même sexe, la diffusion d'une telle information sans le consentement de l'intéressé peut lui être d'un préjudice irréparable.[384]

C'est aussi le cas des données de santé qui bien que bénéficiant d'une protection par les règles de déontologie du corps de santé, peuvent être exposées lorsqu'elles sont collectées et traitées par des personnes non averties qui risquent de les divulguer et causer préjudice aux personnes concernées.[385]

La protection particulière réservée aux données sensibles est une mesure de prévention de leur usage. Les droits reconnus aux personnes dont les données sont collectées et traitées, à l'instar des droits à l'information, d'accès, d'opposition, de rectification ou de suppression sont des garanties qui ont pour finalité de protéger la vie privée et d'autres libertés des individus. Ces derniers disposent du droit de veiller à une bonne utilisation de leurs données personnelles.

Les obligations à la charge du responsable du traitement sont une garantie d'évitement des risques d'atteinte à la vie privée. La protection des données à caractère personnel est un domaine nouveau dans le contexte ouest-africain. Elle évolue de l'absence d'un cadre de protection vers son institution, ce qui en fait pour l'heure, une vue de l'esprit.

8-Du vide juridique à l'émergence de sanctions relatives aux atteintes aux données personnelles

a-La réalité de l'inexistence de protection juridique des données à caractère personnel

Le constat est clairement fait dans l'Acte additionnel de la CEDEAO qui procède ainsi : « *Nonobstant l'existence des législations nationales*

---

384 Voir assassinat d'un activiste des droits des homosexuels au Cameroun en juillet 2013.

385 Les personnes atteintes de VIH/SIDA ou d'autres maladies comme l'épilepsie sont stigmatisées et peuvent subir la perte de leur emploi ou d'autres discriminations.

relatives à la protection de l'intimité des citoyens dans leur vie quotidienne ou professionnelle et à la garantie de la libre circulation des informations, il s'avère important de combler un vide juridique créé par la naissance de ce nouvel instrument de communication qu'est Internet. Conscient de la nécessité de combler ce vide juridique et de créer en conséquence un cadre légal harmonisé dans le traitement des données à caractère personnel ».

L'Acte additionnel confirme que jusqu'à une époque récente, le droit des données personnelles n'était pas une réalité dans la région. Ce n'est qu'après l'adoption en 2010 d'un texte au niveau sous-régional que certains États ont élaboré leur propre législation de protection des données à caractère personnel.[386] Comme il a déjà été mentionné, seulement quelques États ont une loi nationale sur les données à caractère personnel. Il s'agit dans le cadre de notre étude, du Ghana et du Sénégal et de la Côte d'Ivoire. Heureusement que l'Acte Additionnel vient combler ce vide.

Ce texte communautaire a la force d'être d'application directe en droit interne. Les États n'ayant pas encore de législation peuvent déjà le mettre en pratique. Sa grande faiblesse est qu'il ne comporte pas de sanction pénale. La sanction qui en découle est celle de l'autorité de contrôle qui n'est que d'ordre administratif et pécuniaire. Face à une telle réalité, seul le contrôle a posteriori pourra être mis en œuvre pour les données personnelles faisant l'objet d'un traitement informatisé.

Les États disposant de normes pour la sanction des atteintes spécifiques aux TIC pourront s'en servir pour sanctionner les atteintes aux données faisant l'objet de traitement informatisé. Rien n'est gagné à ce niveau, car le vide juridique y est aussi une réalité.[387] Cela est possible avec les législations de l'ensemble des quatre pays de notre champ d'études, d'autant plus qu'elles possèdent toutes, des dispositions relatives aux données informatisées.

---

[386] Voir les États ayant une législation nationale dans les lignes précédentes.

[387] Le vide dont nous parlons ici concerne l'ensemble des 15 États de la région ouest-africaine et non les quatre pays qui font l'objet de l'étude.

Absence d'autorités nationales autonomes de protection des données personnelles

Malgré les efforts des États ouest-africains pour l'adoption de législations, il y a une réelle difficulté de mise en place d'autorités administratives de contrôle du traitement des données à caractère personnel. Seul le Sénégal a mis en place une autorité indépendante pour la surveillance des droits. Le Ghana dispose d'une autorité de surveillance qui n'est pas forcément indépendante, c'est la commission nationale chargée des droits de l'Homme qui tient lieu d'autorité administrative chargée de la mise en œuvre du droit des données à caractère personnel. Une telle affiliation est-elle efficace ? Peut-on parler d'indépendance ? Les questions budgétaires pourraient peut-être expliquer cette formule.

La réalité des questions de financement est sans doute à la base de la réticence des États vis-à-vis de la mise en place d'autorités administratives indépendantes de contrôle. En Côte d'Ivoire, il n'existe pas d'autorité indépendante, c'est l'Agence de Régulation des Télécommunications de Côte d'Ivoire (ARTCI) qui joue ce rôle. Cette structure a aussi d'autres attributions au-delà de la protection des données à caractère personnel.

En tout cas, l'inexistence d'autorités administratives pour la mise en œuvre des droits est une grande faiblesse. Il est clair que c'est uniquement par ces actions que les responsables de traitement se conformeront à la loi. Les autorités administratives peuvent indiscutablement stimuler la mise en œuvre des sanctions pénales. Leur action de contrôle et d'information permettra aux populations de connaître leurs droits et de demander la sanction de leur violation. La loi sur les données à caractère personnel est d'avance, quasiment vouée à la désuétude si une autorité administrative indépendante n'existe pas.

9-La réalité de l'atteinte aux données personnelles en Afrique de l'Ouest

La région n'est nullement à l'abri des menaces que génèrent chaque jour les TIC, particulièrement Internet. Les personnes en paient les frais par les attaques ciblant leur identité. En effet, l'usurpation d'identité est l'une des facettes les plus récurrentes des atteintes aux données à caractère personnel en Afrique de l'Ouest. Des groupes collectent illicitement les données des individus sur les réseaux sociaux et s'en servent pour la réalisation d'un certain nombre d'infractions, dont l'escroquerie et le spamming. En dehors des délinquants du web, les données personnelles sont aussi menacées par les structures ayant pour but de faire du profit[388] et qui traitent abusivement les données des individus. Le monde du travail est aussi une menace pour ces informations capitales.

La méconnaissance des enjeux liés aux données personnelles pèse fortement en faveur de leur violation dans la région. L'adoption d'un cadre légal de répression des atteintes à ces données et l'institution d'une autorité administrative indépendante de contrôle qui se chargera d'informer les populations sur la question seront un grand pas pour la protection de ces droits à l'image de celle qui est mise en œuvre en France.

Après cette évaluation du cadre législatif et du contexte général de la protection des données à caractère personnel en Afrique de l'Ouest, il y a lieu d'examiner maintenant les incriminations que proposent les législations des États concernés par la recherche.

PARAGRAPHE II : LES INCRIMINATIONS DES LÉGISLATIONS

Sont analysées sous ce paragraphe, les dispositions pénales permettant de sanctionner les atteintes aux données à caractère personnel. Les incriminations des législations spécifiques aux données personnelles seront étudiées d'un côté (A) et de l'autre, le cas particulier du Nigéria qui ne dispose pas de législation propre à la protection des données personnelles (B). Pour ce qui concerne notre étude, nous insisterons plus sur l'analyse des dispositions relatives à l'atteinte aux données à caractère personnel faisant l'objet de traitement informatisé étant donné que nous nous situons dans la partie de notre étude relative à l'atteinte aux données personnelles informatisées.

---

[388] Le commerce en ligne n'est pas encore une réalité dans la région, mais les structures qui existent déjà profitent du vide juridique pour atteindre leurs objectifs en traitant abusivement les données personnelles.

1-Les infractions prévues par les législations spécifiques aux données à caractère personnel

a-Les agissements incriminés

Les actes répréhensibles découlant d'une mauvaise action à l'encontre des données personnelles informatisées sont multiples. Constitue un acte de cybercriminalité les traitements de données à caractère personnel qui ne respectent pas les prescriptions légales.

En droit sénégalais, la violation des formalités de traitement est punie, peu importe qu'elle soit délibérée, ou le fait d'une négligence. La collecte frauduleuse et illicite fait l'objet de sanctions. La conservation sur support informatique de données personnelles qui font apparaître l'origine raciale ou ethnique, les opinions, politiques, philosophiques ou religieuses, l'appartenance syndicale sans le consentement de la personne concernée est sanctionnée. La violation des consignes de sécurité, la conservation illégale de données de condamnation sur support informatique, la violation de la durée de conservation, le détournement des informations de leur finalité, la divulgation constituent des infractions cybercriminelles saisies par la loi. Toutes les atteintes aux données à caractère personnel sont punies de la même peine par la législation sénégalaise. La peine privative de liberté est d'un à sept ans et une sanction pécuniaire de 500 000[389] (cinq cent mille) à 10 000 000[390] (dix millions) de FCFA. Le législateur baisse la peine en cas de divulgation des informations relatives aux données personnelles faites par imprudence ou négligence.[391]

Le législateur ivoirien par contre adopte sensiblement la même approche que celui du Sénégal. Il s'en démarque cependant, à travers les sanctions. La protection des données personnelles est assurée en droit ivoirien par une législation nationale adoptée en 2013 en application de l'Acte Additionnel de la CEDEAO. L'un des champs d'application de cette législation est le traitement automatisé des

[389] 761 euros.
[390] 15 244 euros.
[391] Cf.Art. 431-30 al. 2 de la loi du Sénégal sur la cybercriminalité, op.cit.

données personnelles. L'article 3 de la loi de 2013 prévoit que sont soumises aux dispositions de la loi sur les données personnelles « *Toute collecte, tout traitement, toute transmission, tout stockage et toute utilisation des données à caractère personnel par une personne physique, l'État, les collectivités locales, les personnes morales de droit public ou de droit privé. Tout traitement automatisé ou non de données contenues ou appelées à figurer dans un fichier* ».

À l'instar de la législation sénégalaise, la loi ivoirienne interdit et sanctionne la collecte illicite et frauduleuse des données à caractère personnel. Le traitement de ces données doit être soumis à une déclaration préalable auprès de l'autorité de protection des données à caractère personnel. Le législateur ivoirien sanctionne sévèrement la collecte et le traitement illégal de données qui révèlent l'origine raciale, ethnique ou régionale, la filiation, les opinions politiques, les convictions religieuses ou philosophiques l'appartenance syndicale, la vie sexuelle, les données génétiques et celles relatives à l'état de santé. La peine est de 10 (dix) à 20 (vingt) ans d'emprisonnement et d'une amende de 20 000 000[392] (vingt millions) à 40 000 000[393] (quarante millions) de francs CFA. Les entraves aux actions de l'autorité de protection des données à caractère personnel sont punies d'un emprisonnement d'un mois à deux ans et d'une amende de 1 000 000 (un million) à 10 000 000 (dix millions) de FCFA.

Le législateur ivoirien est plus sévère dans la sanction que celui du Sénégal.

Le législateur ghanéen prévoit deux types de sanctions. L'obtention illégale, l'atteinte à la confidentialité des données personnelles et la sanction de l'atteinte à la confidentialité par le personnel de contrôle. Le législateur ghanéen, à l'image de celui du Sénégal, sanctionne l'atteinte à la confidentialité des données personnelles qu'ils soient commis expressément ou par imprudence. Par contre, il fait varier la peine en fonction du type d'atteinte. Ainsi, lorsqu'il s'agit d'obtention illégale ou d'atteinte à la confidentialité simple, l'infracteur sera puni

[392] 30 441 euros.
[393] 60 882 euros.

d'une peine pécuniaire maximale de deux cent cinquante (250)[394] cedis et d'une peine d'emprisonnement maximale de deux ans. L'offre de vente et la vente des données personnelles sont aussi sanctionnées. L'offre de vente est punie des mêmes peines que l'obtention illégale et l'atteinte à la confidentialité. La vente par contre est punie un peu plus sévèrement, deux mille cinq cents (2500)[395] cedis d'amende maximum et cinq ans maximums d'emprisonnement. Ces peines sont pratiquement insignifiantes comparativement à celles prévues par le législateur sénégalais aussi bien pour la peine pécuniaire que celle privative de liberté.

L'atteinte à la confidentialité des données personnelles par le personnel de l'institution de contrôle est sanctionnée.[396] Cette sanction est une originalité. Le personnel doit en effet se garder de porter atteinte à la confidentialité des données informatisées qu'ils ont la responsabilité de maintenir confidentielles. La violation de cette règle est sanctionnée d'une peine pécuniaire de deux mille cinq cents (2500) cedis et d'une peine d'emprisonnement de cinq ans maximum. L'adoption de sanction à l'égard du personnel chargé du contrôle est originale dans la mesure où il peut, comme les individus, constituer une menace pour les données personnelles informatisées. Le législateur ghanéen est très flexible dans la détermination des sanctions par rapport aux autres législateurs du Sénégal et de la Côte d'Ivoire.

La législation sénégalaise sanctionne l'atteinte aux données sensibles et celles moins sensibles de mêmes peines. Toutes les formes d'atteinte aux données personnelles ont la même gravité et cela se confirme par l'adoption de peines similaires pour toutes les atteintes. Le législateur ghanéen ne fait pas référence aux données sensibles dans les incriminations, il adopte plutôt une approche globale à l'égard des atteintes aux données personnelles. Il recourt en effet aux termes généraux d'obtention illégale et de divulgation des informations relatives aux données personnelles. Il adapte cependant sa législation pénale à la réalité sociale en incriminant la vente et l'offre de vente des données personnelles. Cela est d'autant plus important que le vol des

---

394 91 euros.
395 9 100 euros.
396 Le personnel doit éviter de divulguer les informations.

données personnelles liées à l'identité des personnes est une réalité au Ghana et dans la plupart des États de la région ouest-africaine. Il convient d'apprécier la situation du Nigéria.

2-Les incriminations des atteintes aux données à caractère personnel et informatisé dans la législation du Nigéria

Le Nigéria est le seul État faisant l'objet de notre étude, ne disposant pas de législation spécifique sur la protection des données à caractère personnel. Dans ces conditions, il est difficile d'apprécier les atteintes aux données personnelles informatisées. L'Acte additionnel de la CEDEAO qui est d'application immédiate peut servir de législation pour le respect des droits en question. Mais, comme mention en a été faite dans les lignes précédentes, le texte ne contient pas de sanction pénale, ce volet incombe aux législations nationales. La sanction de l'atteinte aux données à caractère personnel peut être recherchée dans celle relative aux données informatisées.

La solution urgente qu'il reste pour l'État du Nigéria est l'adoption de législation sur les données à caractère personnel ainsi que la création d'une structure nationale chargée de mettre en œuvre les droits contenus dans l'Acte Additionnel de la CEDEAO sur les données à caractère personnel.

L'étude portant sur les atteintes spécifiques aux TIC en Afrique de l'Ouest a analysé les atteintes aux systèmes informatiques et aux données en général d'une part, et de l'autre, les incriminations portant sur les atteintes aux données personnelles.

Les États possédant une législation ayant un lien avec la Directive ouest-africaine (Nigéria, Sénégal et Côte d'Ivoire) ont généralement les mêmes approches pour ce qui concerne les incriminations des atteintes spécifiques aux TIC avec des variations au niveau des peines. Des insuffisances sont cependant à noter dans ces législations où quelques problèmes relatifs aux difficultés de détermination des éléments constitutifs de certaines infractions se posent. L'exemple de la tentative d'accès et de maintien frauduleux dans la législation sénégalaise en est l'illustration parfaite. Quant au Ghana, il n'a pas une législation spécifique à la cybercriminalité, mais certaines dispositions de sa législation ont été adaptées pour la prise en compte des agissements cybercriminels si bien qu'on peut trouver une incrimination des attaques aux systèmes informatiques et aux informations générales dans sa loi « *electronic transaction Act 2008* ». Cette dernière reste cependant assez lapidaire quant à l'incrimination de certains aspects des atteintes spécifiques comme celles relatives aux données informatisées. Les États ont adapté leur législation pénale à l'environnement numérique en faisant de l'information une chose susceptible de subir les infractions classiques aux biens.

Pour ce qui concerne les informations personnelles, c'est-à-dire les données informatisées personnelles, elles font l'objet de protection au sein de toutes les législations aussi bien à travers une législation spécifique en appui (Ghana, Côte d'Ivoire et Sénégal). Des efforts restent cependant à faire.[397] Cette dernière protection demeure largement insuffisante. L'absence d'autorités de contrôle indépendante des données personnelles reste un grand obstacle de mise en œuvre des dispositions relatives à leur protection.

Dans l'ensemble, quelques incohérences demeurent au sein des législations internes des États comme le démontre l'incrimination de la tentative pour l'atteinte à la confidentialité et à l'intégrité du système informatique et pas pour les délits informatiques de faux et de fraude dans les législations sénégalaise et ivoirienne, mais elles sanctionnent la tentative d'usage de données falsifiées. Celle du Nigéria n'incrimine aucune tentative, que ce soit l'atteinte à la confidentialité, à l'intégrité du système, à l'intégrité des données que la fraude et le faux informatique.

Après une analyse des incriminations des atteintes contre les TIC, il est aussi important de voir comment les lois ouest-africaines saisissent les infractions non spécifiques aux TIC.

[397] Voir cas du Nigéria.

CHAPITRE II

LES INFRACTIONS NON SPÉCIFIQUES AUX TICS

La cybercriminalité ne se manifeste pas que contre les TIC, elle s'en sert pour la perpétration d'autres délits contre d'autres cibles. Il s'agit des infractions dites non spécifiques aux TIC. Ces dernières sont les actes cybercriminels qui ne sont pas dirigés contre les technologies elles-mêmes. En effet, ces actes se servent plutôt de la technologie comme support ou moyen de leur facilitation. Dans le premier cas, les contenus malveillants sont réalisés par les technologies qui servent de principal élément de leur perpétration. On parle alors d'infraction de contenus. Dans le deuxième cas par contre, les technologies permettent la réalisation à grande échelle des infractions, on dira qu'elles facilitent ou exacerbent la perpétration des actes malveillants.

Les infractions de contenus sont appréciées à travers les incriminations des atteintes aux mineurs et celles se produisant par le biais de la presse (Section I). Les incriminations s'avèrent insuffisantes dans les législations étudiées, en raison de la spécificité du cyberespace si bien qu'elles sont quelquefois limitées pour la saisine de certains agissements. Quant aux infractions facilitées par les TIC (Section II), elles sont analysées par le canal des incriminations des infractions contre l'État, les biens, et la propriété intellectuelle. À ce niveau, les législations se caractérisent par une diversité d'approches qui renferment des limites.

SECTION I : LES LIMITES DES INCRIMINATIONS ET DES INFRACTIONS DE CONTENUS

Les lois pénales des États régissent diversement et avec pas mal de difficultés les infractions de contenus. Les incriminations de ces dernières sont difficiles à cerner lorsqu'il n'existe pas de loi spécifique à la cybercriminalité. En effet, les incriminations des atteintes aux mineurs (§I) sont difficiles à qualifier dans certaines législations et se présentent de façon diversifiée pour les quelques pistes d'incrimination qui existent. À côté de la pédopornographie, se développent d'autres atteintes aux mineurs qui font de ces derniers des consommateurs précoces de la pornographie en ligne et dans tout l'environnement numérique. La règlementation sur la presse des États n'est généralement pas réadaptée pour la gestion des infractions en ligne si bien qu'on assiste à une montée de ces types d'actes (§II). Le cyberespace présente cette particularité d'introduire des acteurs pas toujours professionnels, qui produisent des contenus auxquels il est pratiquement difficile de faire face avec les règles classiques, alors que ceux-ci peuvent sérieusement affecter la vie privée et l'honneur des individus voire la cohésion sociale et d'autres intérêts des États. La section permet d'apprécier les incriminations des États et leurs limites face aux infractions de contenu.

PARAGRAPHE I : LES ATTEINTES SEXUELLES AUX MINEURS

Les atteintes aux mineurs sont une réalité du développement des TIC à laquelle sont confrontés les États du monde entier. Internet facilite la diffusion de la pédopornographie avec au moins 100 000 sites qui lui sont dédiés.

Cette technologie permet aux jeunes d'accéder facilement et parfois involontairement à des sites potentiellement traumatisants. En 2006, il existait 4,2 millions de sites pornographiques produisant un chiffre d'affaires de 2,5 milliards de dollars.[398] Les menaces de type sexuel sont une réalité mondiale qui n'épargne pas les États de la région ouest-africaine où les TIC et particulièrement Internet émergent progressivement.

Tandis que la pédopornographie menace les droits humains des enfants par sa montée sur le réseau et les supports numériques (A), la pornographie de tout genre exacerbe la violation des droits des enfants. Ces derniers sont souvent des consommateurs forcés de contenus à caractère pornographique en raison de la flexibilité des réglementations (B).

---

398 (M.), QUEMENER « Réponses pénales face à la cyberpédopornograpgie », Actualité Juridique pénale n° 3/2009, édition Dalloz 2009, p. 107-111.

1- Les atteintes relatives à la pornographie infantile

La pornographie infantile constitue une menace pour les enfants non seulement parce qu'elle peut faire d'eux des acteurs de cet agissement, mais également des consommateurs. Dans les deux cas, son incrimination vise à prévenir sa perpétration dans l'environnement numérique qui lui est favorable. Il convient de la définir avant d'analyser les réponses pénales des États à son égard.

Définition

La Directive de la CEDEAO définit la pornographie infantile comme *« toute donnée quelles qu'en soient la nature ou la forme représentant de manière visuelle un mineur se livrant à un agissement sexuellement explicite ou des images réalistes représentant un mineur se livrant à un comportement sexuellement explicite ».*[399]

La loi sénégalaise contient textuellement la même définition[400]. Le législateur ivoirien adopte une définition quelque peu différente. Il définit la pornographie infantile comme « *toute donnée, quelle qu'en soit la nature ou la forme représentant de manière visuelle un enfant de moins de dix-huit ans se livrant à un agissement sexuellement explicite ou des images représentant un enfant de moins de quinze ans se livrant à un comportement sexuellement explicite* ».[401]

Le législateur ivoirien se démarque de la définition de la Directive en étant plus précis au niveau de la détermination des âges. Il fait en effet référence à deux types de mineurs dans sa définition, dix-huit et quinze ans. Cette absence d'homogénéité dans la détermination du mineur peut être source de confusion dans l'application de la loi pénale par le juge.

Le législateur nigérian[402] adopte la même définition que la Directive, mais s'en démarque légèrement et va plus loin en donnant un contenu au terme « *comportement sexuellement explicite* », « *Sexually explicit*

[399] Directive de la CEDEAO, op.cit., article premier.
[400] Loi sénégalaise sur la cybercriminalité, op.cit., Art. 431-7.
[401] Voir article 1er de la loi ivoirienne sur la cybercriminalité.
[402] Art. 58 Cybercrime Prohibition, Prévention ACT 2015.

conduct ». Sont alors considérés comme des comportements sexuellement explicites les relations génitales, orale-génitale, anale-génitale, ou orale-anale entre deux enfants ou entre un enfant et un adulte de même ou de sexes opposés, la bestialité,[403] la masturbation, l'abus masochiste à caractère sexuel et une exhibition génitale d'enfants en public. Cette précision a le mérite de faciliter la détermination de l'infraction relative à la pornographie infantile. Le législateur ghanéen ne donne pas une définition explicite de la pornographie infantile, mais donne une liste d'actions pouvant caractériser l'atteinte. Ainsi, sont considérés comme de la pornographie infantile, tout matériel visuel qui dépeint un mineur ayant un comportement sexuel explicite, une personne ayant l'apparence d'un mineur se livrant à un comportement explicite, des images qui représentent un mineur se livrant à un comportement sexuel explicite et des images non autorisées de mineurs nus.[404]

Il ressort de l'ensemble des définitions trois éléments fondamentaux de caractérisation de l'atteinte sexuelle aux mineurs. Des images visuelles de mineurs se livrant à une conduite sexuelle explicite, des images réelles de mineurs se livrant à des comportements sexuels explicites et la présentation d'une personne ayant l'apparence[405] d'un mineur se livrant à un comportement explicite. La définition de la notion de mineur épouse celle prévue pour l'enfant par la Convention Internationale relative aux Droits de l'Enfant[406] (CDE). Ce texte définit l'enfant par principe comme toute personne âgée de moins de 18 ans.[407] Seule la législation ivoirienne entretient une petite confusion. Alors qu'elle définit le mineur comme une personne de moins de dix-huit ans, elle prévoit une définition du terme pornographie infantile qui détermine un autre type de mineur. Elle définit en effet la pornographie

[403] Relation sexuelle entre un humain et un animal.
[404] Ghana Electronic Transaction Act, op.cit. Art.136.
[405] Il s'agit du cas où la scène peut avoir pour acteur un majeur qui ressemble à un mineur. Cette technique peut beaucoup être utilisée par les infracteurs pour contourner la loi. Les législateurs font bien de les prévoir. Le fait d'utiliser des adultes ressemblant à des mineurs pour la production d'images à caractère pornographique n'est rien d'autre qu'une volonté manifeste de produire l'acte prohibé par d'autres moyens apparemment licites.
[406] La Convention a été adoptée le 20 novembre 1989 par l'Assemblée Générale des Nations Unies.
[407] Art. premier. de la Convention relative aux droits de l'enfant.

infantile par des images représentant un enfant de moins de quinze ans se livrant à un comportement sexuellement explicite en même temps qu'elle définit cet agissement comme toute donnée, quelles que soient la nature ou la forme représentant de manière visuelle un enfant de moins de dix-huit ans. Pourquoi le législateur admet deux types de mineurs pour la définition d'une même infraction de pornographie infantile ?

2-les incriminations des États

Les incriminations de la pornographie infantile varient en fonction des législations pénales de chaque État. La finalité des sanctions est la saisine des activités de production de pornographie enfantine dans un environnement numérique où cette activité a beaucoup de chance de se développer facilement. Les actions de consommateurs de contenus qui offrent la pédopornographie sont alors visées.

a-Les sanctions de la législation du Sénégal

Le législateur sénégalais incrimine les agissements de ce type à travers les articles 431-34 à 431-37 du Code pénal. Ces dispositions prévoient cinq types d'atteintes[408] à savoir *la production*[409] *et l'enregistrement, la mise à disposition, l'importation ou l'exportation* d'images à caractère sexuel impliquant des enfants, *la possession d'une image ou d'une représentation à caractère pornographique infantile dans un système informatique ou tout autre moyen de stockage, la facilitation d'accès à des images* ou *la représentation à caractère pornographique et les atteintes en bande organisée.*

Les sanctions sont de deux types. Celles d'ordre privatif de liberté varient de cinq à dix ans et celles pécuniaires varient de cinq (5.000.000)[410] à quinze millions (15 000 000)[411] de francs CFA. Les atteintes en bandes organisées à caractère pornographique impliquant des enfants sont particulièrement punies de façon sévère. Le législateur

---

[408] Rapport IRD, op. cit., p.33.
[409] La production des contenus pédopornographiques se fait généralement en réseau. Cette activité est beaucoup pratiquée en Asie et par pas mal de pays d'Europe de l'Est.
[410] 7 600 euros.
[411] 22 800 euros.

fixe directement la peine applicable sans indiquer de minimum et de maximum. Il renvoie, en effet, aux peines maximales fixées à l'article 431-23 de la loi sur la cybercriminalité à savoir, 7 ans d'emprisonnement et dix (10.000.000)[412] millions de FCFA d'amende. Le développement de contenus de nature pédopornographique a fondamentalement pour raison l'apparition des webcams et caméras numériques ainsi que la facilité de transmission des contenus dans un environnement numérique.

Pour l'ensemble des actions qui matérialisent les atteintes sexuelles aux mineurs dans les systèmes informatiques, le législateur sénégalais offre la possibilité au juge pénal de prononcer la peine d'emprisonnement ou uniquement l'amende en plus du fait qu'il puisse prononcer cumulativement les deux peines. Il ne sanctionne malheureusement pas la tentative pour l'ensemble des actions. La sanction de la tentative est pourtant fondamentale pour la création et la diffusion de contenus à caractère pornographique dans les systèmes informatiques.

b-Les sanctions de la législation ivoirienne

Le législateur ivoirien incrimine les mêmes agissements que celui du Sénégal en matière de pornographie infantile liée aux TIC. Il convient toutefois de noter qu'il est très sévère dans la sanction par rapport à ce dernier. Les incriminations des actes de pornographie infantile sont prévues dans les articles 15 à 18 de la loi ivoirienne sur la cybercriminalité. Le législateur ivoirien sanctionne quatre types d'agissements contrairement à celui du Sénégal. Il incrimine en effet, la production, l'enregistrement et la mise à disposition, la diffusion d'images de pornographie infantile,[413] l'importation ou l'exportation de telles images,[414] la possession d'images de pornographie infantile [415]et

[412] 15.200 euros.

[413] Art. 15 de la loi n 2013-451 du 19 juin 2013 relative à la lutte contre la cybercriminalité en Côte d'Ivoire.

[414] Art. 16 de la loi n 2013-451 du 19 juin 2013 relative à la lutte contre la cybercriminalité en Côte d'Ivoire.

[415] Art. 17 de la loi n 2013-451 du 19 juin 2013 relative à la lutte contre la cybercriminalité en Côte d'Ivoire.

la facilitation d'accès à de telles images.[416] Les peines privatives de liberté varient d'un à cinq ans et les amendes de vingt (20)[417] à cent (100)[418] millions de FCFA. Les agissements de production, d'enregistrement, de mise à disposition, de diffusion, d'importation et d'exportation d'images de pornographie infantile sont sanctionnés d'une peine d'emprisonnement de deux à cinq ans et d'une amende de soixante-quinze (75)[419] à cent (100) millions de FCFA. La possession d'images de pornographie infantile est sanctionnée d'une peine d'emprisonnement d'un à trois ans et d'une amende de vingt (20) à quarante (40)[420] millions de FCFA. L'infraction de facilitation d'accès aux images de pornographie infantile est sanctionnée d'une peine d'emprisonnement d'un à cinq ans et d'une amende de vingt (20) à quarante (40) millions de FCFA.

Le législateur ivoirien ne prévoit pas une sanction des agissements constitutifs de la pornographie infantile en bande organisée dans les systèmes informatiques alors que celui du Sénégal en fait une situation aggravante qu'il sanctionne lourdement. Le législateur sénégalais prononce des peines privatives de liberté plus fortes (cinq à dix ans) que celui de la Côte d'Ivoire (un à cinq ans). Au niveau de peine d'amende, le législateur ivoirien est le plus sévère (20 à 100 000 000 de FCFA) que celui sénégalais (5 à 15 000 000 de FCFA). Chaque législateur francophone adopte son approche pour prévenir et dissuader la perpétration de la pornographie infantile dans l'environnement numérique.

c-Les sanctions de la législation du Nigéria

Le législateur nigérian prévoit les mêmes incriminations que celles des pays francophones avec quelques différences à travers l'article 23 de sa loi relative à la cybercriminalité. Sont donc prévues les actions de production, de mise à disposition, le fait de rendre accessible par un système informatique ou par le réseau, la pornographie infantile. Il

---

416 Art. 18 de la loi n 2013-451 du 19 juin 2013 relative à la lutte contre la cybercriminalité en Côte d'Ivoire.
417 30 489 euros.
418 152 449.
419 114 336.
420 60 979 euros.

réprime ces atteintes d'une peine maximale de dix ans d'emprisonnement et de vingt (20.000.000)[421] millions de nairas d'amende. Il procède à ce niveau à une graduation de la peine en réprimant d'une peine inférieure l'acte de se procurer pour soi-même ou pour autrui les images et la possession dans un système d'information ou autre moyen de stockage de données informatiques d'images à caractère pornographique impliquant des enfants. Ces deux agissements sont punis d'une peine d'emprisonnement maximale de cinq ans ou d'une amende maximale de dix (10.000.000)[422] millions de nairas ou les deux peines à la fois. Le législateur nigérian punit moins sévèrement la possession et la procuration d'images sexuelles infantiles dans un système informatique alors que les législateurs sénégalais et ivoiriens accordent la même gravité à tous ces agissements. Même si ce constat est une réalité, force est de constater que les sanctions du législateur nigérian demeurent cependant sévères à l'égard de la pornographie infantile dans les systèmes informatiques.

Ce législateur prévoit l'incrimination du grooming.[423] En effet, cet acte de préparation, de sollicitation et d'abus de la faiblesse psychologique du mineur pour l'emmener à se livrer à des comportements sexuels est puni. Le législateur anticipe sur un agissement qui sera une réalité avec le développement des TIC. Le législateur nigérian omet cependant de prévoir la commission de l'infraction dans le cadre d'une bande organisée comme l'a fait celui du Sénégal.

d-Les sanctions de la législation ghanéenne

Elle incrimine l'atteinte par la pornographie infantile à travers l'article 136 de sa loi *« Electronic Transaction Act »*. Elle réprime donc les agissements de publication, de production, de mise à disposition et de possession d'images pornographiques impliquant des enfants. Le législateur du Ghana prévoit une peine pécuniaire maximum de

---

[421] 93.000 euros.

[422] 46.500 euros.

[423] Le grooming dans le contexte de la pornographie infantile est une préparation psychologique de l'enfant en vue de l'emmener à accepter des relations sexuelles avec quelqu'un qui n'est pas de son âge. On parlera d'échanges à caractère sexuel de préparation du mineur. Il se manifeste par la mise en confiance, l'isolement, le secret, etc.

5000[424] cedis ou une peine privative de liberté pouvant aller jusqu'à dix ans maximum. Ce législateur demeure le plus flexible en ce qui concerne les peines sanctionnant la pornographie infantile dans les systèmes informatiques.

L'ensemble des législations qui incriminent l'atteinte sexuelle aux mineurs à travers le cyberespace demeurent sévères, avec des peines particulièrement élevées dans les lois pénales du Nigéria et de la Côte d'Ivoire. Le législateur ghanéen est le moins sévère à l'égard des peines pécuniaires pour une atteinte aussi grave.

En droit français, la législation est particulièrement rigide à l'égard de la pédopornographie dans l'environnement numérique. En effet, les peines privatives de liberté varient de 2 à 20 ans en fonction du type d'agissement. Les peines pécuniaires quant à elles, vont de 10 000 à 1 500 000 euros.[425] La variation des approches au sein des législations ouest-africaines pourrait s'expliquer par la volonté de chaque législateur de se fixer un objectif et surtout, d'adapter la loi à son contexte.

La sanction de la tentative n'est pas prévue aussi bien pour la création de contenus que pour la diffusion d'images à caractère pédopornographique par l'ensemble des législations. Les législateurs sont par ailleurs animés par le désir de protéger la personne humaine de l'enfant contre des agissements qui pourraient porter atteinte à son intérêt supérieur.[426] Ils prévoient alors, tous, des règles visant à protéger les mineurs contre le risque d'exploitation sexuelle et contre le risque de leur exposition à des contenus pornographiques mettant des enfants en scène.

---

[424] 1760 euros.
[425] (M.) QUEMENER, (Y.) CHARPENEL, op.cit. p.111.
[426] À propos de l'intérêt supérieur de l'enfant, voir la Convention relative aux droits des enfants de 1989.

3-Les éléments constitutifs de l'atteinte sexuelle aux mineurs

a-L'élément matériel de l'atteinte sexuelle aux mineurs

Dans l'ensemble des législations, l'élément matériel de l'atteinte n'est pas difficile à déterminer. L'exposition du mineur au risque d'exploitation sexuelle par la production, l'enregistrement, la possession, la distribution, la commercialisation, l'importation, l'exportation de contenus pornographiques sont des actes matériels de l'infraction d'une part. Il est important de noter d'autre part que les législateurs ouest-africains visent en matière d'atteinte sexuelle aux mineurs, la sanction d'agissements de deux catégories d'actes. Il s'agit des actions de production et de consommation.

b. Les actions de production[427] de pornographie enfantine

Les agissements prohibés par ce groupe d'actions sont les actions des éditeurs de contenus[428] de pornographie impliquant des enfants ainsi que les différents réseaux qui s'adonnent à de telles activités. Les agissements concernés sont en effet la production, l'enregistrement, la mise à disposition, la diffusion[429] de contenus pédopornographiques. La mise à disposition vise à inclure la mise en ligne de pornographie enfantine devant être utilisée par autrui. Par exemple, la création des sites pédophiles. L'incrimination peut concerner également la création ou la compilation d'hyperliens vers des sites pédophiles en vue de faciliter l'accès à la pornographie enfantine.[430]

Le fait même de produire des images à caractère pornographique avec des acteurs ayant l'apparence de mineurs, constitue un acte matériel de réalisation de cette atteinte dans les législations du Nigéria et du Ghana. Le législateur français institue le délit d'exploitation des mineurs par le canal de l'article 227-23 du Code pénal qui sanctionne « *le fait, en vue de sa diffusion, de fixer, d'enregistrer ou de transmettre l'image ou la*

---

[427] Concernant la production de contenus à caractère pédopornographique, on parle de criminalité passive.

[428] Site web, vidéos, etc.

[429] La création de liens permettant d'accéder aux sites de pédopornographie constitue la diffusion de ces contenus.

[430] Point 95 du Rapport explicatif de la Convention de Budapest.

représentation d'un mineur ». L'exposition de l'enfant d'autre part, par les actions de publication de contenus pornographiques impliquant des mineurs constitue un acte matériel de l'infraction. Ici, la publication est l'action de mettre à disposition et de rendre accessible ces contenus au public. La diffusion implique également la vente de supports[431] pédopornographiques dans les systèmes informatiques.

c-Les actions de consommation de contenus pédopornographiques

Les auteurs qualifient ces agissements de criminalité passive contrairement aux actions de production qui relèvent de la criminalité active. Les législateurs ouest-africains sanctionnent « *Le fait pour toute personne de se procurer ou de procurer à autrui, d'importer ou de faire importer, d'exporter ou de faire exporter une image ou une représentation présentant un caractère de pornographie infantile par le biais d'un système informatique* ».[432]

Les actions de consommation se matérialisent par les téléchargements d'images de pornographie infantile ou par l'achat de films de ce genre.[433] L'importation des images de nature pédopornographique se matérialise par les téléchargements. Les auteurs de ces actes sont visés par les législations. Ils stockent les données pédopornographiques importées et les exportent. L'action de les communiquer à d'autres personnes est qualifiée d'exportation. Cet agissement est aussi saisi par les législations nationales. Le législateur français sanctionne les agissements d'importation et d'exportation d'images pédopornographiques à travers sa loi sur la confiance dans l'économie numérique.[434]

La consultation de sites qui contiennent des images pédophiles fait partie du champ pénal français en matière de consommation d'images pédopornographiques. La loi de 2007[435] exige une habitude pour la réalisation du délit de consommation d'images pédophiles. Une seule

[431] Il peut s'agir de photos et autres supports numériques.
[432] Voir art.17 de la Directive de la CEDEAO.
[433] Voir Rapport explicatif de la Convention du Conseil de l'Europe sur la protection des enfants contre l'exploitation et les abus sexuels du 25 octobre 2007, n° 138.
[434] Loi n° 2004-575 du 21 juin 2004 sur la confiance dans l'économie numérique.
[435] Loi n° 2007-293 du 5 mars 2007, relative à la prévention de la délinquance.

consultation ne suffit pas pour engager la responsabilité pénale d'une personne. Les États ouest-africains n'ont pas sanctionné cet agissement de consultation.

L'acte de possession d'images ou de représentation pédopornographique est aussi sanctionné par l'ensemble des législations. En effet, le fait pour une personne de disposer de telles images ou représentations sur son ordinateur, sa clé USB, sur une disquette ou tout autre support numérique est une infraction que les législations des États sanctionnent.

d-L'élément moral de l'atteinte sexuelle aux mineurs

L'élément moral de cette atteinte se présente de façon divergente dans les législations. Cet élément est clairement déterminé par le terme intention « *intentionally* » dans les législations anglophones du Nigéria et du Ghana. Il s'agit d'une volonté pour l'auteur de commettre l'acte en connaissance de cause. Cela supposerait l'atténuation de la situation de celui qui accomplirait l'un de ces actes prohibés sans aucune intention de commettre l'infraction.

Les législateurs francophones du Sénégal et de la Côte d'Ivoire ne font aucune précision par rapport à l'élément moral. Cela se traduit, peut-être, par leur volonté de sanctionner un acte qui porte gravement atteinte à la dignité humaine dans un environnement numérique, quelles que soient la bonne ou la mauvaise foi de l'auteur. En effet, que l'acte soit commis intentionnellement ou pas, l'auteur sera puni. La sanction de l'exposition des mineurs au risque d'exploitation sexuelle et leur exposition aux contenus de pornographie infantile est le souci des législateurs. Si pour le premier cas, les incriminations sont beaucoup plus précises, ce n'est pas le cas pour le risque d'exposition des mineurs aux contenus qui demeure insuffisant.

4-Les insuffisances des incriminations des atteintes par l'exposition des mineurs aux contenus pornographiques

La technologie peut certes faciliter l'accès des enfants aux vidéos, images ou contenus à caractère pédopornographique, c'est-à-dire leur permettre d'accéder à des contenus où les enfants sont acteurs de la pornographie. Elle peut aussi constituer un véritable moyen de facilitation de l'accès des enfants aux contenus pornographiques en général.[436]

a-La limitation de l'incrimination aux contenus pédopornographiques

Les infractions prévues par les législations pénales de lutte contre la cybercriminalité se limitent à la protection des mineurs contre le risque d'exposition à des contenus pédopornographiques. Les législateurs ont matérialisé cette protection par le délit de facilitation et celui de l'accès à des images, sons, représentations, documents de nature pornographique impliquant un mineur s'adonnant à un comportement sexuel. Le législateur sénégalais a l'air d'étendre son incrimination à l'exposition des mineurs aux contenus pornographiques en général par le biais du système informatique par le contenu de son article 431-36 qui prévoit :

« *Sera puni des mêmes peines, celui qui possède une image ou une représentation présentant un caractère de pornographie infantile dans un système informatique ou dans un moyen quelconque de stockage de données informatisées.*
Sera puni de mêmes peines, quiconque aura facilité l'accès à des images, des documents, du son ou une représentation présentant un caractère de pornographie à un mineur ».

À première vue, le premier alinéa de la disposition semble concerner l'exposition des mineurs à des contenus pornographiques mettant en scène des adultes. Les contenus doivent présenter cependant, un caractère de pornographie infantile. Un contenu présentant un caractère de pornographie infantile peut être un contenu ayant pour acteurs des mineurs, mais aussi des adultes ayant une apparence de mineurs. Rien ne garantit que le fait de posséder ces images implique nécessairement l'exposition des mineurs. Si ce premier alinéa concerne l'exposition du mineur à des contenus pornographiques mettant en scène des enfants, on pourrait dire que l'alinéa 2 de la disposition s'étend aux contenus pornographiques en général. Cette disposition concerne « *... quiconque aura facilité l'accès à des images, des documents, du son ou une*

[436] Il s'agit à ce stade, de pornographie mettant en scène des personnes adultes.

représentation présentant un caractère de pornographie à un mineur».[437]

Ce deuxième alinéa a l'air de protéger les mineurs contre leur exposition à des contenus pornographiques en général, c'est-à-dire contre les contenus impliquant aussi bien des enfants que ceux concernant exclusivement des adultes dans les systèmes informatiques. Le législateur ivoirien va subtilement dans le même sens en prévoyant qu'il « *est puni... quiconque facilite l'accès à des images, des documents, du son ou une représentation présentant un caractère de pornographie à un mineur* ».[438]

L'objectif principal du législateur est de protéger les mineurs contre des contenus pornographiques, surtout ceux mettant en scène des enfants. Les législations n'insistent cependant pas clairement sur l'exposition des mineurs aux contenus pornographiques de tout genre, notamment celle mettant en scène des adultes dans les systèmes informatiques.

b-L'exposition des mineurs aux contenus pornographiques de tout genre

Le mineur peut également être exposé à des contenus pornographiques que nous avons dénommés « *contenus pornographiques en général* ». En effet, les mineurs peuvent facilement accéder à des contenus pornographiques mettant en scène des adultes. Ce fait peut sembler a priori sans lien avec la cybercriminalité, mais c'est une erreur. D'abord le développement des TIC est à la base de ce risque. Concrètement, Internet favorise l'accès à des images pornographiques dans les États qui font l'objet de notre recherche. Le coût accessible des données de connexion, des matériels de stockage d'images et de sons favorise l'accès des mineurs aux contenus pornographiques, dans un contexte où le piratage est fréquent. Ensuite, le fait pour les mineurs d'avoir accès à ces contenus peut être considéré comme *« un contexte de grooming»*[439] qui les prédispose à l'acceptation d'une offre

---

[437] article 431-36 al. 2 de la loi sénégalaise sur la cybercriminalité.

[438] Art. 18 de la loi ivoirienne sur la cybercriminalité.

[439] Si ailleurs comme dans la plupart des pays européens, ce sont les individus qui pratiquent le grooming en matière de pornographie infantile, en Afrique, c'est le contexte même qui pratique le grooming à l'égard des mineurs.

d'exploitation sexuelle. Enfin, les téléchargements et les ventes illicites de contenus pornographiques,[440] l'exposition par la vente de contenus à caractère pornographique[441] sont autant de pratiques qui se sont développées avec la montée en puissance des technologies dans la région. Les législations pénales en Afrique de l'Ouest ne devraient pas se focaliser sur le volet sexuel dans la lutte contre la cybercriminalité, à la pédopornographie. Elles devraient orienter leurs politiques d'incrimination vers le devenir de la société en termes de risque d'exposition aux violences sexuelles dues au développement des TIC.

4-Les mesures de protection contre les contenus illicites

Elles permettent de protéger les enfants contre des contenus violents, contraires aux bonnes mœurs et à l'ordre public. La pornographie enfantine[442] fait partie de ces contenus illicites. Il s'agit normalement d'une prévention qui inclut également l'exposition des mineurs à la pornographie de tout genre.[443] Les législateurs ont en général pris des mesures de prévention de l'exposition des mineurs à des contenus illicites.

Le législateur ivoirien a décidé que « *le mineur de moins de dix ans ne peut accéder à un cybercafé qu'accompagné d'un adulte. L'accès à Internet dans un cybercafé pour un mineur de moins de dix-huit ans est un accès limité, qui exclut les sites webs à caractère pornographique, violent, raciste ou dégradant et de manière générale tous les sites web portant atteinte à la dignité humaine* ».[444]

---

[440] Dans certains pays de la région ouest-africaine, en Côte d'Ivoire surtout, les images à caractère pornographique sont téléchargées et vendues aussi bien par des tenants de cybercafés que par des jeunes en quête d'emploi. Ces contenus sont vendus à tous, sans aucun critère d'âge.

[441] Les contenus à caractère pornographique téléchargés sur Internet sont reproduits en cassettes piratées puis revendus sur le marché aussi bien à des adultes qu'à des mineurs.

[442] Comme contenu illicite, on pourrait aussi faire allusion aux messages violents ou des messages de nature raciste ou xénophobe.

[443] Nous faisons allusion à la pornographie mettant en scène des adultes et des enfants en parlant de pornographie de tout genre.

[444] Art. 43 de la loi ivoirienne sur la cybercriminalité.

L'article 44 de la loi ivoirienne du 19 juin 2013 sur la cybercriminalité poursuit la prévention de l'exposition des mineurs aux contenus illicites en prévoyant que « les *personnes dont l'activité est d'offrir un accès à des services de communication en ligne informent leurs abonnés de l'existence de moyens techniques permettant de restreindre l'accès à certains services ou de les sélectionner ou leur proposent au moins un de ces moyens* ».[445]

Le législateur sénégalais abonde dans le même sens en prévoyant dans sa loi n° 2008 -08 du 25 janvier 2008 sur les transactions électroniques que « les *personnes dont l'activité est d'offrir un accès à des services au public par le biais des technologies de l'information et de la communication sont tenues de mentionner dans les contrats de leurs abonnés l'existence de moyens techniques permettant de restreindre l'accès à certains services ou au moins de les sélectionner* ».[446]

Toutes ces mesures de prévention prévues par les États se matérialisent par la mise en place de dispositifs de contrôle parental. Ces derniers offrent une navigation sécurisée aux enfants. Ils permettent aux parents de sélectionner les sites auxquels leurs enfants doivent avoir accès.

En France, le blocage de sites pédopornographiques est aussi un moyen de prévention de l'exposition des mineurs à des contenus illicites. En effet, la loi LOPPSI[447] est un nouveau dispositif de lutte contre la pédopornographie.

Dans la législation française comme dans celles d'Afrique de l'Ouest, les éditeurs de contenus ont l'obligation de faire en sorte que les enfants n'accèdent pas à des contenus pornographiques. Les manquements à ces obligations sont sanctionnés. La variation de l'âge des enfants

---

[445] Il convient de noter que le manquement à ces obligations est sanctionné par l'article 45 de la loi n° 2013-451 du 19 juin 2013 relative à la lutte contre la cybercriminalité en Côte d'Ivoire, d'une peine d'amende qui varie d'un à dix millions de francs CFA.

[446] Article 31 de la loi n° 2008 -08 du 25 janvier 2008 sur les transactions électroniques.

[447] Loi n° 2011-267 du 14 mars 2011, d'orientation et de programmation pour la performance de la sécurité intérieure (France).

instaure cependant un flou dans les incriminations qui existent. Des pistes de solutions sont proposées dans la deuxième partie de l'ouvrage.

Les législations des États n'offrent pas toutes un cadre pénal suffisant de protection des mineurs contre les atteintes à caractère sexuel impliquant les enfants dans l'environnement numérique. Celles du Nigéria, du Sénégal et de la Côte d'Ivoire ayant un lien avec la Directive ouest-africaine incriminent les atteintes sexuelles aux mineurs par le canal de deux types de garanties. D'une part, les mineurs sont protégés contre le risque d'exploitation sexuelle, et de l'autre, le risque d'exposition aux contenus à caractère pornographique impliquant des enfants dans l'environnement numérique. Les peines sont assez lourdes pour les atteintes prévues, mais les législations demeurent insuffisantes quant à la saisine de toutes les facettes des atteintes à caractère sexuel. Seules les atteintes relatives à l'accès à des contenus impliquant des mineurs s'adonnant à des comportements sexuels explicites sont prises en compte au détriment de la réalité d'exposition des mineurs en termes d'accès à des contenus à caractère pornographique ayant pour acteurs exclusifs des adultes dans l'environnement numérique.

Le cadre législatif devra impérativement s'adapter au contexte pour prévenir non seulement la pédopornographie, mais aussi d'autres types de menaces à l'instar des violences sexuelles se manifestant par des images choquantes pour les mineurs. Concernant la protection des enfants contre les contenus illicites, il convient de noter que certaines législations ne protègent les mineurs que contre leur exposition aux contenus pornographiques. Les autres contenus illicites comme ceux violents ou racistes ne sont pas couverts par le droit pénal. C'est le cas du Sénégal.[448] Les États devraient à ce niveau suivre l'exemple du législateur français qui sanctionne tous les contenus illicites susceptibles de porter atteinte aux mineurs. Les TIC ne favorisent pas uniquement les atteintes par des contenus à caractère sexuel à l'égard des mineurs, elles sont aussi à la base d'atteintes de contenus relevant de la presse.

---

[448] (P.A.) TOURE, Op. Cit. p.312.

PARAGRAPHE II : LES INFRACTIONS DE PRESSE

Les atteintes à la vie privée, les injures et les diffamations, les propos à caractère racistes et xénophobes sont autant de réalités qui sévissent dans l'environnement numérique, notamment sur le réseau Internet. Ces agissements ne sont pas méconnus des États de la région ouest-africaine. La spécificité du réseau a un impact sur les normes classiques faites pour la presse dans le monde matériel. Ces dernières ont du mal à régir toutes les facettes des atteintes, surtout, lorsque de nouveaux acteurs[449] apparaissent posant ainsi la question du statut des réseaux sociaux et de la responsabilité pour les agissements en rapport avec la presse (A). Les contenus affectant sérieusement les droits humains, il est nécessaire de s'interroger sur les incriminations de ces atteintes (B) par les législations.

1-Les difficultés de mise en œuvre des règles relatives à la responsabilité dans le nouveau cadre du réseau

Il convient d'entrée de jeu de souligner que les difficultés de mise en œuvre des règles de responsabilité du droit classique de la presse sont surtout dues à l'absence de normes de presse pouvant s'appliquer aux infractions sur Internet. Les législations ouest-africaines se caractérisent par une absence généralisée d'adaptation aux TIC.

Monsieur Aboudourahamane est parvenu à cette conclusion aux termes d'une étude en Afrique de l'ouest portant sur les pays francophones : « *Il ressort principalement de l'analyse des différents textes que les lois sur la liberté de presse et la communication audiovisuelle, dans les pays ciblés, tiennent compte très peu ou pas des technologies de l'information et de la communication. Même dans les pays où des réformes ont été engagées, celles-ci prennent plus en compte les exigences du commerce électronique et la répression de la cybercriminalité y afférente*».[450]

---

[449] Les nouveaux acteurs dont nous parlons sont les internautes.

[450] (O.) Abdourahamane, « Les lois sur les médias en Afrique de l'Ouest : où sont les TIC ? Cas des pays francophones », mars 2009, p.6. Disponible en ligne sur http.//www.cipaco.org Consulté le 22 août 2013.

Le Sénégal et la Côte d'Ivoire ont diversement procédé à l'élargissement des délits de presse au cyberespace.

2-Élargissement du champ des infractions de presse

L'impossibilité du droit classique de la presse de saisir l'ensemble des agissements qui se produisent dans l'environnement numérique pousse les États à adapter leurs législations. C'est ce qu'a fait le Sénégal en prévoyant des atteintes à caractère de presse. Cela s'est opéré par l'élargissement des moyens de publications des infractions de presse.[451]

En effet, le champ de la communication au public a été étendu à l'environnement numérique. On peut donc le constater dans l'article 431-58 de la loi sénégalaise sur la cybercriminalité qui prévoit : « *Sont considérés comme moyens de diffusion publique : la radiodiffusion, la télévision, le cinéma, la presse, l'affichage, l'exposition, la distribution d'écrits ou d'images de toutes natures, les discours, chants, cris ou menaces proférées dans les lieux ou réunions publics tout procédé technique destiné à atteindre le public et généralement tout moyen de communication numérique par voie électronique* ».

Les infractions de presse visent toute diffusion numérique par voie électronique qui a pour but d'atteindre un public en portant atteinte aux bonnes mœurs, à l'honneur, la respectabilité ou la tranquillité des personnes.[452] La formule de communication publique permet à cette législation de saisir bon nombre d'agissements qui se produisent par le canal de procédés numériques, que ce soit par Internet ou dans le monde physique. La responsabilité des individus et des personnes morales pourra être engagée en cas d'atteintes par ces moyens de diffusion.

En France, pour déterminer le régime de la responsabilité applicable au réseau Internet, le législateur l'a d'abord assimilé depuis la loi du 1er août 2000 à un réseau de communication audiovisuelle lorsque se posait la question de savoir s'il fallait retenir la responsabilité en cascade propre à la presse écrite en vertu de la loi du 29 juillet 1881 ou

---

[451](P.A), TOURE, op.cit. p.9.

[452] CRDI, op. cit. p.34.

s'il fallait se tourner vers la loi du 29 juillet 1982[453] qui transpose et adapte les règles de la responsabilité à la communication audiovisuelle. Le réseau Internet, en effet, assimilé à un moyen de communication audiovisuel au sens de l'article 2 de la loi du 30 septembre 1986[454] relative à la liberté de communication, hors de sa fonction de communication privée.[455] La communication audiovisuelle dans laquelle était déjà inséré Internet sera à son tour intégrée dans la communication au public par voie électronique. La loi pour la confiance dans l'économie numérique (LCEN) sera à la base de cette mutation en 2004[456]. Elle définit la communication au public par voie électronique en son article premier de la façon suivante : « *On entend par communication au public par voie électronique toute mise à disposition du public ou de catégories de public, par un procédé de communication électronique, de signes de signaux, d'écrits, d'images, de sons ou de messages de toute nature qui n'ont pas le caractère d'une correspondance privée* ».

Cette loi permet au législateur de saisir les communications se trouvant sur un site web, un forum, un blog et certaines communications électroniques.[457] Pour les messages électroniques, les règles de responsabilisation ne s'y appliquent pas par principe.

Mais dans une affaire, le juge pénal français a reconnu que les règles de la correspondance privée ne s'appliquaient pas à un message électronique adressé à des personnes non liées par une communauté d'intérêts dans l'attendu qui suit : « *Attendu que la distribution d'un écrit non confidentiel à divers destinataires qui ne constituent pas entre eux un groupement de personnes liées par une communauté d'intérêts caractérise la publicité prévue par l'article 23 de la loi du 29 juillet 1881* ».[458]

---

[453] Loi n° 82-652 du 29 juillet 1982 sur la communication audiovisuelle, cf. Art.93-3.
[454] Loi n° 86-1067 du 30 septembre 1986 relative à la liberté de communication.
[455] (C.) FERAL-SCHUHLE, op.cit. p.852.
[456] Loi n° 2004-575 du 21 juin 2004 pour la confiance dans l'économie numérique.
[457]Les communications électroniques sont couvertes par le secret des correspondances privées, donc par le droit à la protection de sa vie privée.
[458]Cass. Civ. 2e, janvier 2002, 00-16.985, Bull. 2002 II, N° 2 p. 1.

En l'espèce, Dame Y a expédié un message électronique dont le contenu accusait le responsable de la cafétéria où elle travaillait de harcèlement sexuel, à des destinataires différents qui n'avaient aucun lien. Ce dernier a porté plainte pour diffamation.

La notion de public est alors fondamentale dans la saisine de ces cadres électroniques de communication par la loi pénale. Celle de communauté d'intérêts pouvant donner lieu à la mise en œuvre de la responsabilité est aussi déterminante. En effet, l'existence de cette dernière peut faire échapper certains agissements à la condition de publicité que requiert l'incrimination de certaines atteintes de presse comme la diffamation.

3-La responsabilité en matière délit de presse sur Internet

L'élargissement du champ des infractions de presse a pour conséquence la responsabilisation pour la sanction de contenus diffamatoires, injurieux, racistes, xénophobes ou toute autre atteinte à la personne humaine en ligne. Comment les législations saisissent-elles les forums, les blogs, les sites, etc. en engageant la responsabilité pénale ?

En France, il n'y a plus de doute sur la mise en œuvre de la responsabilité pénale pour des atteintes de presse par voie numérique, notamment par Internet. C'est ce que confirment les auteurs QUEMENER et CHARPENEL : « *Les messages circulant sur Internet relèvent au plan pénal, des mêmes catégories que ceux diffusés par la voie de l'écrit ou d'un moyen audiovisuel et sont susceptibles de constituer des infractions. Ainsi, les délits de presse, visés au chapitre IV de la loi du 29 juillet 1881 concernent aussi ceux véhiculés par la communication au public par voie électronique tel Internet. Il en est ainsi de la provocation aux crimes et délits,*[459] *de la diffamation et de l'injure*[460]*. Ces délits supposent une fixation préalable du message, c'est-à-dire une mémorisation par l'éditeur du message dont la responsabilité pourra être engagée* ».[461]

---

[459] Art. 23 et s. de la loi française de 1881.
[460] Art. 29 et s. de la loi de 1881.
[461] (M.) QUEMENER, (Y.) CHARPENEL, op. cit. p.11.

La jurisprudence française est abondante à ce niveau. La condition doit être la publicité de ces espaces. En effet, pour certains auteurs, seuls les propos tenus sur un forum public sont susceptibles de constituer des infractions de presse, les messages du forum fermé étant assimilés à des correspondances privées.[462] Pour ce type de contenu, la communauté d'intérêts joue. Mais elle doit l'être exclusivement, au cas où les contenus ne sont pas accessibles à d'autres utilisateurs que les membres.[463] Dans le cas contraire, il sera qualifié d'espace public. Certains le qualifient d'espace ouvert au public. En France, une décision de la Cour de Cassation a qualifié de diffamation des propos tenus sur un forum en 2008.[464] Dans une autre affaire connue par la même juridiction en 2012, la condition d'engagement de la responsabilité du producteur dans le cadre de la mise à disposition du public de contenus a été précisée par la décision.

Cette dernière procède de la façon suivante : « *Attendu qu'il s'évince de ce texte que la responsabilité pénale du producteur d'un site de communication au public en ligne mettant à la disposition du public des messages adressés par des internautes, n'est engagée, à raison du contenu de ces messages, que s'il est établi qu'il en avait connaissance avant leur mise en ligne ou que, dans le cas contraire, il s'est abstenu d'agir promptement pour les retirer dès le moment où il en a eu connaissance* ».[465]

Dans cette même décision, le juge reconnaît que la notion de producteur est problématique, car n'étant pas définie par le législateur pour la mise en œuvre de la responsabilité en matière de délit de presse par communication électronique publique.

En France, dans une décision rendue par la Cour de cassation en 2005, la responsabilité pénale du titulaire d'un site Internet a été reconnue pour propos injurieux à l'égard d'un fonctionnaire public.[466] Dans une affaire concernant un blog, la Cour de Cassation[467] a estimé que la

---

462 (C.) FERAL-SCHUHLE, op.cit. p.853.
463 Voir décision de la CA Paris, 1er ch., 5 juin 2003.
464 Cass. crim., 2 septembre 2008, n° 07-88.042, JurisData n° 2008-045154.
465 Cass. Crim., 31 janvier 2012, 11-80.010, Bull. 2012, N° 29.
466 Cass. Crim., 10 mai 2005, 04-84.705, Bull. 2005, N° 144, p.521.
467 Cass. Crim., 16 février 2010, 09-81.064, Bull. 2010, N° 144, n° 31.

responsabilité du prévenu devait être retenue en sa qualité de producteur, surtout qu'il était censé avoir fixé préalablement le contenu diffamatoire se trouvant sur le blog dont il avait la gestion.

En l'espèce, la Cour de cassation a retenu la responsabilité du prévenu par le fait que l'objet des commentaires et les thèmes d'échanges de ce blog étaient définis à l'avance dès sa création par le prévenu lui-même qui ne pouvait plus se prévaloir d'une non-maîtrise du contenu du blog.

Pour revenir à l'Afrique de l'Ouest, qu'en est-il de la responsabilité sur Internet en matière de délit de presse ?

Au Sénégal par exemple, avant l'avènement de la loi sur la cybercriminalité, « *Dans l'affaire Robert Sagna, rendue par le Tribunal régional de Ziguinchor le 6 janvier 2004*[468]*, les juges avaient déjà admis que : "l'outil Internet en cause qui constitue un réseau international permettant à des personnes habitant divers endroits du monde et disposant d'ordinateurs de communiquer entre elles" constitue un "procédé technique destiné à atteindre le public", c'est-à-dire un moyen de diffusion publique* ».[469]

Le caractère de technique de communication publique avait déjà été reconnu à Internet. Avec la loi de 2008, l'élargissement du champ des délits de presse n'est pas fortuit, il a pour but d'engager d'une part la responsabilité des professionnels et de l'autre, celle des non professionnels pour des actes de diffamation, d'injures publiques, de la diffusion de fausses nouvelles qu'ils commettraient à travers les sites, blogs, forums, etc.[470] Le décret d'application de la loi de 2008[471] engage plutôt la responsabilité du prestataire de service en cas de contenus illicites. Ce dernier a en effet, entre autres obligations, celle de mettre en place un système technique de filtrage des données mises en ligne. Cela implique le retrait des contenus illicites en ligne ou l'empêchement

[468] TR Ziguinchor, 06 janvier 2004, Affaire Robert SAGNA, jugement inédit.
[469] (P.A.) TOURE, op.cit., p.9.
[470] CRDI, op.cit. p.35.
[471] Cf. Décret d'application de la loi 2008-08 du 25 janvier 2008 relative aux transactions
électroniques.

de leur accès par le public. C'est la consécration de la responsabilité pénale des personnes morales.

Le législateur sénégalais a su relever le défi qui était imposé par le vide juridique qui découlait de la saisine d'Internet par les normes qui régissent la presse. Il demeure cependant, encore quelques zones d'ombre. Que prévoient les législations des autres États ?

Le législateur ivoirien traite subtilement de la responsabilité dans sa loi sur la presse audiovisuelle de 2004.[472] Il procède de la même façon que celui du Sénégal dans sa loi sur les transactions électroniques en retenant la responsabilité des prestataires de services de communication en ligne[473] autres que les correspondances privées.[474]

Leur responsabilité n'est cependant engagée qu'à la seule condition qu'ils ne retirent pas promptement un contenu suite à la demande d'une autorité judiciaire. À cet effet, l'article 103 de la loi de 2004 portant régime juridique de la Communication audiovisuelle en Côte d'Ivoire prévoit : « *Les personnes physiques ou morales qui assurent, à titre gratuit ou onéreux, le stockage direct et permanent pour mise à disposition du public de signaux, d'écrits, d'images, de sons ou de messages de toute nature accessibles par ces services, ne sont pénalement ou civilement responsables du fait du contenu de ces services que si, ayant été saisies par une autorité judiciaire, elles n'ont pas agi promptement pour empêcher l'accès à ce contenu* ».

Cette disposition qui permet d'engager la responsabilité des prestataires est applicable à Internet. Elle demeure limitée, car elle n'est pas automatiquement mise en œuvre. Ce n'est qu'après une injonction infructueuse de l'autorité judiciaire lui demandant de retirer le contenu qu'il verra sa responsabilité engagée. Même si la loi ivoirienne ne traite pas ouvertement de la responsabilité en matière de contenus répréhensibles en ligne, cette disposition traduit de manière implicite la

---

[472] Loi 2004-644 du 14 décembre 2004 portant régime juridique de la communication audiovisuelle.

[473] Cf. Chapitre 3 de la loi de 2004 intitulé « *Des dispositions relatives aux services de communication en ligne autres que de correspondance privée.* »

[474] La référence à la correspondance privée montre la mise à l'écart des courriers électroniques.

possibilité pour toute personne victime de contenu illicite sur Internet de saisir le juge pour son retrait. La disposition peut s'appliquer aux sites, blogs, forums de discussion à partir du moment où ils remplissent le critère d'espace public de communication. Le législateur devra nécessairement renforcer cette disposition par une sanction pénale du responsable du contenu illicite s'il est connu et à défaut, engager la responsabilité pénale et pécuniaire du prestataire.

La loi n° 2013-451 du 19 juin 2013 relative à la lutte contre la cybercriminalité vient peut-être à la rescousse. Le législateur ivoirien n'a cependant pas pris le soin de définir la communication au public par voie électronique comme le fait celui du Sénégal. Cela lui aurait permis de mieux régir les délits de presse sur Internet, surtout la responsabilité de l'auteur d'un contenu à caractère public dans l'espace numérique. La loi ivoirienne de 2013 sanctionne les infractions de presse dans son chapitre 7 intitulé « *adaptation des infractions classiques aux technologies de l'information et de la communication* ». Le législateur sanctionne des agissements divers y compris les infractions de presse en se basant uniquement sur les technologies de l'information et de la communication. Il aurait dû donner un contenu à la notion de communication au public comme le fait le législateur sénégalais.

On pourrait procéder par induction pour dire que les infractions de presse sont régies sur Internet dans la législation ivoirienne, car les technologies permettent d'atteindre un grand nombre de personnes. Elles peuvent être assimilées à des moyens de publication. Si Internet fait partie des TIC, alors les infractions de presse sont saisies dans cet espace. Il reste maintenant à savoir si Internet fait partie des moyens de communication au public, car cette condition est primordiale pour la détermination d'une infraction de presse. Il convient de noter que l'intégration légale des moyens de communication électroniques dans les moyens de publication est relative en droit sénégalais. En effet, « *l'énumération légale des moyens de communication électronique dans les moyens de diffusion publique ne saurait emporter une assimilation systématique de tout moyen de communication numérique (courrier électronique, web, intranet) à un moyen de diffusion publique* ».[475] Des nuances s'imposent pour la qualification des communications électroniques à un moyen de diffusion publique.[476]

Le législateur ivoirien sanctionne l'auteur de l'infraction de presse dans sa loi sur la cybercriminalité. Ainsi, est puni « *le fait pour toute personne de créer, de diffuser ou de mettre à disposition sous quelque forme que ce soit des écrits, messages, photos, sons, vidéos, dessins ou toute autre représentation d'idées ou de théories, de nature xénophobe, par le biais d'un système d'information* ».[477] De même le législateur sanctionne « *le fait pour toute personne de proférer ou d'émettre toute expression outrageante, tout terme de mépris ou toute invective qui ne renferme l'imputation d'aucun fait, par le biais d'un système d'information* ».[478]

Dans les nouvelles législations du Sénégal, la notion de publicité au sens du droit de la presse déborde du domaine des activités des médias pour couvrir toute communication d'un message au public.[479] Ainsi, « *les discours, chants, cris ou menaces proférées dans des lieux publics* » sont couverts par la législation. Il en est de même en droit ivoirien.

4-Les vides juridiques

Le législateur ghanéen reste silencieux vis-à-vis des délits de presse dans l'espace numérique notamment sur Internet. Sa législation relative aux transactions électroniques ne prévoit aucun aménagement des normes qui régissent la responsabilité en matière de délit de presse pour une sanction des actes qui pourraient être commis dans cet environnement.

---

475 (P. A.) TOURE, Op. Cit. p. 323.

476 Il est important de tenir compte des intérêts en jeux pour la mise en œuvre de la loi sénégalaise à l'égard des communications électroniques.

477 Art. 58 de la loi n 2013-451du 19 juin 2013 sur la lutte la cybercriminalité en Côte d'Ivoire.

478 Art. 60 de la loi n 2013-451du 19 juin 2013 sur la lutte la cybercriminalité en Côte d'Ivoire.

479 (P. A.) TOURE, Op. Cit. p. 319.

Les législations classiquement prévues pour un espace matériel et pour un personnel spécifique de la presse auront du mal à engager la responsabilité des individus si le champ de la presse n'est pas élargi pour inclure Internet. La sanction des individus sur la base d'agissements non prévus comme des infractions serait une violation du principe de la légalité des délits et des peines. Le juge peut-il assimiler Internet à un moyen de communication au public et sanctionner une diffamation ou une injure en ligne sans que sa décision ne s'expose pas à la cassation ? La responsabilité de ces personnes pourrait seulement se trouver engagée par le droit commun de la responsabilité.

Il convient de noter que l'ensemble des législations engagent la responsabilité pour un certain nombre d'agissements constituant des délits de presse même si elles ne définissent pas toutes la communication au public par voie électronique pour y inclure Internet et tout l'environnement numérique. Il s'agit en effet des propos racistes, xénophobes, les atteintes aux bonnes mœurs, les injures proférées dans les systèmes informatiques. La sanction de ces agissements dans les systèmes informatiques implique l'application des délits de presse à Internet. Les législations qui sanctionnent ces actes dans les systèmes informatiques reconnaissent implicitement ces systèmes comme des moyens de communication au public.

Sous un autre angle, même si la sanction des personnes est possible par le biais du droit commun et les nouvelles législations adaptées, un problème se posera quant au retrait des messages incriminés. La difficulté demeure alors, au niveau de la prescription des contenus qui causent préjudice en ligne, notamment sur Internet.

5-Les difficultés liées à la prescription des contenus répréhensibles en ligne

La prescription des contenus causant préjudice en ligne a été l'objet de controverses en France. En effet, l'unanimité a fait défaut au niveau de la détermination du point de départ de la prescription. Une vague de jurisprudence était favorable à l'adoption du caractère continu des infractions en ligne tandis qu'une autre était pour le caractère instantané de la prescription.[480] Les tenants de la théorie de l'infraction continue trouvent que les infractions de presse étant spécifiques du fait de l'environnement dans lequel se trouve le message mis en cause, il est plus intéressant de faire cesser la faute le jour où le message serait retiré de la vue du public. Cette thèse se base sur le fait que la personne responsable du contenu peut ne pas le retirer immédiatement. Pour les partisans de la seconde thèse, concernant l'infraction à caractère instantané, la prescription court du premier jour de publication de l'acte et non du premier jour de constatation de l'acte par la victime. La jurisprudence française actuelle a adopté cette dernière position en retenant que les infractions se prescrivent par trois mois selon la loi du 29 juillet 1881 à compter de la publication. Certains auteurs[481] trouvent que ce bref délai de prescription est une garantie, protectrice de la liberté d'expression, mais ils s'inquiètent en même temps de la méconnaissance du droit par les victimes. Cette ignorance pourrait constituer un obstacle à la mise en œuvre de la protection de leur droit violé.

Le législateur français était pour l'allongement du délai de prescription sur Internet en raison de la grande capacité de cette technologie à dépasser les limites d'une frontière contrairement à la presse écrite qui se limite généralement à la sphère étatique.

Les législateurs de la Côte d'Ivoire, du Nigéria et du Ghana ne se prononcent pas encore sur la prescription en ligne. Seul le législateur sénégalais se prononce ouvertement en renvoyant la prescription des délits de presse en ligne à celle qui existait déjà pour le monde physique.

6-Les questions suscitées par le droit de réponse en ligne

Le droit de réponse est reconnu à toute personne ou entité. Il leur permet de rectifier toute information à laquelle ils ont un intérêt. Les règles classiques de la presse en fixent les modalités. Ces dernières s'avèrent difficiles à mettre en œuvre dans l'environnement numérique, notamment, sur Internet. Cette difficulté fait obligation aux législateurs d'instituer des règles propres à l'environnement d'Internet. En France,

---

[480] (C.) FÉRAL — SCHUHL, op.cit. p.863.
[481] (M.) QUEMENER et (J.) FERRY.

la loi pour la confiance dans l'économie numérique[482] (LCEN) en matière de communication au public a permis au législateur de mettre à la disposition des personnes physiques et morales, un outil de rectification des informations les concernant en ligne. Ce droit de réponse doit s'exercer dans un délai de trois mois à compter de la date de mise à disposition du message au public. La loi reconnaît le droit de réponse à toute personne nommée ou désignée dans un service de communication au public en ligne. La personne qui veut exercer ce droit doit justifier de l'existence d'un préjudice. L'exercice du droit de réponse ne retire pas à la personne physique ou morale son droit de demander le retrait en ligne du contenu, pourvu qu'elles agissent dans les délais. La mise en œuvre dans la pratique de ce droit de réponse est quelque peu difficile si bien que les auteurs QUEMENER et CHARPENEL font la remarque qui suit : « *On peut se poser la question de savoir dans quels cas exactement, on peut considérer que l'utilisateur concerné est en mesure de formuler directement ses observations. En effet, le simple fait de pouvoir ajouter un commentaire au bas d'un article est-il suffisant pour remplir cette condition ? À l'évidence les forums de discussion ou les blogs non modérés excluent l'exercice d'un droit de réponse au sens de l'article 6 de la loi pour la confiance dans l'économie numérique* ».[483] Cette remarque s'explique par le fait que la loi pour la confiance dans l'économie numérique donne le droit aux utilisateurs capables de le faire, de formuler directement leurs observations par rapport à un message qui les met en cause[484]. Madame QUEMENER et CHARPENEL font encore une autre remarque qui est tout à fait pertinente : « *Il est évident qu'un commentaire ajouté au bas d'un article par la personne concernée elle-même, ou la réponse à un message lancé sur un forum de discussion, n'a certainement pas le même impact dans l'esprit des internautes, qu'une réponse insérée par l'éditeur lui-même, et affichée comme l'exercice d'un droit de réponse légal…* ».

La non-insertion est constitutive d'infraction sanctionnée par une amende de 3500 euros en vertu de l'article 6, al. 3 de la loi pour la

[482] Loi n° 2004-575 du juin 2004.

[483] (M.) QUEMENER, (Y.) CHARPENEL, op.cit. p.117.

[484] Art.1. du décret n° 2007-1527 du 24 octobre 2007 relative à la procédure d'exercice d'un droit de réponse en ligne.

confiance dans l'économie numérique. Toutes les remarques faites dans le contexte français dénotent de la complexité de l'exercice de ce droit.[485] Voyons ce qu'il en est dans les législations ouest-africaines.

a-L'exercice du droit de réponse au sein des législations ouest-africaines

Le droit de réponse en ligne est en effet prévu par le législateur du Sénégal. Toute personne physique ou morale a la possibilité d'exercer un droit de réponse gratuitement, à partir du moment où elle est nommément mise en cause, dans un service de communication en ligne.[486] La demande doit être adressée au directeur de publication et à défaut de l'existence de ce dernier, le juge désignera qui assumera cette responsabilité.[487] La réponse doit être insérée au même endroit que le message mis en cause. Si ce dernier n'existe pas en ligne, il doit être mentionné. Il faut noter que le droit sénégalais permet l'exercice de ce droit au profit d'un tiers, à condition, cependant, d'avoir un mandat dûment rempli par le concerné.

Après l'analyse des règles de responsabilité en matière d'infraction de presse à travers l'espace numérique, le constat est l'insuffisance généralisée de normes, les législations relatives à la presse n'ayant pas pris en compte certaines nécessités des TIC. La nouvelle législation du Nigéria reste malheureusement assez silencieuse sur cette question, contrairement à celle de la Côte d'Ivoire qui aborde insuffisamment cette problématique. Le législateur sénégalais ne prend pas le soin de conceptualiser la notion de publication.[488] La législation du Sénégal, qui paraît la plus étoffée demeure insuffisante, car elle ne traite pas de la responsabilité de l'individu ayant directement commis l'infraction. Il existe d'autres infractions en ligne qui portent atteinte aux droits de la personne humaine c'est pourquoi il convient d'analyser leur incrimination dans les législations sous l'angle de cette thématique.

---

[485] Les auteurs QUEMENER et CHARPENEL affirment qu'une interprétation trop extensive de l'article 1 du décret relatif à l'exercice du droit de réponse par la jurisprudence constitue un risque de vider le droit de réponse en ligne de sa substance.
[486] voir art.18 et 19 de la loi sénégalaise relative aux délits de presse.
[487] voir art. 25 de la loi sénégalaise relative aux délits de presse.
[488] (P.A.) TOURE, Op. Cit.p.318.

7-Les incriminations des atteintes aux droits humains en ligne

L'espace numérique, notamment Internet est un lieu par excellence d'exercice par chaque individu, de sa liberté d'expression. Cette dernière dans sa manifestation en méconnaissance des garde-fous qui en constituent les limites, porte atteinte aux droits humains. La Déclaration Universelle des Droits de l'Homme (DUDH) reconnaît en effet à tout individu une liberté d'expression et d'opinion.[489] Elle en fixe cependant les limites par le biais de la restriction à toutes les libertés en ces termes : « *Dans l'exercice de ses droits et dans la jouissance de ses libertés, chacun n'est soumis qu'aux limitations établies par la loi exclusivement en vue d'assurer la reconnaissance et le respect des droits et libertés d'autrui et afin de satisfaire aux justes exigences de la morale, de l'ordre public et du bien-être général dans une société démocratique* ».[490]

La définition des infractions de communication dans l'espace numérique a pour finalité l'établissement des balises à cette liberté d'opinion et d'expression. La loi sénégalaise sur la transaction électronique reconnaît cette règle qu'elle consacre : *« Sauf dispositions contraires, la communication par voie électronique ne peut être limitée que dans la mesure requise, d'une part, par le respect de la dignité de la personne humaine, de la liberté et de la propriété d'autrui, du caractère pluraliste de l'expression des courants de pensée et d'opinion et, d'autre part, par la sauvegarde de l'ordre public, les besoins de la défense nationale, les exigences de service public et les contraintes techniques inhérentes au moyen de communication* ».[491]

Elles se manifestent dans l'environnement numérique par les sanctions de tous les agissements causant préjudice. Découvrons les questions soulevées par la pénalisation des agissements dans l'environnement numérique.

[489] Art.19 de la DUDH.
[490] Art. 30 al. 2 de la DUDH.
[491] Art. premier de la loi sur la transaction électronique du Sénégal.

8-Les incriminations des atteintes aux bonnes mœurs par des moyens de diffusion publique

L'extension par le législateur sénégalais des atteintes par des actions de diffusions publiques à l'espace numérique, lui permet de sanctionner au titre d'infraction cybercriminelle par voie de presse, tout écrit, dessin, affiche, gravure, peinture, photographie, film ou cliché, matrice ou reproduction photographique, emblème, tout objet ou image contraire aux bonnes mœurs. La peine[492]d'emprisonnement pour ces agissements varie de six mois à sept ans et la peine pécuniaire de cinq cent mille (500 000)[493] à dix millions (10 000 000)[494] de FCFA. La sanction est renvoyée à celle relative aux contenus de la pédopornographie, lorsque le contenu du message est relatif à cette question. La sanction des atteintes marque la volonté du législateur de ne laisser de côté personne. Il est alors possible de faire saisir le maximum d'agissements répréhensibles qui se commettent dans l'espace numérique et sur Internet qui est compris dans ces moyens d'atteinte au public. Même si l'incrimination est large en ce sens qu'elle permet de prendre en compte bon nombre d'agissements préjudiciables, elle mérite quelques remarques.

Il faut remarquer que le législateur est plus porté sur la sanction des atteintes aux bonnes mœurs. Quel contenu peut-on donner à ce terme ? Son imprécision peut constituer un frein à la mise en œuvre de la loi pénale en termes de sanction. Il est cependant nécessaire de s'interroger encore si la diffamation et l'injure font partie des atteintes aux bonnes mœurs. Cette question mérite d'être posée, car les autres infractions prévues par la loi sénégalaise concernant les atteintes aux droits humains ne sont que la xénophobie et le racisme qui même si elles impliquent la diffamation et l'injure, ne peuvent se limiter qu'au cadre de ces deux infractions. À en croire l'affirmation d'un expert sénégalais en l'occurrence, le Professeur Aboudoulah Cissé dans son analyse sur l'état des lieux des législations sur la cybercriminalité en Afrique, il est possible d'inclure la diffamation et l'injure dans les atteintes par les moyens de diffusion publics.

---

[492] Cf. Art. 431-59 de la loi du Sénégal sur la cybercriminalité

[493] 760 euros.

[494] 15 200 euros.

Cette possibilité découle du constat qu'il fait : « *Ainsi, par cette intégration expresse des moyens de communication numérique par voie électronique dans les actes de publication, les rédacteurs de la loi de 2008 ont entendu dissiper toute ambiguïté sur l'assimilation des infractions (diffamation, injures publiques, diffusion de fausses nouvelles...) commises via Internet à des infractions de presse. Ces infractions en rapport avec le droit à l'honneur sont essentiellement commises par voie de presse, mais entendues plus largement et englobant les actes commis par les blogueurs, les membres d'un forum de discussion* ».[495]

Les diffamations et injures étant les atteintes les plus importantes sur la toile qu'il convient de les analyser à ce stade. L'infraction de diffamation est définie par l'article 258 al. 1 du Code pénal sénégalais. Il s'agit de « *Toute allégation ou imputation d'un fait qui porte atteinte à l'honneur ou à la considération de la personne ou du corps auquel le fait est imputé est une diffamation. Lorsqu'elle a été faite par l'un des moyens visés en l'article 248,*[496] *elle est punissable même si elle s'exprime sous une forme dubitative ou si elle vise une personne ou un corps non expressément nommé, mais dont l'identification est rendue possible par les termes des discours, cris, menaces, écrits ou imprimés, placards ou affiches incriminés* ».

Le législateur français considère également la diffamation comme toute allégation ou imputation d'un fait qui porte atteinte à l'honneur ou à la considération de la personne ou du corps constitué auquel le fait est imputé.[497]

L'infraction d'injure est prévue et définie par l'article 258 al. 2 du Code pénal sénégalais qui la qualifie de « *Toute expression outrageante, tout terme de mépris relatif ou non à l'origine d'une personne, toute*

---

[495] CRDI, op.cit. p.35.

[496] L'article 248 dont il est ici question renvoie à la disposition du code pénal sénégalais qui définit les moyens de diffusion publique dans leur version classique, propre à l'environnement d'Internet. La nouvelle définition adaptée à l'environnement électronique prenant en compte la technologie de l'Internet est celle se trouvant dans l'article 231-58 de la loi sénégalaise de 2008 sur la cybercriminalité.

[497] Cf. Art.29 de la loi française du 29 juillet 1881.

invective qui ne renferme l'imputation d'aucun fait est une injure ». Le législateur français donne la même définition à l'injure.

a-Les éléments constitutifs de la diffamation et de l'injure

L'élément moral de ces infractions doit résulter de l'intention de nuire. Cette dernière est présumée et il appartient à l'auteur d'apporter la preuve de sa bonne foi.[498] Les auteurs QUEMENER et FERRY trouvent que cette bonne foi est difficile à rapporter, surtout qu'elle dépend de quatre conditions dont : la sincérité,[499] la poursuite d'un but légitime,[500] la proportionnalité du but poursuivi et du dommage causé et le souci d'une certaine prudence.[501]

Pour ce qui concerne l'élément matériel de ces atteintes, il faut le rechercher dans le caractère public. En effet, l'acte répréhensible n'existera que si le fait a été l'objet d'une publicité. Le message doit être accessible à tous peu importe le moyen de diffusion employé, pourvu qu'il soit prévu par la loi[502] même si le message n'est pas explicité, c'est-à-dire, s'il est dubitatif ou garde l'anonymat de la personne visée ou s'il est une insinuation.

La loi sénégalaise prévoit d'autres infractions de contenu par voie numérique. Elles sont l'expression de la violation des droits humains et peuvent se commettre dans l'environnement numérique y compris par Internet.

9-Les incriminations des autres atteintes dans l'environnement numérique

Les autres types d'atteintes aux droits humains ayant la nature d'infraction de presse sont les idées ou théories racistes, xénophobes, les menaces, les propos outrageants et les invectives, etc. Il avait été précisé que le fait pour les législateurs de sanctionner ces agissements dans les systèmes informatiques était une façon implicite de reconnaître

---

[498] (M.) QUEMENER, (J.) FERRY, op.cit. p.141.
[499] Le diffamateur doit croire que le fait diffamatoire est vrai.
[500] Le souci d'informer et non de nuire.
[501] (M.). Quemener, (J.) FERRY, op. cit p.141.
[502] Voir les moyens de communication publique.

ces systèmes comme des moyens de communication publics. Les législateurs francophones du Sénégal et de la Côte d'Ivoire prévoient en effet la sanction d'atteintes aussi graves que celles à caractère xénophobe, raciste, l'apologie du crime contre l'humanité ou du génocide dans les systèmes informatiques. Ces dernières ne sont toutefois pas des infractions de presse même si elles sont des atteintes se réalisant par le biais d'une communication au public.

10-La sanction des actes xénophobes et racistes à travers le système informatique

Sont considérés comme racistes et xénophobes par la législation sénégalaise par le biais des technologies de l'information et de la communication, « *tout écrit, toute image ou toute autre représentation d'idées ou de théories qui préconise ou encourage la haine, la discrimination ou la violence contre une personne ou un groupe de personnes, en raison de la race, de la couleur, de l'ascendance ou de l'origine nationale ou ethnique ou de la religion, dans la mesure où cette dernière sert de prétexte à l'un ou à l'autre de ces éléments ou qui incite à de tels actes* ».[503]

Sont alors interdits les actes de téléchargement, la diffusion ou la mise à disposition d'écrits, de messages, photos, dessins ou toute autre représentation d'idées ou de théories, de nature raciste et xénophobe. Cet agissement est sévèrement puni d'une peine d'emprisonnement allant de six mois à sept ans et d'une amende qui varie d'un (1000 000) à dix (10) millions de FCFA.[504]

Le législateur ivoirien rejoint celui du Sénégal dans la définition des termes racisme et de xénophobie.[505] Il sanctionne la création, la diffusion et la mise à disposition sous n'importe quelle forme des contenus ou autres représentations d'idées ou de théories de nature raciste ou xénophobe par le biais d'un système d'information. Internet en fait partie sans aucun doute. Ces actes peuvent se commettre sur des sites, des blogs et des forums, etc. pour être qualifiés d'infraction de

---

[503] cf. Art. 431-7 de la sénégalaise de 2008 sur la cybercriminalité.
[504] Art.431-38.de la sénégalaise de 2008 sur la cybercriminalité.
[505] Voir art. 1 de la loi ivoirienne sur la cybercriminalité.

presse. La peine d'emprisonnement de ces atteintes varie de dix à vingt ans et d'une amende de cinq (5) à dix millions (10 000 000) de francs CFA. Le législateur ivoirien est plus sévère que celui du Sénégal dans la sanction de ces actes dans les systèmes informatiques.

La menace contre une personne à travers les systèmes informatiques, en raison de son appartenance à un groupe racial, ethnique, de sa couleur ou de toute autre appartenance à un groupe, est prohibée et punie de la même peine.[506] Est aussi interdite l'insulte[507] basée sur l'appartenance à un groupe qui se caractérise par la race, la couleur, l'ascendance ou l'origine nationale ou ethnique, ou la religion dans la mesure où cette appartenance sert de prétexte à l'un ou l'autre de ces éléments.[508] Le législateur ivoirien sanctionne également les menaces. Il prévoit deux types de menaces, d'une part, la menace de mort ou de violence par le canal des systèmes informatiques. La peine d'emprisonnement varie de deux à cinq ans et une amende de cinq (5) à dix (10) millions de FCFA. D'autre part, il prévoit la menace à caractère raciste, xénophobe, ethnique, religieux ou faisant référence à un groupe qui se caractérise par la couleur, l'ascendance ou l'origine nationale ou ethnique. La peine de cette menace est aggravée par le législateur, soit dix à vingt ans d'emprisonnement et une amende de vingt (20) à quarante (40) millions de FCFA.[509] Le législateur sénégalais accorde la même gravité à la diffusion ou la création d'idées ou théories de nature raciste ou xénophobe dans les systèmes informatiques qu'aux menaces de même nature. Celui ivoirien pas contre, accorde une certaine gravité aux menaces à caractère raciste ou xénophobe dans les systèmes informatiques en les sanctionnant très sévèrement.

Les atteintes à caractère xénophobe et raciste sont des actes qui se commettent facilement à travers les TIC et surtout, par Internet particulièrement, sur les sites, les forums de discussion, les blogs, etc. Elles sont susceptibles d'engendrer d'autres atteintes à l'instar de la haine et la discrimination à l'égard des personnes visées par les

---

[506]Art.431-39 de la législation sénégalaise sur la cybercriminalité.
[507] Voir art. 431-40.de la législation sénégalaise sur la cybercriminalité.
[508]Art.431-39.de la législation sénégalaise sur la cybercriminalité.
[509] Voir art. 59 de la législation ivoirienne sur la cybercriminalité.

agissements. En France, l'affaire Yahoo illustre parfaitement le risque que constitue Internet dans la réalisation des atteintes aux droits humains à caractère raciste et xénophobe.

Cette affaire illustre également la difficulté de lutter contre ces agissements dans l'espace Internet. En effet, le juge français s'est vu opposer le refus d'exécuter une décision qui demandait le retrait d'un contenu à caractère xénophobe et raciste sous prétexte que le serveur qui hébergeait le contenu se trouvait sur le territoire américain. FERAL-SCHUHL constate que la majorité des sites révisionnistes et racistes en langue française sont hébergés à l'étranger avec pour objectif évident d'échapper plus facilement à la compétence des juridictions françaises.[510] Internet demeure un outil de propagande, donc le nouvel espace d'action des néo-nazis. KNOBEL fait la même remarque dans son ouvrage « … *Il me semble qu'Internet est largement utilisé par les groupes racistes parce qu'il se révèle être un instrument pratique pour recruter de nouveaux militants et diffuser ces thèses au plus grand nombre ; de facto, je pense qu'Internet facilite aujourd'hui la diffusion et la propagation du racisme, d'un racisme en ligne. Cette diffusion elle-même est facilitée par le fait que certains pays, en particulier aux États-Unis, les propos racistes et haineux sont protégés par le droit à la liberté d'expression* ».[511] Ce constat alerte effectivement sur le caractère dangereux d'Internet dans la propagande du racisme, de la haine, la discrimination et bien d'autres agissements attentatoires aux droits humains. En effet, l'auteur démontre comment l'anonymat sur le net et les jeux vidéo[512] peuvent concourir à la promotion de ces actes répréhensibles.

---

[510] FERAL-SCHUHL, op.cit. p.857.

[511] (M.) KNOBEL « *l'Internet de la haine : racistes, antisémites, néonazis, intégristes, islamistes, terroristes et homophobes à l'assaut du web* », Paris, Ed. Berg International, mars 2012, p.13.

[512] Il existait des jeux où on pouvait jouer à Hitler en gazant le maximum de juifs et de turcs. Les jeux « Clean germany », « KZ-Manger » ou le « Test aryen » sont d'autres exemples de manifestation du racisme et de la haine.

11-Les réponses de la législation nigériane face aux propos racistes et xénophobes dans l'environnement numérique

Le législateur nigérian incrimine ces atteintes à travers l'article 26 de son projet de loi de 2015, *Cybercrime Prohibition, Prévention Act* intitulé « *Racist and xenophobic offences* ». Les actes de xénophobie et de racisme sont sanctionnés dans l'espace numérique. Cette disposition énumère les agissements prohibés. Il s'agit de la distribution ou de la mise à disposition d'écrits, d'imprimés, de représentations d'idées ou de théories à caractère raciste à travers le réseau ou le système informatique. La propagande basée sur la couleur, la descendance, l'origine nationale ou ethnique, la discrimination, l'insulte publique à travers le système informatique, la distribution d'écrits, d'imprimés, de représentations d'idées ou de théories qui nient, approuvent, promeuvent ou qui incitent à la discrimination. La sanction est de cinq ans minimum d'emprisonnement et de dix millions (10 000 000)[513] de nairas d'amende. Ce législateur demeure le plus sévère par rapport à celui du Sénégal et sensiblement par rapport à celui de la Côte d'Ivoire.

En Afrique de l'Ouest, les atteintes à caractères racistes et xénophobes deviennent une réalité sur le Net, surtout, dans les États ayant connu un conflit ou qui risquent de connaître un conflit communautaire. En effet, les jeunes risquent beaucoup d'utiliser Internet comme un outil de propagande et d'incitation à la haine et à la violence. Les pays comme la Côte d'Ivoire et la Guinée en sont une illustration parfaite. La technologie d'Internet a été un moyen de grande propagande dans le premier pays pendant sa crise postélectorale de 2010 en plus de la télévision, la radio et la presse écrite.

Contrairement au législateur sénégalais, celui de Côte d'Ivoire ne conditionne pas la sanction de l'insulte dans les systèmes informatiques à l'appartenance à un groupe quelconque. Il institue une sanction générale de cet agissement pourvu qu'une personne émette ou profère des propos outrageants, méprisants ou des invectives à travers les systèmes informatiques. La peine d'emprisonnement est d'un à cinq ans et une amende de cinq (5) à dix millions (10 000 000) de FCFA.[514]

---

[513] 21 600 euros.

[514] Art. 60 de la loi ivoirienne sur la cybercriminalité.

Les législations ivoirienne et sénégalaise incriminent la négation et l'approbation d'actes constitutifs du génocide, de crime contre l'humanité et de la propagande à travers les systèmes informatiques. Ces infractions sont aussi punies d'une peine de six mois à sept ans d'emprisonnement et de un (1) à dix millions (10 000 000) de FCFA[515] d'amende tandis que celui ivoirien la sanctionne d'une peine d'emprisonnement de trois à cinq ans et d'une amende en droit sénégalais de soixante-quinze (75)[516] à cent millions (100 000 000)[517] de FCFA.[518] Le législateur ivoirien est très sévère dans la sanction du négationnisme à travers les systèmes informatiques par rapport à celui du Sénégal. Pourquoi ce législateur est-il aussi sévère à l'égard de ces agissements ? Cela pourrait s'expliquer par la fragilité du tissu social au sortir d'une longue période d'instabilité politique et d'une crise post-électorale à l'occasion desquelles des crimes contre l'humanité ont été commis et un risque de génocide déjoué. Le législateur cherche sans doute à prévenir ces agissements en interdisant leur approbation dans les systèmes informatiques.

L'étude de cette section relative aux infractions de contenu nous a permis d'analyser les infractions d'atteintes aux mineurs, celles de presse ainsi que celles concernant les autres atteintes aux droits humains. Si pour les premières les États ont tous prévu des incriminations adaptées au contexte des TIC, force est de constater que celles-ci demeurent insuffisantes au regard de la manifestation des atteintes sexuelles aux mineurs. En effet, les législations incriminent toutes les atteintes sexuelles aux mineures, par leur protection contre le risque d'exploitation et contre le risque d'exposition aux contenus de pornographie impliquant les enfants.

Le deuxième cas de protection du mineur contient une limite non négligeable. En effet, l'ensemble des incriminations font timidement référence à la protection de l'enfant contre des contenus impliquant les adultes alors que ces contenus sont facilement accessibles en raison du

---

515 Art. 431-41 de la loi du Sénégal sur la cybercriminalité.

516 114 336 euros.

517 152 449 euros.

518 Art. 61 de la législation ivoirienne sur la cybercriminalité.

développement des TIC. Les législateurs devront renforcer ce volet d'autant plus que la stabilité au plan sécuritaire de la région en dépend.[519]

Concernant les infractions de presse et les autres atteintes à la dignité humaine en ligne, un vide juridique caractérise certaines législations des États qui font l'objet de l'étude. Il ne nous a donc pas semblé opportun d'étudier les règles classiques puisqu'elles sont d'office inopérantes face à la spécificité d'Internet. En effet, cette inadaptation des normes anciennes est due à l'anonymat sur le Net qui peut sérieusement empêcher l'identification de l'auteur de l'infraction, les difficultés liées à la prescription de l'acte et à la peine applicable. Aussi le principe de la légalité des délits et des peines n'est-il pas également un frein à la sanction de ces actions par le juge même si elles paraissent illicites ? Seul le Sénégal a sérieusement renforcé sa législation en matière de presse. Les législations de la Côte d'Ivoire, du Sénégal et du Nigéria ont cependant toutes été réaménagées pour saisir les agissements pouvant porter atteinte à l'honneur et à la respectabilité des personnes à l'instar de la diffamation et de l'injure d'une part. D'autre part, elles sanctionnent les atteintes qui se réalisent par les actions de xénophobie, de racisme, d'apologie ou de négation de génocide ou de crime contre l'humanité. La prescription des infractions en ligne pose problème dans l'ensemble des législations sauf au sein de celle du Sénégal où une solution est ouvertement apportée. Après cette analyse des législations relatives aux infractions de contenus, il convient d'étudier les infractions qui se servent des TIC comme moyen de leur facilitation.

SECTION II : LES INFRACTIONS FACILITÉES PAR LES TIC

Il est à ce niveau question d'infractions classiques qui se servent des technologies de l'information et de la communication pour se commettre à grande échelle. On dit alors que les TIC constituent un moyen d'aggravation desdites infractions. Nous étudierons les

---

[519] Nous craignions dans les lignes précédentes le risque de voir les violences sexuelles grimper dans la région si des mineurs évoluent dans un contexte où ils peuvent facilement consommer des images à caractère pornographiques qui sont en réalité, très défavorables à leur développement psychologique. Certains auteurs qualifient ces types de contenus de violents ou de choquants pour les mineurs.

incriminations des atteintes contre l'État (§I) d'une part, et de l'autre, celles relatives aux atteintes aux biens et à la propriété intellectuelle (§II).

PARAGRAPHE I : LES ATTEINTES AUX INTÉRÊTS DE L'ÉTAT

Les TIC peuvent constituer un outil d'atteinte aux intérêts des États. En effet, la souveraineté des États est perpétuellement menacée à l'ère du développement de la technologie. En plus des attaques qui peuvent provenir du monde matériel, les États sont exposés aux attaques très redoutables à travers le monde virtuel ou immatériel. Les systèmes informatiques qui contiennent des informations relatives à la défense nationale des États peuvent être espionnés, voire piratés pour la soustraction de secrets à caractère national dont la connaissance peut constituer un danger pour la souveraineté étatique. C'est aussi à ce risque que peut exposer le terrorisme perpétré par les TIC. Les lignes qui suivent nous permettent de mesurer la réalité des atteintes que les États peuvent subir par le biais des technologies. Il faut cependant noter que les législations pénales n'abordent pas ouvertement la thématique du terrorisme. Elles font toutes références aux intérêts de l'État qui peuvent être atteints par les TIC. Nous abordons alors, d'un côté les intérêts de l'État ayant un caractère général et qui sont relatifs aux informations (A) et de l'autre, la question du terrorisme qui mérite qu'on s'y attarde dans un contexte ouest africain (B).

1-L'espionnage et les atteintes aux secrets de l'État

Seules les législations relatives à l'environnement numérique sont analysées à ce stade. Il s'agit de celles du Ghana, du Sénégal et du Nigéria et de la Côte d'Ivoire.

La question de l'espionnage n'est pas ouvertement abordée par les législations. Elles l'abordent toutes de façon subtile à travers les attaques contre les infrastructures et les informations à caractère étatiques.

Mais avant d'analyser les incriminations, il convient de définir les termes espionnage et secret pour en mesurer la correspondance aux informations étatiques que nous analysons dans les lignes qui suivent.

L'espionnage se définit comme une atteinte aux intérêts fondamentaux d'un État par une personne au profit d'un autre État.[520] Cette atteinte se fait à travers la prise de connaissance d'une information qui est protégée par le secret.

Quant au secret, c'est la discrétion, le silence qui entoure quelque chose.[521] Il s'agit, en d'autres termes, d'une information connue d'un petit nombre de personnes et qui ne doit pas être divulguée.

a-L'incrimination des atteintes aux informations de l'État dans la législation ghanéenne

L'infraction de ce type d'atteinte est prévue dans la loi sur la transaction électronique « *Electronic Transaction Act* » en son article 133 intitulé « *offence relating to national interest and sécurity* ».[522] La législation ghanéenne régit cette atteinte à travers la protection des données informatisées étudiées dans le chapitre précédent. En effet, la disposition incrimine le fait d'accéder frauduleusement ou régulièrement ou par omission à un système informatique protégé [523]et de prendre connaissance des informations qui s'y trouvent. Ces informations protégées peuvent être relatives aux institutions financières de la République, aux départements ou agences du gouvernement, aux systèmes informatiques protégés et les informations concernant la sécurité de la République. Cette atteinte est punie d'une peine d'emprisonnement pouvant aller jusqu'à 20 ans et d'une amende de dix mille (10 000)[524] cedis au plus. La disposition ne fait pas explicitement référence à l'espionnage. On peut cependant y inclure l'espionnage dont les conditions se retrouvent à travers les actes incriminés. Le fait en effet, d'accéder à une information de l'État qui fait l'objet de protection en est une condition. On pourrait dire que la livraison de l'information à un État tiers fait défaut. Cette condition est sous-tendue dans l'incrimination de la disposition qui est en fait

---

[520] Http : //www.larousse.fr Consulté le 30 juillet 2013.

[521] Http : //www.larousse.fr Consulté le 30 juillet 2013.

[522]Infraction relative à l'intérêt et la sécurité nationale.

[523] La protection fait ici référence à l'appartenance du système informatique à l'État. Ce dernier contenant d'importantes informations fait l'objet de protection naturellement.

[524]2332 euros.

générale. L'accès aux informations de l'État est incriminé dans la loi du Ghana, que cet acte soit autorisé ou non. Dans le premier cas, c'est-à-dire concernant l'accès avec autorisation, il devient un délit lorsque l'information est détournée. Ce détournement peut être de l'espionnage[525] si l'information est transmise à un autre État ou à une organisation mafieuse.

Dans le deuxième cas, lorsque l'individu accède à l'information sans autorisation, il peut également la mettre au service d'un autre État comme il peut s'en servir à d'autres fins. Il n'y a donc point de doute sur la protection des secrets de l'État du Ghana à travers les systèmes informatiques par la disposition de l'article 133 de sa loi de 2008 sur les transactions électroniques.

b-L'incrimination des atteintes aux informations de l'État dans la législation sénégalaise

Le législateur sénégalais régit les atteintes aux intérêts de l'État à travers sa législation de 2008 sur la cybercriminalité. Il le fait par le canal du chapitre relatif à « *l'atteinte à la défense nationale* » aux articles 431-60 à 431-61.[526] Le législateur fait ouvertement référence à la trahison et à l'espionnage. L'article 431-60 qui incrimine la trahison prévoit que « *Sera coupable de trahison et puni de la perpétuité tout sénégalais, qui : 1) livre à une puissance étrangère ou à ses agents, sous quelque forme ou par quelque moyen que ce soit un renseignement, objet, document, procédé, donnée numérisée ou fichier informatisé qui doit être tenu secret dans l'intérêt de la défense nationale ; 2) s'assure, par quelque moyen que ce soit, la possession d'un tel renseignement, objet, document, procédé, donnée informatisée ou fichier informatisé en vue de le livrer à une puissance étrangère ou à ses agents ; 3) détruit ou laisse détruire tel renseignement, objet, document, procédé, donnée numérisée ou fichier informatisé en vue de favoriser une puissance étrangère* ».

[525] Dans ce cas on parle de trahison d'autant plus que l'information a été détournée par une personne qui y avait droit.

[526] Loi sénégalaise sur la cybercriminalité.

Le législateur incrimine l'action de détourner, de posséder, de détruire une information secrète et numérique ou informatisée qui protège la défense nationale. À l'instar du législateur ghanéen, il sanctionne l'atteinte au caractère secret de l'information de l'État par sa livraison à un État tiers dénommé puissance étrangère. Dans ce cas, il s'agit du détournement de l'information par une personne qui avait le droit d'y accéder ou de la livraison du secret par un national de l'État. La peine de cette atteinte est particulièrement forte dans la législation sénégalaise. Elle est uniquement privative de liberté, notamment, la prison à vie. Cette sévérité du législateur marque sa volonté de sécuriser les informations secrètes de l'État face à leur grande vulnérabilité dans un environnement numérique. La protection des informations de l'État contre l'espionnage a pour siège l'article 431-61 de la loi sénégalaise de 2008 sur la cybercriminalité. Le législateur prévoit deux types d'atteintes et fait varier la peine en fonction de la classification. Il sanctionne d'une part, le national ou l'étranger qui auront rassemblé des renseignements, des documents, des objets, des procédés, des données ou des fichiers informatisés susceptibles de nuire à l'intérêt de l'État. Ces personnes encourent une peine pouvant aller jusqu'à la détention à perpétuité.

Un flou se crée dans la qualification de l'acte. En effet, si l'exploitation de ces informations qu'implique l'article 431-alinéa1 permet de qualifier l'acte d'espionnage, parce que l'exploitation des contenus peut constituer leur mise à disposition à un État tiers, la réunion simple des documents ne saurait être qualifiée d'acte d'espionnage. Il s'agit plutôt d'une tentative d'espionnage parce que l'individu a certes réuni les informations, mais ne les a pas encore mises à la disposition de l'État tiers. Par ailleurs, le législateur sanctionne le gardien des secrets de défense nationale. Cette sanction est mise en œuvre en cas de soustraction, destruction, reproduction, facilitation d'accès par une personne qui n'en a pas le droit. La peine qui est applicable à l'infracteur est déterminée en fonction de son intention.

L'auteur de l'atteinte bénéficie de l'atténuation en fonction de son intention, mais celle-ci ne sera pas facile à démontrer. Il lui sera en effet difficile de prouver sa bonne foi. Comment une personne qui soustrait, détruit ou reproduit ou laisse reproduire un secret de défense nationale peut-elle justifier sa bonne foi ?

Le législateur amoindrit encore la sanction en sa faveur, si l'infracteur a agi par maladresse, imprudence, inattention, négligence ou inobservation des règlements. La peine est rabaissée de cinq à dix ans de détention en fonction de la circonstance.

Il faut retenir que la législation du Ghana a un champ de protection plus vaste des informations, puisqu'elle incrimine les atteintes aux informations financières, du gouvernement et celles relatives à la sécurité de l'État. Le champ de la protection s'élargit encore lorsqu'il accorde le statut de systèmes informatiques protégés au contenant de l'information « *information from protect computer* ». Celle du Sénégal par contre, se limite exclusivement aux secrets de défense nationale.

c-L'incrimination des atteintes aux informations de l'État dans la législation nigériane

Le projet de loi de 2015 du Nigéria sur la cybercriminalité ne traite pas de la question de l'espionnage. Le projet de loi de 2012, *cybercrime Bill* abordait subtilement la thématique de l'atteinte aux informations de l'État. Il prévoyait une protection des informations capitales de l'État en sanctionnant l'atteinte aux infrastructures critiques. La législation assurait donc une protection qu'elle intitulait « *Protection* of *critical national information infrastructure* »[527]qui signifie « protection d'infrastructures critiques ».

Les infrastructures contenant les informations devant faire l'objet de protection n'étaient cependant pas désignées par le projet de loi de 2012, *Cybercrime Bill*. Le texte laissait le soin au chef de l'État de les choisir par un acte ultérieur. Cependant, le législateur prend le soin de préciser les domaines dans lesquelles seraient choisies les infrastructures importantes de l'État dont les informations feraient l'objet de protection. Il s'agissait en effet d'informations relatives à la sécurité nationale, aux domaines économique et social. Le domaine des informations protégées était vaste à l'image de celui prévu par le législateur ghanéen. Le législateur nigérian sanctionnait l'atteinte à ces informations protégées dans l'article 21 al. 2 de son projet de loi de

[527]Voir. Art. 21. Cybercrime Bill, 2012.

2012 qui disposait : « *Any person who commits any offence punishable under this Act against any critical information infrastructure designated under section 21 of this Act, shall be liable on upon conviction to imprisonment for a minimum term of 15 years without an option of fine* ».

La peine était de 15 ans minimum d'emprisonnement. La sanction pouvait cependant, aller jusqu'à la peine de mort ou la prison à perpétuité si l'atteinte aux informations critiques de l'État entraînait mort d'homme.[528] L'actuel projet de loi datant de 2015 fait une régression en n'abordant pas la question de la protection des informations critiques de l'État dans les systèmes informatiques.

d-L'incrimination des atteintes aux informations de l'État dans la législation ivoirienne

Le législateur ivoirien à l'image de ses homologues ghanéen et sénégalais incrimine les atteintes aux informations de l'État. Il le fait par la sanction de la trahison et de l'espionnage réalisés respectivement par le national et le non-national. Le national ivoirien sera coupable de trahison s'il livre à un pays étranger, un document, un procédé ou une donnée informatique qui doit être tenue secrète dans l'intérêt de la défense nationale. La destruction d'informations de défense nationale qui doivent être tenues secrètes est aussi une trahison de la part du national ivoirien. Cette atteinte est sanctionnée d'une peine d'emprisonnement à vie[529] comme le font les autres législateurs. Les mêmes agissements sont qualifiés d'espionnage lorsqu'ils sont commis par un étranger à travers les systèmes informatiques. L'individu coupable de cette infraction est sanctionné de l'emprisonnement à vie[530].

En définitive, nous notons que tous les États, à l'exception du Nigéria incriminent les atteintes d'espionnage, de trahison à travers les systèmes informatiques dans leurs législations pénales. Les approches diffèrent cependant. Tandis que les États francophones du Sénégal et de

---

[528] Voir. Art. 21. Cybercrime Bill, 2012.
[529] Art. 67 de la loi ivoirienne sur la cybercriminalité.
[530] Art. 68 de la loi ivoirienne sur la cybercriminalité.

la Côte d'Ivoire n'incriminent que l'espionnage et la trahison contre les intérêts de la défense nationale à travers les réseaux et les systèmes informatiques, les pays anglophones, notamment le Ghana, accordent une assiette plus vaste à la protection des informations de l'État à travers les systèmes informatiques. Il incrimine les atteintes aux informations de types sécuritaire, économique et social.

Les législateurs sénégalais et ivoirien demeurent toutefois très sévères dans la sanction des infractions portant atteinte aux intérêts de l'État à travers le réseau et les systèmes informatiques avec des peines qui vont jusqu'à la prison à perpétuité. Le législateur ghanéen par contre, se limite à une peine maximale de vingt ans et prévoit une amende pour ces atteintes. Les autres législations ne prévoient pas de sanction pécuniaire.

Le terrorisme est aussi un agissement qui fragilise la souveraineté des États à l'ère du numérique, qu'il convient de voir comment les législations pénales ont prévu de le combattre.

2-Les infractions à caractère terroriste

Avant toute analyse, il est indispensable de définir le terme terrorisme. Il est en effet défini comme un ensemble d'actes de violence créés par une organisation pour générer un climat d'insécurité, afin d'exercer un chantage sur un gouvernement pour satisfaire une haine à l'égard d'une communauté d'un pays, d'un système.

La menace terroriste est une réalité du continent africain. La région ouest-africaine est particulièrement marquée par cette question témoigne des attaques récurrentes de l'organisation Boko Haram au Nigéria[531] et du déclenchement du conflit dans le nord du Mali en 2012, l'attaque des shebabs au Kenya.[532] Vers fin 2015 l'hôtel Radisson du

[531] Voir l'enlèvement de 200 jeunes lycéennes au Nigéria en mars 2014 suivi de plusieurs attentats suicides ayant entraîné des centaines de morts.
[532] En septembre 2013 s'est produite l'une des attaques terroristes les plus meurtrières du Kenya avec plus de 60 morts.

Mali fut attaqué.[533] En début janvier 2016 se sont produites des attaques terroristes au Burkina[534] et en Côte d'Ivoire.[535]

La technologie de l'Internet peut favoriser la préparation des atteintes à caractère terroriste. Il s'agit dans ce cas, de l'exacerbation du terrorisme classique par la technologie.

En droit français, l'activité terroriste est appréhendée par la combinaison de deux critères ; l'existence d'un crime et d'un délit de droit commun prévu par le Code pénal et leur relation avec une entreprise individuelle ou collective ayant pour but de troubler gravement l'ordre public par l'intimidation et la terreur.[536] Les auteurs QUEMENER et CHARPENEL reconnaissent que le droit français n'est pas tendre avec l'incrimination de cette infraction, car elle constitue une des rares hypothèses dans lesquelles le législateur prend en compte les mobiles et les motivations de l'auteur. Ces derniers sont une situation aggravante.[537]

a-La réalité des infractions du terrorisme classique via le réseau

Les technologies servent de moyen d'aggravation de cette atteinte. En réalité, Internet peut offrir un espace de recrutement aux groupes organisés s'adonnant à cette pratique. Ils peuvent en effet s'en servir pour le recrutement de nouveaux membres.[538] Internet peut être un espace de propagande ou de justification de certaines actions à caractère terroriste.[539] La législation française du 29 juillet 1881 sur la liberté d'expression considère la provocation et l'apologie au terrorisme comme un détournement grave de cette liberté d'expression et

---

[533] Le 20 novembre 2015, deux jeunes djihadistes prennent en otage 170 personnes, dont 140 clients et 30 employés de l'hôtel Radisson.

[534] Le 15 janvier 2016, le Burkina Faso a vécu sa première attaque terroriste.

[535] Le 19 mars, 2016 c'est le tour de la Côte d'Ivoire avec l'attaque terroriste de Grand-Bassam.

[536] (M.) QUEMENER, (Y.) CHARPENEL, op.cit. p.125.

[537] (M.) QUEMENER, (Y.) CHARPENEL, ibid.

[538] (M.) QUEMENER, (Y.) CHARPENEL, op.cit. p.126.

[539] (M.), KNOBEL « l'Internet de la haine : racistes, antisémites, néonazis, intégristes, islamistes, terroristes et homophobes à l'assaut du web », Paris, Ed. Berg International, mars 2012 p.38-41.

sanctionne cet agissement.[540] Le réseau Internet peut aussi faciliter l'accès aux informations constituant des moyens de commission d'actes à caractère terroriste à l'instar de la fabrication de bombes ou d'armes qui seront utilisées ultérieurement pour la commission de l'infraction. Le réseau peut être en outre un outil de facilitation de la collecte de financements d'activités terroristes. La planification des actes peut aussi se faire par le biais du réseau.[541] L'énumération de ces quelques réalités donne un aperçu de la manière dont la technologie d'Internet peut aggraver le terrorisme dans sa version classique. L'évolution de la technologie fait émerger une nouvelle forme de terrorisme dirigée contre les technologies elles-mêmes.

b-La réalité du cyberterrorisme

Cette infraction est une manifestation des atteintes contre les technologies de l'information déjà étudiées dans le chapitre premier. Nous y revenons en raison de la spécificité de l'attaque qui n'est pas ordinaire. Le cyberterrorisme est une atteinte qui vise la sécurité étatique. C'est le système informatique de l'État qui subit l'attaque. Il se matérialise par des actions de saturation ou de substitution de sites Internet.[542] Les attaques qu'ont subies les systèmes informatiques de l'Estonie en mai 2007 est un exemple non négligeable. En effet, les délinquants avaient neutralisé les sites web des médias, empêchant la diffusion des vraies informations. Les achats aux cartes bancaires étaient à la même période impossibles si bien que les services financiers et le Gouvernement avaient été touchés. Le cyberterrorisme est une sérieuse attaque lorsqu'il vise les systèmes informatiques dont le fonctionnement constitue l'existence de la souveraineté d'un État. Les attaques de ce type créent la panique générale. Les États ouest-africains basculent de plus en plus vers la e-gouvernance si bien que cette question devient capitale. Comment les États sanctionnent ces atteintes qu'on pourrait dénommer « *terrorisme technologique* » dans un environnement numérique ?

---

[540](M.) QUEMENER, (Y.) CHARPENEL, op.cit. p.126.

[541] Internet a joué un rôle considérable dans la planification de l'attentat du 11 septembre 2001.

[542] Voir le type d'attaques qui avait paralysé tout le système informatique de l'Estonie en 2007.

3-Les incriminations des États

a-La législation sénégalaise

En droit sénégalais les incriminations de l'infraction du terrorisme se trouvent dans la loi n° 2007-01 du 12 février 2007[543] modifiant le Code pénal et dans la loi de 2008 sur la cybercriminalité. Le législateur sénégalais prévoit les infractions dans les articles 279-1 à 279-5 de son Code pénal. Il définit les actes terroristes comme des actes commis « *intentionnellement en relation avec une entreprise individuelle ou collective ayant pour but de troubler l'ordre public ou le fonctionnement normal des institutions nationales ou internationales, par l'intimidation ou la terreur* ».[544]

La loi donne une liste d'actes pouvant être qualifiés de terroristes. Il s'agit entre autres d'attentats et de complots, de crimes commis par participation à un mouvement insurrectionnel, de violences ou de voies de fait commises contre les personnes et les destructions ou dégradations lors de rassemblements définis, d'enlèvements et séquestrations définies, de la dégradation des biens appartenant à l'État, de l'association de malfaiteurs, de la détention d'armes prohibées, de l'introduction dans l'atmosphère, sur le sol, dans le sous-sol ou dans les eaux d'une substance de nature à mettre en péril la santé de l'homme ou des animaux ou le milieu naturel, du financement[545] direct ou indirect d'une entreprise terroriste en lui fournissant, en réunissant ou en gérant des fonds, etc.[546] Les sanctions de ces actes constitutifs de terrorisme sont la peine à des travaux forcés à perpétuité et le retrait de la licence, l'autorisation ou l'agrément de la personne morale si l'auteur

---

[543] Cette loi du Sénégal est relative à l'introduction d'un dispositif de lutte contre le terrorisme dans le code pénal sénégalais d'une part et de l'autre, la substitution de la peine de mort en droit sénégalais pour substituer la peine capitale au travail forcé à perpétuité.

[544] Art. 279-1, loi n° 2007-01 du 12 février 2007.

[545] Concernant le financement du terrorisme, la loi uniforme n° 2009-16 du 2 mars 2009 relative à la lutte contre le financement du terrorisme vient renforcer le dispositif de lutte contre le terrorisme au Sénégal.

[546] Tous ces actes sont énumérés dans l'article 291-1 à 291-3, loi n° 2007-01 du 12 février 2007.

de l'acte en assurait la direction.[547] L'apologie[548] d'un acte à caractère terroriste est aussi réprimée d'un emprisonnement d'un à cinq ans et d'une amende de cent mille (100 000)[549] francs à un million (1 000 000)[550] de FCFA.

Si l'acte est commis par une personne agissant pour le compte d'une personne morale, la licence, l'autorisation ou l'agrément lui seront retirés. Ces dispositions de la législation pénale sénégalaise ne font pas expressément mention de la technologie pour la commission de ces infractions. La plupart des actes terroristes énumérés ne font référence qu'au monde matériel. L'apologie du terrorisme prévue peut se faire par les TIC. Puisque les dispositions paraissent générales, elles seront applicables aux actes de terrorisme sur Internet, notamment sur un site, un blog, un forum de discussion, etc.

La seule difficulté sera peut-être la prescription de cette infraction dans l'environnement numérique. En effet, la gravité de l'acte devrait nécessiter une procédure permettant de le régir efficacement et rapidement[551] dans cet espace. Le financement du terrorisme peut se servir des technologies comme moyen de facilitation. La loi aurait dû prendre ce volet en compte en érigeant en situation aggravante toute collecte de fonds par le biais des TIC en vue de financer le terrorisme.

Concernant le blanchiment d'argent et le financement du terrorisme, le législateur sénégalais a adopté la loi uniforme n° 2009-16 du 2 mars 2009 relative à la lutte contre le financement du terrorisme, dans le cadre de la lutte contre le blanchiment d'argent. Cette loi définit le financement du terrorisme « *comme l'infraction constituée par le fait, par quelque moyen que ce soit, directement ou indirectement, délibérément, de fournir, réunir ou gérer ou de tenter de fournir, réunir ou gérer des fonds, biens services financiers ou autres, dans l'intention*

[547] Voir Art.291-4. loi n° 2007-01 du 12 février 2007.

[548] L'apologie du terrorisme est sévèrement punie dans la législation française de peines allant jusqu'à cinq ans d'emprisonnement de 450 000 euros d'amende.

[549] 152 euros.

[550] 1500 euros.

[551] La rapidité peut concerner le retrait du message de propagande de façon rapide sur le site ou le blog par exemple.

de les voir utilisés, ou en sachant qu'ils seront utilisés, en tout ou partie, en vue de commettre… un acte constitutif de terrorisme ».[552]

La peine est de six ans d'emprisonnement au moins et d'une amende égale au moins au quintuple de la valeur des biens ou des fonds sur lesquels ont porté les opérations de financement du terrorisme[553]. La tentative de financement constitue une infraction et est punissable des mêmes peines.

La répression du terrorisme en droit pénal sénégalais ne découle pas de dispositions spécifiques, mais en général, du droit classique. Les actes de terrorisme visant les systèmes informatiques de l'État peuvent être régis par certaines dispositions de la loi sur la cybercriminalité de 2008. Il s'agit en effet des dispositions relatives aux atteintes à la confidentialité des systèmes informatiques,[554] des atteintes à l'intégrité et à la disponibilité des systèmes informatiques,[555] des atteintes aux données informatisées[556] et les atteintes à la défense nationale[557]. Les actes de cyberterrorisme ne pourront être réprimés par ces dispositions que s'ils visent les systèmes d'information et les informations elles-mêmes. Si le juge peut sanctionner les agissements à caractère terroriste dans les systèmes informatiques, force est de reconnaître qu'il ne pourra pas les nommer comme tels sans violer la loi. D'où la nécessité de consacrer l'atteinte du cyberterrorisme, qui à notre sens, est différent du terrorisme classique.

b-La sanction du terrorisme par la loi ivoirienne

Il est préférable de préciser d'entrée de jeu que la législation ivoirienne sur la cybercriminalité ne régit pas le terrorisme via le net. Le texte ne contient aucune référence au terrorisme. Les actes constitutifs de cette infraction sont prévus et sanctionnés par la législation classique.

---

552 Art. 4 loi n° 2009-16 du 2 mars 2009 relative à la lutte contre le financement du terrorisme.

553 Art. 32. loi n° 2009-16 du 2 mars 2009 relative à la lutte contre le financement du terrorisme.

554 Art. 431-8 et 431-9 de la loi sénégalaise sur la cybercriminalité.

555 Art. 431-10 et 11 de la loi sénégalaise sur la cybercriminalité.

556 Art.431-12 à 16 de la loi sénégalaise sur la cybercriminalité.

557 Art. 431-60 à 61 de la loi sénégalaise sur la cybercriminalité.

Le législateur ivoirien devra adapter sa loi contre le terrorisme appliquée aux TIC et sanctionner sévèrement ces agissements. Il régit comme son homologue sénégalais les atteintes à la confidentialité et au fonctionnement des systèmes informatiques ainsi que les atteintes aux données informatisées.[558]

c-La sanction du terrorisme par la législation ghanéenne

Le législateur ghanéen a adopté une loi pour réprimer le terrorisme, il s'agit de la loi « *Anti-Terrorism Act* ».[559] Cette loi définit le terrorisme comme un acte commis pour une cause politique, idéologique, religieuse, raciale ou ethnique et qui entraîne une atteinte à l'intégrité physique d'une personne et qui cause un sérieux dommage à la propriété, met en danger la vie humaine.

Il crée un sérieux risque pour la santé, implique l'usage d'arme à feu ou d'explosifs, porte atteinte à l'environnement, cause préjudice à la sécurité nationale, entraîne la perturbation des systèmes informatiques ou de communication. Il peut également perturber les services bancaires ou financiers, porter atteinte aux services et aux infrastructures essentielles. Le législateur ghanéen lie les actes terroristes à la défense de causes politique, idéologique, religieuse, raciale ou ethnique, contrairement au législateur sénégalais qui les conditionne à l'atteinte à l'ordre public et à la terreur. La peine prévue est l'emprisonnement de sept ans à vingt-cinq ans.

Le législateur ghanéen prévoit un passage qui saisit clairement le terrorisme dans l'environnement numérique en incriminant les agissements qui entraînent la perturbation des systèmes informatiques ou de communication, qui portent atteinte aux services bancaires ou financiers, aux services et aux infrastructures essentielles. Il sanctionne en d'autres termes, le cyberterrorisme.

Le législateur adapte sa loi pénale aux réalités des TIC. Il sanctionne le fait de collecter des biens ou la propriété au service du terrorisme, la peine minimum est de sept ans. Le financement direct ou indirect est

---

[558] Voir chapitre 1 de la thèse.

[559] ACT 762, Anti-Terrorism Act, 2008.

sanctionné de sept à vingt ans d'emprisonnement. L'usage de la propriété pour la commission du terrorisme est sanctionné de la même peine.

Le législateur incrimine le recrutement de membres, la formation du groupe terroriste à l'usage d'explosifs, l'incitation à la commission d'actes terroristes, la promotion de groupements terroristes, la sollicitation de biens ou la collecte de biens pour le financement du terrorisme. Ces agissements sont sanctionnés de sept à vingt ans d'emprisonnement.

La législation ghanéenne dresse une longue liste d'actes qualifiés d'infractions terroristes ; ce qui permet au juge de les qualifier comme actes terroristes dans l'environnement numérique. La prise en compte du volet technologique des attaques terroristes est une véritable originalité de cette législation pénale en matière de lutte contre le terrorisme.

d-Incriminations du terrorisme dans la législation nigériane

Elle régit le terrorisme via le net à travers son projet de loi de lutte contre la cybercriminalité « *Cybercrime Prohibition Prévention*, 2015». L'Article 18 al 1 dispose « *Any person that accesses or causes to be accessed any computer or computer system or network for purposes of terrorism, commits an offence and is liable on conviction to life imprisonment* ».

La disposition fait référence à toute attaque terroriste pouvant viser ou impliquant un système informatique dans l'incrimination. Elle n'aborde toutefois pas la question des attaques terroristes pouvant viser tous les systèmes informatiques de L'État. Le législateur régit donc le cyberterrorisme. Le juge pénal sera en mesure de qualifier d'actes terroristes tous les agissements répréhensibles qui rempliront les conditions de l'infraction du terrorisme tel que défini. Le législateur sanctionne sévèrement le cyberterrorisme d'un emprisonnement à vie. Quels actes sont qualifiés de terroristes dans la législation nigériane ?

Les actes matériels de terrorisme

Pour la définition de la notion de terrorisme, le législateur renvoie à la définition prévue par la loi nigériane de lutte contre le terrorisme « *Terrorism Prévention Act, 2011* ». Cette dernière définit le terrorisme comme un ensemble d'actes commis délibérément avec malice et qui causent sérieusement dommage à l'État ou à une organisation internationale ou qui sont dirigés contre le Gouvernement ou contre l'organisation internationale. Ces actes intimident la population, détruisent les structures politiques, constitutionnelles, économiques et/ou sociales fondamentales de l'État ou de l'organisation internationale. Ces agissements impliquent une atteinte à l'intégrité physique ou à la vie d'une personne et ils débouchent sur l'enlèvement, la destruction des biens publics, du système de transport, des infrastructures, des systèmes d'information. Il peut s'agir du transport des armes de destructions massives et dangereuses pour la vie et l'environnement. Cette définition est longue et permet de sanctionner plusieurs agissements dans l'environnement numérique.

La législation du Nigéria présente un grand risque d'incohérence interne. Ce risque peut provenir de la concurrence entre les deux textes. En effet, la loi nigériane de lutte contre la cybercriminalité sanctionne les agissements constitutifs d'actes terroristes de la prison à vie alors que la loi relative à la prévention du terrorisme « *Terrorism Prévention Act, 2011* » prévoit d'autres peines. A priori, il n'y aura pas de difficulté si les systèmes informatiques sont visés. C'est-à-dire que s'il s'agit d'une attaque informatique contre les systèmes d'information. Le problème surgira par contre lorsqu'il s'agira des autres agissements déjà prévus par la « *Terrorism Prévention Act* », notamment les infractions classiques du terrorisme qui se produiront avec la technologie d'Internet en l'occurrence. Il peut s'agir de la propagande, du recrutement de nouveaux membres, de consignes de fabrication d'armes, de la formation, du financement. Quelle peine le juge pénal appliquera-t-il si ces actions se produisent par l'aide d'Internet ? Les peines sont certes sévères dans la loi sur la prévention du terrorisme, mais les auteurs de l'acte bénéficient d'un minimum et d'un maximum de peine alors que la législation sur la cybercriminalité ne sanctionne que par la détention à vie. Les auteurs des actes de terrorisme via le Net bénéficieront-ils de la loi pénale plus douce ? Le juge pénal va sans doute considérer l'usage des TIC comme une situation aggravante.

La législation nigériane définit les actes terroristes en faisant référence à l'ordre public étatique, aux intérêts des organisations internationales et à la terreur. Elle inclut les atteintes à l'environnement à l'image du législateur sénégalais. Celui du Ghana par contre, ne tient pas compte des intérêts des organisations internationales.

L'étude de ce paragraphe a démontré la volonté des États ouest-africains de garantir leur souveraineté et de protéger l'ordre public à l'ère du développement des TIC où ces agissements prennent une proportion non négligeable. Les États sont tous animés par la volonté de protéger leurs informations critiques contre l'espionnage et de se préserver des attaques terroristes. Cependant, ils n'abordent pas tous ces questions de façon similaire au plan pénal. En effet, tandis que les législateurs anglophones protègent leurs infrastructures et informations critiques aux plans économique, social et sécuritaire contre l'espionnage via les réseaux informatiques,[560] ceux francophones du Sénégal et de la Côte d'Ivoire se limitent à une protection des secrets au niveau de la défense nationale. Quant au terrorisme, il n'est pas intégralement défini ni réprimé de la même façon par les États. Les États anglophones adaptent leurs nouvelles législations au terrorisme via le net et font des TIC une situation aggravante. Les États francophones par contre ne font pas référence au terrorisme via le net dans leurs dispositions relatives à la cybercriminalité si bien que cette infraction reste régie par les législations classiques qui ne font pas des TIC une situation aggravante dans la commission du terrorisme. Le cyberterrorisme reste à conceptualiser. L'épreuve subie par les législations ne concerne pas que l'intérêt et la sécurité des États, elle concerne aussi d'autres infractions du droit classique.

---

[560] Seul le Ghana accorde une telle protection, car le Nigéria ne le fait plus dans son projet de loi de 2015, Cybercrime Prohibition, Prévention Act.

PARAGRAPHE II : LES INFRACTIONS ÉCONOMIQUES ET LES ATTEINTES A LA PROPRIÉTÉ INTELLECTUELLE

Il n'est plus besoin de rappeler que les TIC aggravent les atteintes à caractère économique et celles relatives à la propriété intellectuelle. Ces deux catégories d'atteintes sont particulièrement une réalité du contexte ouest-africain. La protection des œuvres de l'esprit est en conflit avec la réalité de l'environnement numérique. L'étude des infractions économiques abordera les infractions classiques (A) qui entrent en ligne de compte d'une part, et d'autre part, les atteintes à la propriété intellectuelle (B).

1-Les infractions économiques

Au titre d'infractions économiques seront analysées exclusivement, d'une part, les atteintes aux biens classiques, les atteintes aux biens nouveaux ayant déjà fait l'objet d'étude dans le chapitre premier, dans la partie portant sur le statut de l'information. D'autre part, nous étudierons les infractions de blanchiment d'argent.

a-Les atteintes aux biens classiques[561]

Ces atteintes aux biens classiques sont celles relatives aux infractions traditionnelles ayant pour objet les choses et pour espace de réalisation, le monde matériel. Le développement des TIC exacerbe la réalisation de ces atteintes. Les infractions concernées sont le vol, l'abus de confiance, le recel et l'escroquerie, etc. En effet, ces anciennes infractions prennent une proportion assez considérable à l'ère des TIC. La plus accentuée en Afrique de l'Ouest est l'escroquerie en ligne sur laquelle nous nous attardons.

La fraude et l'escroquerie en ligne

L'étude de cette thématique permet de découvrir les différentes formes d'escroqueries qui se développent grâce à Internet en Afrique de l'Ouest. Il faut toutefois retenir que l'escroquerie et la fraude sont

[561] Nous préférons ce terme d'atteinte aux biens classiques, car nous l'opposons à l'atteinte aux biens nouveaux que deviennent les informations.

fortement liées dans la région, car l'un permet la réalisation de l'autre. Il est incontournable de définir l'escroquerie avant de voir ses différentes manifestations au sein des pays de l'étude.

Définition de l'escroquerie

Elle peut se définir comme l'usage de manœuvres frauduleuses pour persuader une personne en vue de bénéficier d'avantages pécuniaires. L'escroquerie se matérialise par l'usage de faux nom, de fausse qualité, d'abus de qualité vraie ou de toute autre technique frauduleuse. La conséquence sera la remise de fonds, de bien ou d'autres avantages de nature pécuniaire. L'escroquerie renvoie donc à l'arnaque.[562]

2-Les formes d'escroquerie en Afrique de l'Ouest

a-L'arnaque à la nigériane ou la scam 419

Elle est la forme la plus connue. Le chiffre 419 correspond à la disposition pénale du Nigéria qui incrimine ce type d'agissement. La partie de loi sanctionnant cet acte est ainsi intitulée dans la législation nigériane actuelle « *419 Advanced Fee Fraud* ». C'est une forme d'escroquerie qui se réalise généralement en bande organisée. L'instigateur sous une identité usurpée propose la réalisation de service rémunéré et celle d'une affaire.

La proposition de réalisation de service rémunéré

Elle s'opère en Afrique de l'ouest par une escroquerie portant sur un héritage. L'escroc tire profit du contexte politique et social qui prévaut pour asseoir son histoire. En effet, il envoie un courrier à la victime en lui expliquant qu'il est héritier d'un célèbre homme politique décédé lors d'un conflit et qu'il a besoin d'une aide pour sortir des fonds bloqués dans une institution financière de la région, contre une forte commission. La finalité de ce mensonge est l'obtention de données bancaires dont le numéro de compte et la signature qu'il utilisera plus tard pour donner des ordres de virements du compte de sa victime

---

[562] Le terme arnaque est plus employé pour la qualification des escroqueries via les technologies de l'information et de la communication.

comme s'il en était le titulaire. L'objectif immédiat de l'escroquerie à l'héritage est surtout d'emmener la victime à faire un transfert d'argent pour les frais de dossier.[563]

La réalisation d'une affaire

L'escroc propose une affaire à la victime en se basant sur de réelles ressources et potentialités qui existent dans la région. Ainsi, au Ghana, on entendra parler de *gold scam,*[564] qui est une escroquerie ayant pour objet l'or.[565] Une proposition d'exploitation d'or dans un endroit qui n'en contient pas sera faite. L'escroc agissant en bande[566] organisée se munira de documents officiels découlant d'actes frauduleux. En Côte d'Ivoire, les escrocs proposeront une affaire portant sur le cacao ou sur le palmier à huile ou encore sur l'anacarde. Au Nigéria, le pétrole sera l'objet de la proposition. Il existe d'autres formes d'arnaques, qui elles, ne se présentent pas trop comme une affaire, mais qui se réalisent aussi par la fraude et portent atteinte au patrimoine des victimes.

3-Les autres types d'arnaques

Ce sont celles relatives aux sentiments, à la loterie, ou celles relatives aux demandes d'assistance.

a-Les arnaques aux sentiments

Cette catégorie d'escroquerie a pour objet l'amour[567] et pour fondement, l'usurpation d'identité. En effet, l'anonymat qui sévit sur le réseau Internet vaut de l'or pour les escrocs ouest-africains. Ces derniers créent de faux comptes sur les sites de rencontres en se servant

---

[563] Le montant relatif aux frais de dossier n'est généralement pas négligeable, puisque l'escroc disparaît après sa perception.

[564] Francis BAAH, Acra « *Présentation on cybercrime* », 2012.

[565] Le Ghana est réputé pour sa richesse en or et tire son appellation « gold coast » du fait de l'abondance de cette ressource dans le pays.

[566] Lors de nos échanges avec un responsable de la police du Ghana, il en ressort que certains escrocs impliquaient même des responsables de village dans leur bande en leur demandant de confirmer dès leur première visite, l'existence de l'or sur le site. Les escrocs disparaissent bien sûr, après cette première visite après avoir extorqué un premier montant important.

[567] L'arnaque aux sentiments est aussi connue sous le nom de *love scam.*

d'images et de photos collectées à travers Internet pour opérer. Ils se font passer pour ces personnes dont ils ont les images et donnent à la victime, l'impression d'une réciprocité dans la recherche de l'âme sœur. La finalité est l'obtention de transferts réguliers de fonds par ce dernier pour l'entretien de son futur partenaire.

b-L'arnaque à la loterie

Elle est beaucoup utilisée pour les arnaques au niveau des pays. Elle se réalise plus fréquemment par l'envoi de SMS par téléphone ou par des appels téléphoniques pour informer la victime qu'elle vient de gagner à un jeu auquel elle n'a pas participé. En contrepartie de la remise des lots, la victime doit faire un transfert de crédit de rechargement de compte d'appel d'un montant important à l'escroc ou un transfert d'argent qui lui servirait à retirer le lot.

Avec l'adoption de dispositions pour l'identification des abonnés au téléphone mobile dans la plupart des pays, cette forme d'arnaque baissera.[568] L'escroquerie à la loterie se fait aussi par des envois de mails. Cette deuxième catégorie vise les personnes se trouvant hors du pays de l'envoi du message. La finalité de cette offre est naturellement, la demande de transfert d'argent pour l'acheminement du lot ou pour le paiement des frais de dossiers.

c-Demandes d'assistance

Ces demandes se font soit par mail, ou par SMS. Par mail, il s'agit du cas où l'escroc a obtenu des informations personnelles d'accès à la boîte à message électronique de la victime. Après l'avoir piratée.[569] Il envoie un message à tous ses contacts le faisant passer pour quelqu'un en difficulté et en leur demandant une aide. La finalité est le transfert d'argent par une ou plusieurs victimes.

---

[568] Elle est encore forte dans un pays comme la Côte d'Ivoire, sans doute parce que l'identification des abonnés au téléphone mobile vient de se faire. La vraie raison de la persistance de cet agissement malgré l'identification des abonnés pourrait découler du fait que les populations ne dénoncent pas ces actes répréhensibles dont elles sont victimes par peur d'être vues comme des crédules.

[569]Voir les différents types de piratage dans le chapitre premier.

d-Arnaque par SMS

L'escroquerie en question se déroule surtout au niveau national. La victime peut recevoir un coup de fil lui indiquant qu'un proche est décédé ou a eu un accident grave. L'auteur de l'appel se faisant passer pour une personne de bonne volonté ou un agent de l'administration publique peut demander un transfert de crédit d'un montant important ou un transfert d'argent pour les soins. Il reste injoignable après l'obtention du gain.

Il convient de retenir que tous ces exemples ont effectivement pour fondement l'usurpation d'identité qui se fait par la fraude à laquelle les bourreaux ont régulièrement recours.

Ce bref exposé des différentes formes d'escroquerie permet de confirmer l'exacerbation de l'infraction par le développement des TIC et également, d'avoir un aperçu de ses manifestations dans la région. C'est par ailleurs une occasion qui permet d'apprécier la nécessité pour les États de réprimer ces actes. Il convient alors d'apprécier les normes de répression de ces agissements au sein des États.

4-La répression de l'arnaque par les législations

Le législateur nigérian a prévu une législation sur l'escroquerie et elle inclut cette infraction aussi bien dans sa version classique que dans celle qui se réalise par les TIC. Il s'agit de la loi « *419 Advanced Fee Fraud and other fraud related offences* ».[570] Ce texte sanctionne l'acquisition de la propriété pour des raisons fallacieuses.[571] Cette infraction est sanctionnée par une peine minimale de 10 ans.[572] Le législateur incrimine toutes les actions connexes pouvant aboutir à la fraude. Il sanctionne l'invitation d'une personne située dans un autre pays, à frauder, l'envoi d'une lettre frauduleuse ou tout autre document par fax ou télex. Cette loi prévue pour le mode classique de commission peut

---

[570] Cette disposition figure parmi les lois anti-corruption du Nigéria « Anti-corruption Law » et correspond au chapitre A6 des dites lois.

[571] Voir Art.1 de la loi 419 Advanced Fee Fraud and other fraud related offences.

[572] La sévérité de la peine s'explique par le fait que l'acquisition frauduleuse de biens est une réalité au Nigéria et cela, avant le développement des TIC.

saisir les infractions dans l'environnement numérique. En effet, le courrier électronique peut être assimilé à une lettre, l'usurpation d'identité constitue une fraude. L'une des faiblesses de la loi 419 est qu'elle ne contient pas de peine pécuniaire alors que les fruits de l'escroquerie sont quelquefois énormes, surtout, lorsque l'infraction vise une personne morale.

a-La position du projet de loi sur la cybercriminalité du Nigéria de 2015, « Cybercrime Prohibition, Prevention ACT »

Il incrimine le vol d'identité « *identity thef and impersonnation* ».[573] Cette disposition sanctionne quiconque utilise les données relatives à l'identité d'une personne, en connaissance de cause, dans les systèmes informatiques ou le réseau dans le but de frauder. Le but de cette disposition est de sanctionner l'usurpation d'identité ayant pour finalité l'obtention d'avantages ou l'atteinte à la propriété. Ce texte prévient l'escroquerie procédant de l'usurpation d'identité dans l'environnement numérique, notamment à travers les systèmes informatiques et les réseaux. Il fixe la peine à trois ans minimum et sept (7)[574] millions de nairas minimums d'amende. Le législateur prévoit une peine pécuniaire assez lourde pour l'usurpation d'identité dans les systèmes informatiques qui aboutit sans doute, à l'escroquerie.

La crainte est que le risque de survenance de conflit entre cette disposition et la loi classique 419 est grand. Le juge pénal utilisera sans doute la nouvelle loi sur la cybercriminalité « *cybercrime Prohibition, Prévention Act* » pour la sanction des actes d'arnaques perpétrés via les systèmes informatiques qui sont en quelque sorte un facteur d'aggravation de l'infraction.

b-La position du droit ivoirien

L'incrimination de l'escroquerie a pour siège l'article 403 Al. 1 de son Code Pénal qui sanctionne *« Quiconque, soit en faisant usage de faux nom ou de fausses qualités, soit en employant des manœuvres frauduleuses pour persuader l'existence de fausses entreprises, d'un*

---

[573] Voir art. 22 cybercrime Prohibition, Prevention ACT 2015.
[574] 32 270 euros.

pouvoir ou d'un crédit imaginaire ou pour faire naître l'espérance ou la crainte d'un succès, d'un accident ou de tout autre événement chimérique, se fait remettre ou délivrer des fonds, des meubles ou des obligations, dispositions, billets, promesses, quittances ou décharges et a par un de ces moyens, escroqué la totalité ou partie de la fortune d'autrui, est puni d'un emprisonnement de un à cinq ans et d'une amende de 300 000 à 3 000 000 de francs ».

Cette définition de l'escroquerie permet de saisir les arnaques classiques qui se produisent à travers les technologies de l'information et de la communication. La seule limite de la disposition demeure la faiblesse de la peine face aux montants faramineux dont les escrocs bénéficient. La peine privative de liberté qui varie d'un à cinq ans n'est pas dissuasive. La peine pécuniaire de trois cents (300)[575] à trois millions (3 000 000)[576] de francs n'est pas non plus dissuasive. La loi a besoin d'être renforcée pour l'adoption de peines plus dissuasives, car le juge pénal ne peut aller au-delà de ce qui est prévu par la loi.

c-La sanction de l'escroquerie par le droit Sénégalais

Le Code Pénal sénégalais régit l'escroquerie classique à travers l'article 379 al. 1 qui sanctionne « *Quiconque, soit en faisant usage de faux noms ou de fausses qualités, soit en employant des manœuvres frauduleuses quelconques, se sera fait remettre ou délivrer, ou aura tenté de se faire remettre ou délivrer des fonds, des meubles ou des obligations, dispositions, billets, promesses, quittances ou décharges, et aura, par un de ces moyens, escroqué ou tenté d'escroquer la totalité ou partie de la fortune d'autrui, sera puni d'un emprisonnement d'un an au moins et de cinq ans au plus, et d'une amende de 100 000 à 1 000 000 francs* ».

Cette disposition permet de saisir l'escroquerie classique en ligne ou via les TIC en général, sauf qu'elle n'est pas non plus dissuasive aussi bien au niveau de la peine d'emprisonnement (un à cinq ans), qu'au

---

[575]450 euros.
[576]4500 euros.

niveau de l'amende, cent mille (100 000) [577]à un (1.000.000)[578] million de FCFA. Mais, le tort est vite réparé, par la loi 2008 du Sénégal sur la cybercriminalité qui stipule « *Lorsque le délit a été commis par le biais d'un système informatique, les peines prévues à l'alinéa 1er de l'article 379 pourront être portées au double* ».[579] Les peines ci-dessus mentionnées ont été renforcées par la législation sur la cybercriminalité. La peine privative de liberté va varier de deux à dix ans et celle relative à l'amende sera de deux cent mille (200 000)[580] à deux (2 000 000)[581] millions de FCFA. Malgré ce renforcement la peine reste quand même inférieure à celle de la Côte d'Ivoire. Le législateur aurait dû fixer un maximum de peine assez élevé de sorte que le juge pénal puisse avoir une grande marge de manœuvre en fonction de la nature de l'atteinte, notamment la valeur du résultat de l'escroquerie. Le fruit de certaines escroqueries peut aller jusqu'à des milliers d'euros, surtout, lorsque l'arnaque est basée sur une proposition d'affaires.

d-La position du droit ghanéen

Le législateur de ce pays sanctionne l'infraction qualifiée d'escroquerie à travers l'article 131de son Code pénal.[582] En effet, la disposition sanctionne tout individu qui se fait remettre un bien ou autre avantage de nature pécuniaire sur la base de manœuvre frauduleuse. La sanction de l'escroquerie est lourde. Elle varie de dix à vingt-cinq ans d'emprisonnement. Le législateur ne prévoit cependant pas de peine pécuniaire et cela constitue une grande limite pour les raisons déjà évoquées en rapport avec l'importance des sommes sur lesquelles peut porter l'escroquerie.

L'ensemble des législations de la région gagneraient à être assez rigides aussi bien au niveau de la détermination de la peine privative de liberté qu'au niveau de celle à caractère pécuniaire afin de répondre

---

577 150 euros.

578 1500 euros.

579 Art.431-55 de la loi n° 2008-11 du 25 janvier 2008 sur la cybercriminalité au Sénégal.

580 300 euros.

581 3000 euros.

582 Criminal Offences Act 29, 1960.

efficacement à l'infraction d'escroquerie via le Net qui prend des proportions de plus en plus considérables en Afrique de l'Ouest.

5-Les autres atteintes aux biens classiques dans l'environnement numérique

Il est ici question des infractions classiques de vol, de recel et d'abus de confiance. Il n'est point besoin de s'y attarder dans la mesure où les législations pénales les régissent. Les lois pénales sont confrontées à des difficultés, surtout lorsque ces infractions portent sur les biens nouveaux immatériels à travers les réseaux et les systèmes informatiques, nous l'avons déjà démontré dans le chapitre précédent. Les TIC facilitent certes ces infractions classiques, mais le problème ne se pose pas identiquement à celui de l'escroquerie. Les TIC exacerbent ces infractions en facilitant par exemple, leur planification et leur exécution rapide, surtout en bande organisée. Les technologies permettent aux délinquants, en bande organisée, de communiquer facilement. En Afrique de l'Ouest, les braquages de véhicules privés ou de transport public sont facilités par le téléphone portable qui est utilisé pour l'indication du niveau auquel la ou les victimes se trouvent. Les braqueurs peuvent planifier leurs actions en utilisant Internet ou les téléphones portables pour communiquer en codant bien sûr, leur langage. On peut dire que les TIC multiplient les cas d'infractions classiques comme le vol, car l'existence d'outils de communications est un facteur prépondérant de la réalisation efficace des infractions lorsque les délinquants ne sont pas dans un même endroit. Internet peut aussi offrir des techniques de vol et encourager le recel par les ventes illicites.

Les sanctions classiques des législations s'appliquent parfaitement à tous ces agissements, sauf que les lois pénales devront s'adapter en étant plus dissuasives lorsque les cas de ces infractions grimperont de façon considérable. Le renforcement des législations en vue de l'augmentation des peines devra être précédé d'une enquête qui établisse le lien entre les TIC et la montée de ces atteintes aux biens.

6-Le blanchiment d'argent

Le blanchiment d'argent consiste à injecter dans les circuits économiques, de l'argent issu d'activités délictueuses.[583] Les États ouest-africains font de leur préoccupation, la lutte contre cette infraction. Ils ont donc mis en place le Groupe Intergouvernemental d'Action contre le Blanchiment d'argent en Afrique de l'Ouest (GIABA). Ce groupe a été créé en 2000 par la Communauté Economique des États d'Afrique de l'Ouest (CEDEAO).[584] Il est devenu l'institution spécialisée de la communauté dans la prévention du blanchiment d'argent et du financement du terrorisme. Les États ouest-africains établissent aussi un lien entre le crime de blanchiment d'argent et le financement du terrorisme. Internet est un espace de facilitation de la commission du blanchiment d'argent ; il peut, en effet, offrir des activités qui serviront à couvrir les capitaux issus d'activités illicites. Certains auteurs reconnaissent qu'Internet offre en outre, des facilités de paiement anonymes. Conscients du risque de croissance du blanchiment d'argent, les États faisant l'objet de notre étude ont majoritairement répondu à l'appel du GIABA en adoptant des dispositions pénales pour la sanction des infractions. Il faut cependant noter que les dispositions de lutte contre le blanchiment d'argent dans les pays de notre étude ne sont pas spécifiquement adoptées pour l'environnement numérique, mais permettent de saisir l'infraction dans cet espace. Avant d'apprécier les incriminations prévues par les États, il convient de comprendre la notion de blanchiment d'argent.

7-Notion de blanchiment d'argent dans les législations

Il est important de noter que le blanchiment d'argent a toujours pour objet l'argent ou les capitaux illicites. Ces ressources proviennent d'activités prohibées. Le blanchiment d'argent est toute activité visant à faire passer pour licites des fonds illicites. Les criminels propriétaires de ces fonds ont besoin de les insérer dans le circuit financier par des activités ou des actions licites pour ne pas être soupçonnés.

583(M.) QUEMENER, (Y.) CHARPENEL, op.cit. p.136.

584 La Communauté Economique d'Afrique de l'Ouest est composée de 15 pays, dont le Burkina, le Bénin, la Côte d'Ivoire, le Ghana, la Guinée-Bissau, le Mali, le Nigéria, le Sénégal, le Togo, la Gambie, le Cap Vert, la Sierra Leone, le Libéria, la Guinée et le Niger.

Les législations des États définissent l'infraction en énumérant des actions qui entrent en jeu. Cette partie aurait pu proposer une étude regroupée des incriminations, mais l'approche de l'État du Nigéria rend ce regroupement difficile. Il est tout de même intéressant de noter que tous les quatre États ont mis en place des structures nationales de lutte contre le blanchiment d'argent.

a-Les législations similaires du Sénégal et de la Côte d'Ivoire

Les deux législations sont analysées en même temps du fait d'une grande similitude dans l'incrimination du blanchiment d'argent. La législation sénégalaise de lutte contre le blanchiment d'argent procède de la loi n° 2004-09 du 6 février 2004 relative à la lutte contre le blanchiment des capitaux. Elle définit le blanchiment d'argent par l'énumération d'actes à savoir, *« la conversion, le transfert ou la manipulation de biens dont l'auteur sait qu'ils proviennent d'un crime ou d'un délit ou d'une participation à ce crime ou délit dans le but de dissimuler ou de déguiser l'origine illicite desdits biens ou d'aider toute personne impliquée dans la commission de ce crime ou délit à échapper aux conséquences judiciaires de ses actes ; la dissimulation, le déguisement de la nature, de l'origine, de l'emplacement, de la disposition, du mouvement ou de la propriété réelle de biens ou de droits y relatifs dont l'auteur sait qu'ils proviennent d'un crime ou d'un délit ou d'une participation à ce crime ou à ce délit ; l'acquisition, la détention ou l'utilisation de biens dont l'auteur sait, au moment de la réception des dits biens, qu'ils proviennent d'un crime ou d'un délit ou d'une participation à ce crime ou délit ».*[585]

Le législateur ivoirien adopte la même définition que celui du Sénégal pour la définition de cette infraction.[586] Il sanctionne en effet les actions de conversion, de transfert, de dissimulation, de déguisement de la nature, de l'origine, l'acquisition, la détention de fonds ou de biens dont l'auteur sait qu'ils proviennent d'un crime ou d'un délit. La sanction de l'infraction de blanchiment d'argent est pratiquement la même dans les

[585] Loi n° 2004-09 du 6 février 2004 du Sénégal, Art. 3.
[586] Voir Art. 2 de la loi ivoirienne relative à la lutte contre le blanchiment d'argent du 28 novembre 2005.

législations ivoirienne et sénégalaise. La peine d'emprisonnement varie de trois à sept ans et l'amende correspond à la valeur des biens qui donnent lieu au blanchiment en droit sénégalais et au triple de la valeur des biens ou des fonds sur lesquels ont porté les opérations de blanchiment d'argent dans la législation ivoirienne. La complicité et la tentative sont punies des mêmes peines dans les deux législations.[587] Une aggravation de la peine est prévue lorsque l'infraction est habituelle ou est facilitée par une activité professionnelle, en cas de récidive de la part de l'auteur, en cas de commission de l'infraction en bande organisée. La peine est dans ces cas portée au double.[588]

b-La législation du Ghana

L'infraction du blanchiment d'argent est régie dans cet État par la loi « Anti-Money Laudering Act, 2008 ». Elle ne définit pas directement l'infraction, mais énumère des agissements répréhensibles dans le cadre du blanchiment d'argent. Sont incriminés les actes de facilitation ou le transfert de propriété de fonds à provenance illicite en connaissance de cause, la dissimulation de fonds provenant d'activités illicites, l'acquisition de biens ou de fonds provenant d'activités illicites, l'aide à la réalisation et l'incitation à l'activité de blanchiment d'argent.[589] La sanction privative de liberté varie d'un à dix ans et d'une amende maximale de cinq mille (5000) cedis.

c-La législation du Nigéria

La sanction de l'infraction du blanchiment d'argent procède de la loi « *Money Laundering Prohibition Act, 2011* ». Cette loi ne définit pas l'infraction de blanchiment d'argent, mais énumère les éléments constitutifs de l'infraction. Contrairement aux autres, il mentionne davantage les actions illicites dont les fonds sont susceptibles d'être blanchis en les érigeant en actes prohibés. Il s'agit de la conversion en propriété de revenus issus d'activités illicites notamment, le trafic de drogue, la participation aux crimes organisés, le racket, le terrorisme, le

---

587 Voir. Art. 37 et 38 de la législation sénégalaise et Art. 37 et 38 de la législation ivoirienne.

588 Voir les Art. 39 des deux législations.

589Art. 1 et 2, « Anti-Money Laundering Act, 2008.

trafic des êtres humains, l'exploitation sexuelle, le trafic illicite d'armes, la corruption, les crimes environnementaux, les crimes, le kidnapping, le vol, le piratage, etc. La sanction de ces actes est exclusivement l'emprisonnement dont la durée varie de cinq à dix ans. Toutes les législations prévoient des structures nationales chargées de lutter contre le blanchiment d'argent. Il s'agit respectivement pour le Ghana, le Nigéria, le Sénégal et la Côte d'Ivoire de la Financial intelligence Centre, Anti-corruption commission,[590] la Cellule Nationale de Traitement de l'Information Financière (CENTIF), la même dénomination pour la Côte d'Ivoire. Les approches se ressemblent en ce qu'aucune des législations ne donne une définition au blanchiment d'argent. Elles se contentent toutes de citer des actes prohibés ou pouvant être considérés comme l'infraction de blanchiment d'argent.

Pour ce qui concerne l'élément moral de l'infraction, l'auteur de l'infraction doit la commettre en connaissance de cause dans toutes les législations. Tous les États ont prévu des obligations à la charge des établissements de transactions financières dont le non-respect donne lieu à une sanction pécuniairement lourde. L'ensemble des législations peuvent saisir les infractions qui se commettent par le biais des TIC. Les peines devraient normalement s'accentuer si les infractions se commettent par elles.

À la suite de l'analyse des législations, au regard de leur capacité à régir les atteintes économiques à travers les atteintes classiques aux biens et le blanchiment d'argent, il convient de découvrir la résistance des normes qui régissent la propriété intellectuelle qui est de plus en plus menacée en Afrique de l'ouest à cette époque de développement des TIC.

---

[590] La Commission anti-corruption du Nigéria ne connaît pas exclusivement des activités relatives au blanchiment d'argent, elle s'occupe des pratiques de corruption, des crimes économiques et financiers, de la fraude, des affaires relatives aux faux chèques, du recouvrement de la propriété publique.

8-La sanction des atteintes à la propriété intellectuelle sur le réseau

Le développement des TIC n'est pas qu'une menace contre les biens, il l'est aussi pour les œuvres de l'esprit. En effet, l'avancée des technologies a considérablement augmenté les atteintes à la propriété intellectuelle. Cela se traduit par une multiplication du piratage des œuvres et des logiciels sur le réseau Internet.

a-Appréciation du problème d'atteinte à la propriété intellectuelle en Afrique de l'Ouest

La propriété intellectuelle est une prérogative qui offre à son titulaire le droit exclusif de bénéficier des avantages du titre protégé. Elle offre le monopole de l'exploitation au titulaire du titre protégé. Elle concerne d'une part, la propriété industrielle qui porte sur des brevets, des marques et d'autre part, les droits d'auteur et les droits voisins.[591] Les atteintes à la propriété intellectuelle qu'il est donné ici d'apprécier sont surtout celles exacerbées par les TIC. Des études ont démontré que l'Afrique de l'Ouest occupe une position critique en matière d'atteinte à la propriété intellectuelle. En effet, « *Le taux de piratage des logiciels installés dans les micro-ordinateurs a atteint un niveau inquiétant. Selon le responsable régional de la lutte anti-piratage de Microsoft Afrique de l'ouest, Serge Ntamack, le taux s'élève à 80 % dans l'Afrique subsaharienne* ».[592] En 2007[593], « *Le Sénégal totalise une moyenne de 82 % de logiciels piratés alors que la moyenne mondiale est de 35 %, soit, un manque à gagner de 40 milliards de dollars US* ».[594] En 2013, c'est la Côte d'Ivoire qui atteint un taux de piratage de 82 %.[595]

Il est alors indiscutable que les TIC ont véritablement fait grimper les infractions contre les œuvres de l'esprit. En plus du piratage des logiciels qui constitue une réalité dans la région, les téléchargements illicites qui l'accompagnent ne sont pas à négliger. Les œuvres

[591] On peut aussi les désigner sous le vocable de propriété littéraire et artistique.
[592] CRDI, op.cit. p.30.
[593] Piratage de logiciels : une moyenne de 82 % pour le Sénégal, http://www.osiris.sn, 02 août 2007.
[594] Ibid.
[595] Piratage informatique : la Côte d'Ivoire encore parmi les mauvais élèves, 6 mars 2013, disponible sur http://www.Abidjan.net Consulté le 12 juillet 2013.

numériques subissent une contrefaçon assez considérable par les téléchargements illicites. Ces dernières sont suivies de distributions illimitées voire même de ventes.

En Côte d'Ivoire par exemple, des œuvres issues de contrefaçon sont vendues sur les marchés sans aucune crainte de la part des contrefacteurs. Les œuvres numériques sont aussi vendues par le biais de transfert sur des clés, des disques, des cartes mémoires par des gérants de cybercafés ou d'autres jeunes[596] n'ayant aucune activité professionnelle.[597] La contrefaçon des œuvres de l'esprit constitue un véritable secteur pourvoyeur de revenus illicites vers lequel se tournent les jeunes et autres personnes sans emploi en Côte d'Ivoire et en Afrique de l'ouest en général. Les raisons qui pourraient justifier cette situation peuvent concerner l'insuffisance des législations ou le déficit de mise en œuvre des textes qui existent. Un spécialiste ivoirien M. Serge Akpatou[598] en donne les raisons. Selon lui, « *les textes en la matière sont limités. Et même s'ils existent, ils ne couvrent pas toutes les formes de piraterie qui existent. C'est ce vide juridique qui est exploité par les cyberdélinquants sans qu'ils ne soient inquiétés par aucune menace* ».[599]

Quant au Dr Assoko Héracles,[600] il trouve qu'*«il y a certes des lois, mais il faut aussi une volonté politique dans leur application. C'est à ce niveau que les choses devraient bouger (...) »*.[601] Avant d'analyser les législations proprement dites, il est indispensable de cerner la problématique de la propriété intellectuelle dans le cyberespace.

---

[596] À l'origine du piratage des œuvres de l'esprit se trouvaient les étudiants comme contrefacteurs importants en Côte d'Ivoire. Ils disposaient d'ordinateurs et de logiciels leur permettant de télécharger des œuvres musicales, cinématographiques, pornographiques, etc. qu'ils reproduisaient et commercialisaient sur des supports MP3 et des cartes mémoires, clés USB, etc. La commercialisation de ces œuvres avait lieu sur le campus jusqu'en Avril 2011 où tous les marchands ont été déguerpis du campus.

[597] Les téléchargements et la vente illicites des œuvres constituent leur source de revenus.

[598] Juriste d'affaires, spécialiste du droit de la Propriété Intellectuelle et du droit des TIC et Conseil en Propriété Industrielle agréé par l'OAPI.

[599] Abidjan.net, Piratage informatique, 12 juillet 2013, op.cit.

[600] Directeur juridique au ministère de la Poste et des Technologies de l'Information et la Communication en Côte d'Ivoire.

[601] Abidjan.net, Piratage informatique, op.cit.

b-La question du droit d'auteur dans le cyberespace

En droit français, le Code de propriété intellectuelle ne donne pas une définition des œuvres de l'esprit, mais en dresse une liste. On peut alors compter au nombre de celles-ci les œuvres littéraires, dramatiques, musicales, cinématographiques, photographiques, graphiques, ainsi que leurs traductions, adaptations, transformations ou arrangements, les bases de données.[602]

Le surcroît de menaces qui pèsent sur les œuvres de l'esprit dans l'environnement numérique a poussé le législateur français à légiférer pour le renforcement de son dispositif juridique. Il nous est donné de faire ce constat à travers ce propos de FERAL-SCHUHL ; « *La loi du 29 octobre 2007 de lutte contre la contrefaçon est un texte important en matière de protection des droits d'auteurs. Elle transpose avec retard, la directive européenne 2004/48/CE du 29 avril 2004 relative au respect des droits de propriété intellectuelle. Ses dispositions renforcent et uniformisent les moyens de répression des atteintes commises à l'égard de l'ensemble des droits de la propriété intellectuelle. Le nouveau texte couvre pratiquement tous les secteurs, notamment les droits des marques, d'auteur et de brevets* ».[603]

Les œuvres numériques bénéficient donc de la protection relative aux droits d'auteur en droit français. FERAL-SCHUHL reconnaît cependant qu'il est parfois difficile de déterminer la nature de l'œuvre et le régime juridique qui lui est applicable.[604] Cette remarque laisse présager toute la difficulté que soulève la protection de ces droits dans l'environnement numérique.

Au niveau africain, il existe l'Organisation Africaine de la Propriété Intellectuelle (OAPI), instituée par l'accord de Bangui.[605] Cette dernière offre aux États un cadre de protection de la propriété intellectuelle qui devient limité avec l'avènement de l'espace

---

[602] (C.) FÉRAL-SCHUHL, op. cit. p. 397.
[603](C.) FÉRAL-SCHUHL, op. cit. p. 397.
[604] Ibid.
[605] L'Accord de Bangui du 24 février 1999 modifie celui de 2 mars 1977 instituant une organisation africaine de la propriété intellectuelle.

numérique. Celui-ci impose de nouvelles infractions dues à l'apparition de nouvelles œuvres et l'aggravation des infractions classiques d'atteinte à la propriété intellectuelle, sans compter les conflits qui peuvent naître de l'application du droit applicable au niveau international.

c-Les difficultés d'application de certains aspects du droit dans l'environnement numérique

Les contraintes qu'imposent le cyberespace dans la protection des œuvres de l'esprit demandent un retour sur les propos de Monsieur AKPATOU qui disait que les textes ne couvraient pas toutes les formes de pirateries qui existaient et celle de FERAL-SCHUHL qui remarquait qu'il était quelquefois difficile de déterminer la nature de l'œuvre et le régime juridique qui lui était applicable. La première remarque concerne l'hypothèse où la législation n'a pas encore été réaménagée pour inclure des situations nouvelles de l'environnement numérique. La deuxième est l'hypothèse où malgré les réaménagements, des difficultés subsistent. Nous ressortirons toutes ces difficultés de façon conjointe à travers les lignes qui suivent.

d-La difficulté d'application du droit d'auteur à certaines catégories d'œuvres

Le droit classique de la propriété intellectuelle ignore les réalités du monde numérique qui fait apparaître de nouvelles œuvres qu'il est difficile de régir aussi bien par l'ancien droit que par le nouveau droit qui les prévoit.[606] Les nouvelles œuvres qui font leur apparition dans l'espace numérique sont les œuvres multimédias,[607] les logiciels, les bases de données, les photographies et même les articles de presse, etc. Les atteintes qui affectent les créations informatiques sont le plagiat, les copies, les reproductions illicites de sites, etc.

---

[606] Concernant les difficultés qu'une nouvelle législation peut rencontrer, voir le cas de la législation française exposé par FERAL-SCHUHL, op.cit. p.398-402.

[607] Les œuvres multimédias sont composées de jeu vidéo, pages web et sites Internet, CD Rom).

Il faut d'entrée de jeu retenir que le droit de la propriété intellectuelle protège les œuvres à certaines conditions. Elles sont au nombre de deux, à savoir, l'expression formelle et l'originalité de l'œuvre.

La première condition fait appel à la matérialisation de l'œuvre. Elle doit en effet, se traduire sur un support tangible[608] ou non.[609] Toutes les formes que peut prendre l'œuvre sont susceptibles d'être protégées, pourvu qu'elles dépassent le cadre de l'idée. Le professeur Lucas parle de forme englobant « tous *les langages perceptibles aux sens* ».[610] La protection afférente à la propriété intellectuelle ne saurait alors s'appliquer aux idées qui ne sont pas matérialisées sous l'une des formes d'expression. La forme numérique est admise comme mode de matérialisation de l'œuvre, « *Toutefois, une confusion règne sur le réseau. En effet, une fois que l'œuvre est numérisée, elle circule sur le "réseau des réseaux" en se présentant sous la forme de données brutes, d'où le risque de la considérer comme un produit ayant un caractère d'information* ».[611]

Dans le cyberespace, l'œuvre numérisée qui apparaît comme une information peut courir le risque d'échapper à la protection qui lui revient en tant qu'œuvre de l'esprit.

La deuxième condition qui donne droit à la protection de l'œuvre est nécessairement, son originalité. Elle doit l'être par le revêtement du sceau intellectuel spécifique de son auteur. L'œuvre doit être caractérisée par l'apport intellectuel de son auteur. Le caractère novateur est primordial à ce niveau. Une œuvre qui se borne à reproduire quelque chose qui existe déjà, sans aucun apport, ne saurait bénéficier de la protection accordée par la propriété intellectuelle. Sera alors sanctionnée une action qui vise à plagier une œuvre qui existe déjà et bénéficie de cette protection. Cette originalité de l'œuvre qui est liée à la personnalité de l'auteur a des limites dans le cyberespace en ce sens qu'elle est subjective.

---

[608] Papier, photographie, etc.

[609] Magnétique, numérique, etc.

[610] (A.) et (HJ.) Lucas, Traité de la propriété littéraire et artistique, 2e éd., 2001, p. 63.

[611] (C.) LEPSY, « La protection du droit d'auteur sur Internet », Université René Descartes, Paris V Mémoire de DEA de Droit des obligations civiles et commerciales, 2001, p.15.

En effet, « *Ces œuvres sont souvent fondées sur une conception technique de sorte que la consonance subjective du qualificatif "personnel" semble inadaptée* ».[612] L'illustration parfaite de cette difficulté est le cas des nouvelles œuvres qui ne sont pas exactement des logiciels, mais qui sont elles-mêmes, en partie générées par des logiciels qui existent ou des œuvres qui ne sont pas des bases de données, mais qui peuvent servir de base de données.[613] Les œuvres dans l'espace numérique ont cette spécificité de faire recours à d'autres œuvres faisant déjà l'objet de protection. Ce recours ne doit cependant pas être intégral. L'auteur de la nouvelle œuvre doit en effet apporter une nouveauté par rapport à ce qui existe. Certains suggèrent un recours à l'approche objective de l'originalité de l'œuvre, en la détachant de la personnalité de son auteur[614] pour la rattacher à l'œuvre elle-même. On parlera de copyright.[615] Les conditions dont il est fait mention son cumulatives. L'absence de l'une d'elles est un obstacle à l'acquisition de la prérogative rattachée aux œuvres de l'esprit que sont les droits d'auteur. Voyons à présent comment les nouvelles œuvres peuvent poser problème dans la mise en œuvre de la protection.

9-Les problèmes soulevés par les œuvres multimédias

Ces œuvres se caractérisent par leur composition à la fois d'images, d'écrits, de sons et leur interactivité. C'est un regroupement d'œuvres classiques qui sont exclusivement faites soit d'écrits pour les œuvres littéraires, soit de sons pour les œuvres musicales et d'images et de graphiques pour des œuvres artistiques. Le recours de ces œuvres à plusieurs genres fait leur complexité dans la détermination du régime juridique qui leur est applicable. Elles sont tantôt assimilées aux logiciels, aux bases des données ou aux œuvres audiovisuelles. Le juge pénal a donc du mal à les stabiliser. Apprécions la difficulté de démarcation des œuvres multimédia des œuvres citées.

---

[612] (C.) LEPSY Ibid., p.15.

[613] (C.) LESPY, op.cit. p.17.

[614] Rattachée à la personnalité de son auteur, l'œuvre bénéficie d'une protection appelée droit d'auteur. C'est la conception française de protection des œuvres de l'esprit.

[615] Le copyright est la conception anglo-saxonne de l'originalité de l'œuvre. L'originalité de l'œuvre réside dans le fait qu'elle n'a pas fait l'objet de copie.

a-L'œuvre multimédia comme base de données

La base de données fait l'objet de protection par le Code de propriété intellectuelle dans la législation française depuis l'adoption de la loi n° 98-536 du 1er juillet 1998 transposant dans le Code de propriété intellectuelle la directive n° 96/9 du 11 mars 1996. Elle se définit comme un « *recueil d'œuvres, de données, ou d'autres éléments indépendants, disposés de manière systématique ou méthodique, et individuellement accessible par des moyens électroniques ou par tout autre moyen* ».[616] Définie ainsi, la base de données présente des similitudes avec l'œuvre multimédia qui est aussi un assemblage d'œuvres. Le site web illustre bien ce mariage.

En effet, « *Le développement des sites web et la logique éditoriale vers laquelle ils s'orientent permettent de penser qu'une part importante d'entre eux remplit les critères de la base de données protégée. On ne p eut donc exclure qu'un site web, tout au moins lorsque son contenu informationnel est particulièrement développé, soit une base de données* ».[617]

Même si l'œuvre multimédia est assimilable à la base de données, elle devrait cependant franchir le cap d'une simple compilation de données pour s'octroyer une autre dimension. Le professeur Vivant parle de « *contenu culturel riche* ». Les œuvres multimédias en plus de leur richesse interactive, se veulent une richesse en culture. On peut donc dire que cette œuvre se veut éducative et formatrice. Pour certains auteurs, il serait alors trop réducteur de la limiter à une base de données[618]. Comment cette œuvre est-elle assimilable à une œuvre audiovisuelle ?

b-L'œuvre multimédia comme œuvre audiovisuelle

La ressemblance de ces deux œuvres est évidemment la contenance en sons et en images. L'œuvre multimédia présente une interactivité dont

---

616 Art. L . 112-3 Al. 2 du code de propriété intellectuelle français.
617 (C.) FERAL-SCHUHL, op.cit. p.402.
618 Voir aussi (C.) LESPY, op.cit. p.24.

ne dispose pas l'œuvre audiovisuelle qui est linéaire et séquentielle. Si une œuvre multimédia peut être qualifiée d'audiovisuelle, cette assimilation doit être appréciée au cas par cas en raison de son dynamisme qui découle de son caractère évolutif et divers[619]. Elle ne l'est toujours pas. C'est ce que certaines décisions de justice prouvent lorsqu'elles qualifient l'œuvre multimédia d'audiovisuelle ou lui refusent cette qualification.

c-L'œuvre multimédia comme œuvre logicielle

L'œuvre multimédia tire essentiellement son lien d'une œuvre logicielle du fait que cette dernière sert d'instrument de sa conception et de sa divulgation. Dans une affaire, les jeux vidéo ont été qualifiés d'œuvre logicielle.[620] D'autres décisions précisent que l'œuvre multimédia ne saurait se réduire à son instrument de conception. Le rattachement possible de l'œuvre multimédia à un logiciel, une œuvre audiovisuelle ou une base de données, témoigne de la complexité de la protection des œuvres dans l'environnement numérique, à l'ère du développement d'Internet. « *Les rigides distinctions traditionnelles sont artificielles dans l'environnement numérique. Il semble donc souhaitable, dans l'avenir, d'adopter un concept générique d'œuvres de l'esprit* ».[621] Nous épousons cette proposition d'adoption d'un concept générique d'œuvre de l'esprit pour sa meilleure gestion dans l'environnement numérique. Nous apprécierons dans les lignes qui suivent les difficultés relatives à la contrefaçon qui menacent l'œuvre au détriment de son titulaire.

10-Les atteintes aux droits d'auteur et les difficultés de qualification de certains agissements en contrefaçon dans l'environnement numérique

L'auteur ou le titulaire d'une œuvre dispose de deux prérogatives essentielles sur celle-ci. Il s'agit du droit moral et des droits exclusifs d'exploitation. Ces deux droits qui lui sont reconnus sont beaucoup exposés à la violation dans l'environnement numérique, notamment sur

---

619(C.) LESPY, op.cit. p.25.
620 Crim. 21 juin 2000, Midway, JCPE fév. 2001, p. 312.
621 (C.) LESPY, op.cit. p.25.

Internet qui favorise une grande tentative de divulgation et de reproduction de l'œuvre d'autrui.

a-Le droit moral de l'auteur à l'épreuve sur Internet

Le droit moral est la prérogative qui permet à l'auteur de bénéficier des droits de divulgation, au respect de l'œuvre, au droit de paternité et d'un droit de repentir ou de retrait.

- ***Le Droit de divulgation*** de l'œuvre permet à l'auteur ou à l'ayant droit d'autoriser ou de déterminer les conditions de divulgation de celle-ci : la divulgation est l'action de porter l'œuvre à la connaissance du public. Elle s'avère alors importante pour son titulaire. Internet favorise le risque de divulgation des œuvres sans l'autorisation de leur auteur.

-***Le respect de l'œuvre*** permet à son auteur de bénéficier de l'interdiction de sa modification par une tierce personne : si une modification doit intervenir, ce n'est qu'après consultation et l'autorisation de l'auteur. Le développement de la technologie constitue une cause sérieuse qui incite à la modification des œuvres dans l'environnement numérique au détriment de l'avis de son titulaire et augmente le risque d'atteinte au droit moral qui lui est reconnu. Le constat qui suit rend bien compte de la difficulté du respect de l'œuvre dans l'environnement numérique.

En effet, *« Les nouvelles technologies menacent non seulement l'intégrité matérielle des œuvres puisqu'elles permettent toutes les manipulations, mais également celles de leur esprit puisqu'elles sont susceptibles de changer radicalement la perception qu'en a le public. Les principales menaces sont l'interactivité et l'hypertexte. En effet, l'interactivité permet des rapprochements pouvant affecter gravement l'image que l'auteur entend conférer à sa création. Cette caractéristique des œuvres numérisées peut porter atteinte au principe du respect de l'œuvre en raison des multiples apports extérieurs qu'elle permet. Par ailleurs, les liens hypertextes sont également de nature à porter atteinte au droit au respect, par une méconnaissance manifeste de l'esprit de l'œuvre. À travers ces liens, une connexion peut être établie et changer la perception que l'on doit normalement avoir de l'œuvre ».*[622]

-Le droit de paternité : l'environnement numérique qui est un cadre favorable à la reproduction peut porter atteinte au droit moral de l'auteur par la mise en péril de son droit de paternité. En effet, le risque d'ignorance du nom du titulaire de l'œuvre est une réalité sur Internet, aussi bien pour les œuvres écrites que les œuvres musicales, surtout lorsque ces œuvres subissent la contrefaçon. Le droit de paternité dont dispose l'auteur est aussi une possibilité pour lui de demeurer dans l'anonymat en portant un pseudonyme.[623]

-Le droit de repentir[624] donne la possibilité à l'auteur de retirer son œuvre après la publication et de faire cesser l'exploitation ou d'en apporter une retouche. Il peut sérieusement être remis en cause dans l'environnement numérique en ce sens que l'œuvre peut toujours circuler malgré le retrait par son auteur. En cas de modification de l'œuvre, la version classique peut encore subsister et faire l'objet de divulgation en méconnaissance de la volonté du titulaire. Même si l'environnement numérique est un cadre propice à la violation du droit moral, force est de constater que la législation française en fait une prérogative perpétuelle, inaliénable et imprescriptible et même cessible sauf pour le droit de repentir qui est exclusivement réservé au titulaire originel. D'autres législations accordent au droit moral une protection minimale.[625]

---

[622] (C.) LESPY, op.cit. p.41.
[623] Voir respectivement les articles 6 bis et 12 de la Convention de Berne et du Traité de l'OMPI.
[624] En droit français l'exercice du repentir est conditionné par l'indemnisation préalable des victimes de cette prérogative reconnue à l'auteur de l'œuvre. Voir l'article L121-4 du Code de propriété intellectuel français.
[625] Voir l'article 6 bis de la Convention de Berne.

11-Les droits exclusifs de l'auteur de l'œuvre dans l'espace numérique

Ces droits exclusifs ne sont rien d'autre que les droits pécuniaires et donc patrimoniaux dont disposent l'auteur[626] ou ses ayants droit [627]sur l'œuvre. Il s'agit concrètement des droits d'exploitation qui se matérialisent par la reproduction et la représentation. Leur usage en dehors des normes est constitutif de contrefaçon. La question qui se pose est celle de savoir si ces prérogatives dont bénéficient le titulaire de l'œuvre ou ses ayants droit sont admises sur Internet et dans quelle mesure la numérisation de l'œuvre peut affecter la jouissance de ces droits. Le délit de contrefaçon est constitué en l'absence d'autorisation du titulaire du droit pour l'exploitation de l'œuvre.

a-Le droit de reproduction

La reproduction consiste dans la fixation matérielle de l'œuvre par tous procédés qui permettent de la communiquer au public d'une manière indirecte. Il avait déjà été mentionné dans les lignes précédentes que la forme de l'œuvre impliquait toute expression permettant sa communication, la perception de son sens par le public. La numérisation de l'œuvre ayant pour finalité sa communication au public, elle constitue alors une reproduction de celle-ci. L'exclusivité du droit de reproduction reconnue à l'auteur de l'œuvre lui permet d'avoir le monopole de la diffusion de son œuvre pour en tirer profit. Ce droit lui est reconnu dans l'environnement numérique. La formule « *sous quelque forme que ce soit* » contenue dans les législations le confirme.

Tout acte de reproduction d'une œuvre numérique doit être précédé par une autorisation de son titulaire. Cela suppose évidemment que la reproduction numérique qui ignore cette exigence est constitutive d'acte illicite de contrefaçon, sous réserve des exceptions qui seront développées. La jurisprudence française a reconnu que la numérisation d'une œuvre protégée par un droit d'auteur en vue de permettre son

---

[626] Les droits exclusifs sont viagers pour le titulaire originel de l'œuvre.

[627] Il est limité à soixante-dix ans en droit français pour les ayants droit.

accès sur Internet par le public était une reproduction illicite faute d'autorisation du titulaire du droit ou de ses ayants droit.[628]

La Cour de Cassation française a approuvé la condamnation de la société Getty images pour atteinte aux droits moraux et patrimoniaux des ayants droit. En l'espèce, il a été reproché à la société d'avoir reproduit et représenté sur son site Internet, à des fins commerciales, neuf clichés photographiés d'un fauteuil et d'une chaise référencés, sans l'autorisation des ayants droit de ces œuvres.[629] La décision illustre parfaitement la force du consentement de l'auteur ou des ayants droit de l'œuvre dans sa reproduction. Même si l'autorisation existe, le bénéficiaire du droit de reproduction doit s'en tenir à ce qui est prévu dans le contrat. Il doit en effet se limiter aux modes d'exploitation prévus par le contrat. C'est ce qui ressort d'une autre affaire connue par la Cour de Cassation française.

Cette dernière a annulé une décision des juges du fond qui avaient admis que la cession de son droit de reproduction exclusif par un auteur sur plusieurs de ses œuvres pour la réalisation d'un dépliant ne pouvait s'opposer à leur reproduction sur des sets de table. Les premiers juges ont méconnu la limitation du droit de reproduction par les termes du contrat. Cette décision s'appliquerait de façon similaire sur un contrat ayant pour objet la numérisation d'une œuvre sur Internet. Les téléchargements de logiciels sur Internet et leur vente constituent des actes de contrefaçon, puisque ces actes sont commis sans le consentement de l'auteur. De même, la reproduction d'œuvres musicales en format MP3 et leur mise à disposition du public sont des actes de contrefaçon.

b-Le droit de représentation

C'est ce droit qui permet véritablement à l'œuvre d'être perçue par le public, la reproduction pouvant être considérée comme un acte visant à rendre l'œuvre communicable dans le cadre d'Internet. La

---

628 Tribunal de grande instance de Paris, 14 août 1996. 4 TGI Paris, 14 août 1996, Ord. réf., 2 espèces : Brel et Sardou, D. 1996, JP, p.490 ; JCP 1996, II, 22 727 ; JCP E 1996, II, 881 ; Expertises, sept. 1996, p.292 ; JCP E 1997, p. 627.
629 Cass. Civ., 12 juin 2012, 11-10.923, Bull. 2012, I, n° 131.

représentation se définit comme « *La mise à disposition de l'œuvre à un public potentiel, qui se réalise lorsque cette œuvre est installée sur le serveur, l'apparition de l'œuvre sur un écran n'est qu'une manifestation de l'acte de cette communication* ».[630]

La représentation s'entend également de la communication avec ou sans fil. Elle comprend la mise à la disposition du public, d'œuvres de sorte que chacun puisse y avoir accès à l'endroit et au moment choisi de manière individualisée.[631] FÉRAL SCHUHL parle de « *droit de communication au public* ».[632] Seul l'auteur dispose du droit de rendre son œuvre accessible au public.

Ce droit est une prérogative de l'auteur de l'œuvre ou de ses ayants droit et nécessite une autorisation de ceux-ci pour leur exercice par une tierce personne. Son exercice non autorisé est un acte de contrefaçon. Les sociétés Google Inc. et Google France ont été condamnées pour avoir offert la possibilité aux internautes de visionner directement sur les pages du site Google vidéo France, une vidéo reproduisant un film mis en ligne sur un site tiers.

La Cour de cassation a fait une belle démonstration dans l'un de ses attendus pour dévoiler la responsabilité de la partie en cause. Elle a alors procédé de la façon suivante : « *Mais attendu que l'arrêt relève que les sociétés Google offrent à l'internaute la possibilité, à partir des liens vers les autres sites, de visionner le film sur leur propre site Google Vidéo France, pour en déduire que les sociétés Google mettent en œuvre une fonction active qui leur permet de s'accaparer le contenu stocké sur des sites tiers afin d'en effectuer la représentation directe sur leurs pages à l'intention de leurs propres clients ; que, par ces motifs, la cour d'appel, qui a constaté que les sociétés Google reproduisaient ainsi le film sur leur site Google Vidéo France, sans autorisation des titulaires des droits sur ce film, ce qui caractérise la contrefaçon, et qu'elles allaient ainsi au-delà de la mise en œuvre d'une simple fonctionnalité technique, a légalement justifié sa décision, sans*

---

[630] (C.) LESPY, op.cit. p.53.
[631] (C.) FERAL-SCHUHL, op.cit. p.414.
[632] Ibid.

avoir à se livrer à une recherche insusceptible d'exclure l'imputation aux sociétés Google des actes de représentation illicite ».[633]

Internet et les réseaux numériques sont des terrains propices à la violation du droit de représentation. Les juges de cassation à propos de la représentation ont reconnu dans cette décision que « *la représentation consiste dans la communication de l'œuvre au public par un procédé quelconque de transmission ou de retransmission, impliquant que son auteur ait la maîtrise de l'émission du signal transmis ou retransmis* ».[634] Cette précision est importante dans l'environnement numérique, surtout sur Internet où un simple acte de référencement court le risque d'être taxé de représentation illicite donc de contrefaçon. Dans cette affaire, la Cour de cassation française a rejeté l'argument selon lequel la société Google France était responsable du fait d'un référencement qui permettait à l'internaute de visionner un film référencé qui était disponible sur le site vers lequel le lien renvoyait. Les juges ont souligné que la décision devrait plutôt condamner la société Yahoo pour avoir rendu le film contrefait accessible, directement sur son propre site, au profit de ses clients. Dans ce second cas, la société Google est censée avoir la maîtrise de la retransmission. Cette décision est un bel exemple du risque des représentations contrefaites que courent les œuvres sur le réseau Internet d'une part, et de l'autre, la difficulté de la sanction de la violation de ce droit.[635]

La reproduction et la représentation ont pour finalité d'assurer les droits patrimoniaux de l'auteur ou de ses ayants droit qui en ont l'exclusivité. Ce droit à caractère pécuniaire connaît des limitations. Il peut exceptionnellement être méconnu sous certaines conditions.

12-La dérogation aux droits patrimoniaux exclusifs de l'auteur et les risques de multiplication de la contrefaçon sur le réseau

Le Code de propriété intellectuelle français admet une dérogation aux droits exclusifs de l'auteur. Les exceptions se trouvent dans

---

633 Cass. Civ., 12 juillet 2012, 11-13.669, Bull. 2012, I, n° 167.
634 Ibid.
635 L'établissement de la responsabilité est délicat.

l'article L.122-5. Il s'agit entre autres des copies ou reproductions réservées à l'usage privé, les représentations privées et gratuites faites uniquement dans le cercle familial. Cette exception est d'interprétation stricte et ne doit pas porter atteinte aux intérêts légitimes de l'auteur. L'exception de la copie privée est la dérogation qui retient particulièrement notre attention dans l'environnement numérique où elle peut connaître une exacerbation du fait de l'existence de certaines applications dites « peer to peer »[636] ou « pair à pair »[637] au détriment des droits exclusifs de l'auteur. Cette exception a été l'objet de plusieurs débats aussi bien en doctrine qu'en jurisprudence française et cette situation est la preuve de sa complexité dans l'environnement numérique. Analysons d'abord les conditions de permission de la copie privée. On parle de licéité de cette dernière dans ce cas. La Convention de Berne[638] et le Traité de l'OMPI[639] prévoient trois conditions de permission de la copie privée. Ces conditions sont la preuve de la licéité des copies, il faut qu'il s'agisse d'un cas spécial. La reproduction ne doit pas porter atteinte à l'exploitation normale de l'œuvre. Elle ne doit pas causer de préjudice injustifié aux intérêts légitimes de l'auteur.

a-La copie privée licite et les questions qui en découlent

La spécialité de la copie privée découle de l'obligation de sa limitation à un usage personnel. Certains auteurs admettent la possibilité de faire profiter la copie à un cercle restreint de personnes (parents et amis). Le risque est que cette admission finit par porter atteinte aux droits patrimoniaux de l'auteur. Le législateur français, sans doute, conscient de cette possibilité de dérive fait échapper certaines œuvres à l'exception de la copie privée. Il s'agit des bases de données et des logiciels.[640] La Cour de cassation française a plusieurs fois approuvé les réflexions des juges du fond tendant à préciser que la copie privée ne

---

[636] Peer to peer signifie poste à poste.

[637](J). FANCILLON, « Infraction relevant de droit de l'information et de la communication », RSC janvier/mars 2006, p. 93.

[638] Art. 9-2 de la Convention de Berne du 9 septembre 1886 sur la protection des œuvres littéraires et artistiques.

[639] Art.10 du Traité de l'OMPI.

[640] L'article 122-6-1 du code de la propriété intellectuelle ne le permet que lorsqu'elle est réalisée pour une sauvegarde indispensable à la préservation de l'utilisation du logiciel conformément à sa destination et aussi pour la correction des erreurs.

constituait pas un droit, mais une exception légale au principe prohibant toute reproduction intégrale ou partielle d'une œuvre protégée faite sans le consentement du titulaire des droits d'auteur.[641] L'interdiction de porter atteinte à l'exploitation normale de l'œuvre et la permission de la copie privée sont deux intérêts assez difficilement conciliables. L'atteinte à l'exploitation normale d'une œuvre est nécessairement préjudiciable à son titulaire. Le principe est l'interdiction d'une atteinte à l'exploitation normale de l'œuvre et aussi l'interdiction de porter atteinte aux intérêts pécuniaires de l'auteur. Tout agissement méconnaissant ces règles doit être sanctionné.

Concernant l'atteinte à l'exploitation normale de l'œuvre, dans l'affaire de la copie du DVD Mulholland Drive, les juges de cassation ont précisé que « *l'atteinte à l'exploitation normale de l'œuvre, propre à faire écarter l'exception de copie privée s'apprécie au regard des risques inhérents au nouvel environnement numérique quant à la sauvegarde des droits d'auteur et de l'importance économique que l'exploitation de l'œuvre, sous forme de DVD, représente pour l'amortissement des coûts de production cinématographique* ».[642]

Les juges de cassation ont reproché à ceux du fond d'avoir décidé l'impossibilité de limitation, de l'exception de copie privée par le titulaire des droits exclusifs d'une œuvre en raison de l'absence d'une norme permettant cette limitation d'une part. Et d'autre part, il a été reproché à la décision attaquée d'avoir admis que « *l'absence de dévoiement répréhensible, dont la preuve en l'espèce, n'est pas rapportée, une copie à usage privé n'est pas de nature à porter atteinte à l'exploitation normale de l'œuvre sous forme de DVD, laquelle génère des revenus nécessaires à l'amortissement des coûts de production* ».[643]

Les juges de cassation ont plutôt planché pour une solution préventive, donc une interdiction en amont, en raison de la spécificité de l'environnement numérique qui peut porter atteinte aux intérêts

[641] Voir les décisions Cass. Civ. 28 février 2006, 05-15.824, Bull. 2006 I N° 126 p. 115. Et Cass. Civ., 19 juin 2008, 07-14.277, Bull. 2008, I, N° 177.
[642]Cass. Civ. 28 février 2006, 05-15.824, Bull. 2006 I N° 126, p.115.
[643] Cass. Civ. 28 février 2006, 05-15.824, Bull. 2006 I N° 126.

économiques du titulaire du droit. Les juges du fond par contre, dans leur manière d'aborder les choses étaient pour une interdiction de la copie privée en présence d'une preuve réelle d'atteinte à l'exploitation normale de l'œuvre. FERAL-SHUHUL précise que le consommateur ne pouvait se prévaloir de l'exception d'une copie privée que dans le cadre d'une action en contrefaçon à son encontre[644] et non dans le cadre d'une revendication d'un quelconque droit à une copie privée.

b-La copie privée illicite

Ce cas fait référence à l'action de reproduction de l'œuvre sans le consentement de son auteur. La copie licite, nous l'avons vu, est une exception permise par la loi, bien entendu, sous certaines conditions. La copie illicite est celle qui n'est ni permise par la loi ni par le titulaire du droit exclusif à travers un consentement express. Toute copie illicite ou reproduction non autorisée d'une œuvre est constitutive de contrefaçon. Internet et les réseaux numériques sont favorables à cette pratique qui a fait l'objet de plusieurs décisions par la jurisprudence française. Dans une affaire connue par la Cour de Cassation française, cette dernière a approuvé la décision attaquée qui a déclaré coupables de contrefaçon les prévenus ayant mis à la disposition du public, sans l'autorisation des titulaires du droit exclusif de phonogrammes et d'un logiciel permettant l'accès et la reproduction d'œuvres protégées.[645]

Dans une autre affaire, le prévenu a été poursuivi pour contrefaçon par reproduction d'œuvre. En l'espèce, il réalisait des téléchargements illicites d'œuvres musicales qu'il mettait à la disposition du public en l'occurrence, les internautes. Même si la décision attaquée a annulé le procès-verbal constatant le délit de contrefaçon sous prétexte qu'il était entaché de nullité, il est clair que le prévenu aurait été déclaré coupable d'une infraction de contrefaçon.[646]

---

[644] (C.) FERAL-SCHUHL, op.cit. p.414.
[645]Cass. Crim. 25 septembre 2012, 11-84.224, Bull. 2012, n° 196.
[646]Cass. Crim. 13 janvier 2009, 08-84.088, Bull. 2009, n° 13.

13-La difficulté de détermination du statut juridique de la pratique du peer to peer[647]

La pratique dite pair à pair consiste à échanger par Internet des fichiers contenant des œuvres musicales ou cinématographiques et à s'en servir sans aucun paiement.[648] La pratique est précédée du téléchargement de logiciel[649] qui permet sa réalisation. L'usager l'installe sur son ordinateur et a la possibilité de communiquer avec d'autres ordinateurs pour l'échange d'œuvres. Cette pratique évite à l'usager des œuvres musicales ou cinématographiques de les acheter dans l'environnement numérique. À première vue, cette pratique porte atteinte aux droits patrimoniaux exclusifs du titulaire de l'œuvre. Ce constat est justifié vu l'environnement dans lequel il se pratique. En effet, le caractère mondial du réseau étend le champ de diffusion d'une œuvre avec pour conséquence des préjudices énormes pour le titulaire des droits exclusifs.

En effet, *le peer to peer est devenu particulièrement sensible pour l'ensemble des ayants droit qui n'obtiennent aucune rémunération en contrepartie du téléchargement opéré* ».[650] Cette pratique retient notre attention en raison de la difficulté de la qualifier d'acte licite ou illicite donc, en raison de la difficulté de détermination de son régime juridique. En effet, si le caractère licite ou illicite de la pratique n'est pas déterminé, il sera impossible de la sanctionner. Cette détermination soulève plusieurs questions qu'il convient de découvrir. La pratique du pair-à-pair est sans aucun doute un délit de contrefaçon lorsqu'elle met en œuvre l'échange de l'œuvre sans le consentement du titulaire. Cette affirmation qui découle de la protection dont bénéficient les œuvres est à prendre avec des pincettes. Une partie de la jurisprudence française recommande de rechercher la finalité de l'œuvre reçue dans le cadre de

---

[647] L'appellation Peer to peer ou peer 2 peer est la dénomination anglaise du pair à pair.

[648](J.)FANCILLON, « Infraction relevant de droit de l'information et de la communication », RSC janvier/mars 2006, p. 93.

[649] Voir le logiciel KazaA qui est un instrument gratuit de partage sur le réseau Internet. voir aussi Napster, imesh.

[650](C.) FERAL-SCHUHL, op.cit. p.438.

l'échange. Cette dernière peut se situer sur la licéité ou l'illicéité de la pratique. Il faut voir si l'opération est ascendante ou descendante.[651]

Dans le premier cas, l'usager récupère des fichiers d'œuvres avec d'autres internautes grâce au logiciel établi sur son ordinateur. Dans le deuxième cas, après avoir récupéré l'œuvre, il la met à la disposition d'autres internautes qui arrivent à se connecter à leur ordinateur avec l'aide du même logiciel. L'internaute qui se limite à l'échange ascendant ne peut-il pas bénéficier de l'exception de la copie privée ?

La difficulté de réponse est telle que le Professeur Francillon s'interroge : « *L'une des questions essentielles est la suivante : l'exception de copie privée peut-elle être utilement invoquée lorsque les œuvres téléchargées ont une source illicite ? En d'autres termes, l'opération de téléchargement descendante (download) demeure-t-elle licite, quelle que soit la provenance de la matrice à partir de laquelle elle est réalisée ?* »[652]

La jurisprudence française est plus portée sur la sanction des téléchargements ascendants. En effet, les téléchargements descendants ne sont écartés que si la preuve est rapportée qu'ils se sont uniquement limités au cadre familial en termes d'usage.[653] Pour ce qui concerne la détermination de la nature de la pratique du pair-à-pair et de sa sanction, le Professeur Francillon fait cette remarque : « *De manière plus générale, on peut regretter que l'analyse des critères permettant de distinguer le téléchargement licite de celui qui ne l'est pas n'ait pas été approfondie en jurisprudence».*[654]

La pratique du pair-à-pair demeure alors dangereuse pour les droits exclusifs des auteurs en raison des nombreuses interrogations qui gravitent autour de son incrimination. Certains auteurs suggèrent sa prévention par l'admission de la responsabilité pénale des éditeurs des logiciels d'échanges qui permettent le pair-à-pair.[655] Cette solution est

---

[651] (J.)FANCILLON, op.cit., p. 93.
[652] (J.)FANCILLON, op.cit., p. 93.
[653] Voir la décision du Trib. Corr. Meaux, 21 avril 2005, Comm.com. électron.2005, comm. 111, note CH. Caron.
[654] (J.)FANCILLON, op.cit., p. 97.
[655] (J.)FANCILLON, op.cit., p. 98-103.

retenue par la législation française. Elle n'est cependant pas admise dans tous les États. La société KazaA a obtenu gain de cause devant la Cour d'appel néerlandaise[656] pour une action qui visait à engager sa responsabilité pénale pour fourniture de matériel de reproduction d'œuvres. En Australie par contre, l'éditeur Sharman Licence Holdings qui exploitait le logiciel KazaA a été sanctionné[657] pour contrefaçon sur la base de l'article 101de la loi australienne sur le copyright.[658]

Après ce bref passage en revue des difficultés suscitées par la protection des œuvres dans l'espace numérique à l'ère du développement d'Internet, nous revenons au cas ouest-africain pour apprécier le cadre normatif d'incrimination des actes de contrefaçon en général.

14-Les incriminations des infractions de contrefaçon par les législations ouest-africaines

Le développement de la société de l'information a vu émerger de nouvelles œuvres. Il s'agit des créations informatiques. Il convient d'appréhender les incriminations de l'atteinte à la propriété intellectuelle par les législations.

a-Le droit d'auteur en droit ghanéen

La protection du droit d'auteur au Ghana découle de la loi sur le droit d'auteur adoptée en 2005 « *Copyright Act, 2005 (Act 690*) ». L'analyse de ce texte confirme qu'il prend en compte certains agissements de l'environnement numérique.

Définition et caractère du droit d'auteur

Le législateur ghanéen ne donne pas une définition du terme, mais énumère les œuvres bénéficiant de la protection qui découle de ce droit. Il s'agit entre autres des œuvres littéraires, artistiques, musicales, les sons, le travail audiovisuel, le travail chorégraphique, les programmes

---

656 CA Amsterdam, 28 mars 2002, Kazaa c/BumaStema ; E.Dumont, «La justice néerlandaise apporte une bouffée d'oxygène à Kazaa », ZDNet France 29 mars 2002.
657 Universal Music Australia Pty Ltd v/ Sharman License Holdings Ltd, 5 sept. 2005. Comm. RLDI 2005/9, p.20 ; CCE 2005. Comm. 260, p.6.
658 (C.) FERAL-SCHUHL, op.cit. p.441.

informatiques ou logiciels.[659] Au titre d'œuvre protégée, il est important de noter la protection des œuvres folkloriques[660] par le droit ghanéen, ce qui est original. Concernant les caractéristiques, l'œuvre doit être originale et exprimée sous une forme. L'originalité de l'œuvre en droit ghanéen implique qu'elle soit le produit d'un effort indépendant de l'auteur « *the product of the indépendant effort of the author* ».[661] La personnalité et les capacités personnelles de l'auteur sont alors déterminantes dans la réalisation de l'originalité de l'œuvre. Le droit ghanéen privilégie donc la conception subjective de l'originalité qui consiste à l'attacher à la personne de l'auteur. Quelle est donc la place des œuvres numériques qui se basent sur l'existant pour naître ? Le cas de l'œuvre multimédia déjà étudiée est un exemple parlant. Elle fait recours aux logiciels qui sont des œuvres existantes pour prendre forme. Concernant l'œuvre, elle doit revêtir toute forme d'expression susceptible d'être communiquée.[662] Cette disposition permet de prendre en compte toutes les formes d'expressions de l'œuvre y compris celle numérique. Les œuvres dans le cyberespace sont parfaitement saisies par la législation du Ghana. Les idées, concepts, procédures et méthodes de travail sont exclus de la protection relative à la propriété intellectuelle.

Les droits moraux et exclusifs de l'auteur

Les droits moraux : Ils sont des prérogatives reconnues au titulaire du droit de propriété en droit ghanéen. Ils confèrent à leur titulaire, le droit de jouir de la paternité de l'œuvre en y mentionnant son nom ou en choisissant un pseudonyme. Il a la possibilité au nom du droit, de s'opposer à toute modification de son œuvre et de protéger sa réputation. Le droit ghanéen lui confère en effet, le droit moral au respect de son œuvre.

Les droits exclusifs du bénéficiaire de la protection : l'article 5 de la loi « Copyright Act, 2005 (Act 690) » prévoit et protège les droits patrimoniaux de l'auteur. Ce dernier dispose du monopole économique

---

[659] Art.1 al.1 Copyright Act, 2005 (Act 690).
[660] Art. 4. Copyright Act, 2005 (Act 690).
[661] Art. 1 al.3. 1 Copyright Act, 2005 (Act 690).
[662] Art. 1 al.2b. 1 Copyright Act, 2005 (Act 690).

de reproduction, de transformation, de représentation, de distribution au public et de commercialisation des originaux et copies. Ces prérogatives ne peuvent être exercées par une tierce personne qu'en cas d'autorisation expresse de l'auteur. Le transfert du droit patrimonial en tout ou en partie n'entraîne pas la transmission du droit moral de l'auteur[663] en droit ghanéen.

La vie du droit d'auteur : La durée[664] du droit d'auteur est pratiquement la même qu'en droit français avec quelques différences près. En effet, elle dure toute la vie pour l'auteur de l'œuvre et soixante-dix ans après le décès de l'auteur avant de tomber dans le domaine public. Le droit ghanéen reconnaît le droit d'auteur aux personnes morales et celui-ci dure soixante-dix ans à compter de sa première publication. Les œuvres audiovisuelles ont la même durée à compter de la première publication. La durée de ces droits n'est pas liée à la vie de leur auteur. Les œuvres folkloriques ont une durée perpétuelle à l'instar du droit moral.

Les exceptions au droit d'auteur en droit Ghanéen[665]

La législation prévoit des cas où il est possible de faire usage d'une œuvre sans la permission de l'auteur. Il s'agit entre autres des cas de reproduction, de transformation d'une œuvre à des fins strictement personnelles, à titre informatif dans le cadre de l'enseignement et au niveau des médias. Cette pratique n'est cependant pas permise pour une œuvre architecturale. La reproduction de l'ensemble ou de la partie substantielle d'un livre ou d'une œuvre musicale n'est pas non plus admise. La copie privée est interdite pour les logiciels sauf si elle est nécessaire pour l'usage du programme informatique ou pour la reconstitution d'une copie originale perdue.

Le droit ghanéen soumet les œuvres audiovisuelles et celles relatives au son à une obligation de sécurité avant la distribution ou la vente.[666] La violation de cette obligation est sanctionnée d'une amende minimum de 500 cedis. Malgré la consécration de l'exception de copie privée en

---

[663] Copyright Act., op.cit., Art.9.
[664] Art.12à 171 Copyright Act, 2005 Act 690.
[665] Art.19. 1 Copyright Act, 2005 (Act 690).
[666] Ibid. Art.25.

droit ghanéen, le législateur prévoit des mesures de sécurisation de ces œuvres avant leur distribution. Le risque de réclamation d'un quelconque « *droit à la copie privée* » ne peut être invoqué par les consommateurs comme cela a été le cas en France. L'article 42 énumère les actes sanctionnés dans le cadre de la violation du droit d'auteur. Il s'agit de la reproduction, l'imitation en dehors de la copie privée, de la distribution ou la vente, de la représentation, de la modification des informations électroniques et de leur mise à la disposition du public ou toute autre manipulation desdites données. La violation de ces obligations est punissable d'une peine pécuniaire qui varie de 500 à 1000 cedis et d'une peine d'emprisonnement maximum de trois ans. En cas de persistance de l'infraction, une pénalité qui varie de vingt-cinq à cent cedis est infligée au responsable de la violation.

La réalité de la protection des œuvres numériques en droit ghanéen

La prise en compte du volet électronique des œuvres[667] est la consécration de la protection du droit d'auteur dans l'environnement numérique par le législateur ghanéen. L'originalité de la législation est aussi appréciée à travers la sanction de la facilitation de la commission de l'infraction de contrefaçon.[668] Cette inclusion est une avancée dans la mesure où il n'y aura aucune difficulté à engager la responsabilité pénale des éditeurs, distributeurs et autres personnes qui proposent des services qui facilitent la réalisation de la contrefaçon et aussi la vente de produits contrefaits.

Nous l'avons vu, en France, la législation actuelle ne permet pas la poursuite des éditeurs et distributeurs des logiciels pair à pair qui facilitent la commission de la contrefaçon des logiciels dans le cyberespace.[669] L'originalité de la législation ghanéenne se situe également au niveau de la mise en place d'une juridiction de droit d'auteur « Copyright Tribunal ». Elle a pour compétence de connaître toutes les affaires relatives aux droits d'auteur y compris les contentieux relatifs à la propriété dans l'espace numérique.

---

[667] (Art. 42 e et f)) , Copyright Act.
[668] Art. 42 — (j), Copyright Act.
[669] Voir FRANCILLON, op.cit. p.98-103.

b-Le droit d'auteur en droit nigérian

La législation nigériane découle d'une loi de 1990 modifiée par des décrets en 1992 et 1999.[670] Elle prévoit pratiquement les mêmes garanties que la législation ghanéenne avec quelques petites différences qu'il convient de relever. Elle ne définit pas la notion de droit d'auteur, mais énumère les œuvres susceptibles de bénéficier de cette protection. Il s'agit entre autres des œuvres littéraires, musicales, artistiques, cinématographiques,[671] etc. Concernant les conditions de la protection, la législation prévoit l'originalité de l'œuvre. Les œuvres littéraires, musicales et artistiques sont protégées. Le législateur précise qu'elles doivent faire preuve de suffisamment d'efforts de la part de l'auteur pour bénéficier de la protection.[672] Le législateur met donc l'accent sur l'originalité intellectuelle de ces œuvres.

Cette précision du législateur nigérian signifie-t-elle que les autres œuvres ne sont pas soumises à la condition d'un effort de la part de leur auteur ? Il s'agit par exemple des œuvres cinématographiques et des sons. L'œuvre doit revêtir une forme. À cet effet, il est pris en compte tout mode de sa matérialisation. Cette action permet aux œuvres d'être saisies dans l'environnement numérique et dans leur expression numérique. Le cas spécifique du logiciel aurait bien nécessité une intervention du législateur même si la diversité de la forme de l'œuvre permet à la loi de saisir les expressions numériques. Quel est le sort des œuvres multimédia en matière d'originalité ? Cette question mérite d'être posée d'autant plus que cette œuvre fait recours au logiciel pour exister. Le titulaire d'une œuvre multimédia peut-il invoquer la violation de son droit d'auteur dans la législation nigériane ?

Les droits exclusifs de l'auteur sont garantis de façon rigide. L'exception de la copie privée est interdite.[673] Le législateur en fait une infraction si le titulaire de l'œuvre ne donne pas son consentement. La détention de matériel de contrefaçon est sanctionnée. Mais le législateur ne vise pas directement l'acte de facilitation de l'infraction de

---

[670] Copyright Law of the Federation of Nigeria 1990, amended by Copyright Decree No 98 of 1992 and Copyright Decree No 42 of 1999.
[671] Art.1 Copyright Law of the Federation of Nigeria 1990.
[672] Art.2. Copyright Law of the Federation of Nigeria
[673] Art. 14. Copyright Law of the Federation of Nigeria.

contrefaçon. Il est alors difficile d'admettre la responsabilité des éditeurs et distributeurs d'outils de contrefaçon. Peut-être que leur responsabilité peut être engagée à travers la disposition qui sanctionne la détention de matériel de contrefaçon. Le législateur nigérian ne prévoit pas les atteintes à la propriété intellectuelle dans les systèmes informatiques aussi bien dans son projet de loi de 2012 (Cybercrime Bill) que celui de 2015 (Cybercrime Prohibition, Prevention Act 2015).

c-La protection de la propriété intellectuelle en droit ivoirien

La protection découle de la loi de 1996[674] et de la loi N° 2013 - 451 du 19 juin 2013 relatives à la lutte contre la cybercriminalité en Côte d'Ivoire. La première loi est la protection accordée à la propriété intellectuelle par le droit classique. La deuxième loi par contre assure la protection de la propriété intellectuelle dans l'environnement numérique.

La protection de la propriété intellectuelle par le droit classique ivoirien

Cette protection découle de la loi n° 95 et 96-564 du 25 juillet 1996 relative à la protection des œuvres de l'esprit et aux droits des auteurs, des artistes-interprètes et des producteurs de phonogrammes et vidéogrammes. Elle définit la notion d'œuvre de l'esprit. Elle « *s'entend de toute création ou production du domaine littéraire, artistique ou scientifique, quel qu'en soit le mode d'expression* ».[675] La loi prend en compte toutes les formes d'expression de l'œuvre à l'instar des autres législations, ce qui implique qu'elle saisit les œuvres numériques et celle se trouvant dans le cyberespace.

La législation donne aussi un contenu au terme droit d'auteur. « *Les auteurs des œuvres de l'esprit jouissent sur ces œuvres, du seul fait de leur création et sans formalité aucune, d'un droit de propriété*

---

[674] Loi n° 95 relative 96-564 du 25 juillet 1996 relative à la protection des œuvres de l'esprit et aux droits des auteurs, des artistes-interprètes et des producteurs de phonogrammes et vidéogrammes.

[675] Voir titre premier Loi n° 95 relative 96-564 du 25 juillet 1996 relative à la protection des œuvres de l'esprit et aux droits des auteurs, des artistes-interprètes et des producteurs de phonogrammes et vidéogrammes.

incorporelle, exclusif et opposable à tous. Un tel droit, dénommé "droit d'auteur", comporte tous les attributs d'ordre intellectuel, moral et patrimonial dont la détermination et la protection sont organisées par la présente loi ».[676]

La législation ivoirienne classique accorde une grande protection aux œuvres avec beaucoup de flexibilité qui se voit dans l'article 6 de la loi susmentionnée qui prévoit que « *La protection des droits des auteurs s'exerce sur toutes œuvres originales, quels qu'en soient le genre, la valeur, la destination, le mode ou la forme d'expression* ».

Les œuvres protégées sont les œuvres écrites, orales, les œuvres créées pour la scène ou pour la télédiffusion, les compositions musicales avec ou sans paroles, les œuvres audiovisuelles, les œuvres picturales, les dessins, les lithographies, les gravures à eau-forte, sur bois, les sculptures de toutes sortes, les œuvres d'architecture, aussi bien les dessins et les maquettes que la construction elle-même [677]etc. Le législateur accorde une protection aux œuvres originales et aussi quelle que soit leur valeur. Il est important de s'interroger sur la valeur dont il est ici question. S'agit-il de valeur intellectuelle ou pécuniaire. L'originalité d'une œuvre n'est-elle pas implicitement liée à sa valeur pécuniaire ?

La loi vient expliciter les choses en donnant sa définition de l'œuvre originale. L'article 10 la loi n° 95 et 96-564 du 25 juillet 1996 relative à la protection des œuvres de l'esprit et aux droits des auteurs prévoit que *« œuvre originale » s'entend d'une œuvre qui, dans ses éléments caractéristiques et dans sa forme, ou dans sa forme seulement, permet d'individualiser son auteur* ».

La législation précise le sens de l'originalité en liant cette dernière à la personne de son auteur. C'est la consécration de la conception subjective de la protection. En termes de droits, l'auteur de l'œuvre dispose des droits moraux et patrimoniaux qui sont cessibles. Les droits d'auteurs sont cependant limités par des exceptions.[678] En effet, la

---

[676] Ibid.

[677] Voir la liste complète à l'article 10 de la loi.

[678] Voir Art.31 à 37.

représentation et les reproductions privées sont interdites. Les atteintes légales au droit d'auteur doivent se limiter dans le cadre d'une utilisation domestique ou familiale. La législation ivoirienne classique peut parfaitement s'appliquer à la pratique du pair à pair qui dépasse le cadre de l'usage privé pour s'appliquer à la mise à disposition du public à grande échelle de l'œuvre dans le cyberespace.

Pour ce qui concerne la durée du droit d'auteur, il faut noter que le législateur ivoirien se démarque quelque peu du législateur ghanéen et nigérian. L'auteur de l'œuvre jouit de tous ses droits durant sa vie entière. À son décès, ses ayants droit en bénéficient pendant quatre-vingt-dix-neuf ans.

Le législateur définit l'œuvre inspirée qui « *s'entend d'une œuvre fondée sur des éléments préexistants* ». La prise en compte des œuvres qui s'inspirent d'œuvres préexistantes permet d'assurer une protection des œuvres multimédia qui se caractérisent par leur recours au logiciel lors de leur conception. Quant aux œuvres logicielles, elles sont saisies par la loi si elles sont originales, car la législation est indifférente au mode d'expression de l'œuvre.

Les atteintes à la propriété littéraire et artistique sont punies[679] d'une amende de cent mille (100 000)[680] à un million (1000 000)[681] de FCA ou du double de cette amende et d'un an d'emprisonnement[682] s'il est établi que l'auteur de l'acte le pratique habituellement. La législation ivoirienne classique, bien que conçue pour l'environnement physique, saisit quelque peu les œuvres dans l'environnement numérique. Le législateur dans un souci de mieux protéger la propriété intellectuelle dans un environnement numérique qui se développe sans cesse y a accordé une protection.

---

679 Art. 322 du code pénal ivoirien.

680 150 euros.

681 1500 euros.

682 Art. 322 du code pénal ivoirien.

La protection du droit d'auteur par la législation ivoirienne de 2013 sur la cybercriminalité

La loi N° 2013 - 451 du 19 juin 2013 relative à la lutte contre la cybercriminalité en Côte d'Ivoire consacre une protection de la propriété intellectuelle dans les systèmes informatiques et les supports numériques.[683] Cette protection vient en appui à la loi classique de 1996 relative à la propriété intellectuelle. La loi sur la cybercriminalité prévoit un chapitre IV intitulé « *Atteintes à la propriété intellectuelle* ». L'atteinte à la propriété intellectuelle est définie par cette loi comme le fait sans autorisation de l'auteur ou de ses ayants droit, de reproduire, de représenter ou de mettre à la disposition du public sur un système d'information ou un support numérique ou analogique, intégralement ou partiellement une œuvre de l'esprit protégée par le droit d'auteur ou le droit voisin. Est aussi considéré comme une telle atteinte le fait sans autorisation de l'auteur ou de ses ayants droit, de traduire ou d'adapter une œuvre de l'esprit par le biais d'un programme informatique ou de mettre cette traduction ou adaptation sur un système d'information ou un support numérique ou analogique à la disposition du public.

L'atteinte à la propriété intellectuelle implique en outre, le fait sans l'autorisation de l'auteur ou de ses ayants droit, de reproduire, d'utiliser de vendre, de dénaturer, de dénigrer une marque, une raison sociale, un nom commercial, un nom de domaine Internet ou tout autre signe distinctif appartenant à un tiers par le biais d'un système d'information ouvert au public ou par le biais d'un programme informatique ou un support numérique ou analogique. Enfin, l'atteinte à la propriété intellectuelle est le fait, en toute connaissance de cause, d'exploiter par reproduction ou par représentation une œuvre de l'esprit mise de façon illicite à disposition du public sur un réseau de communication électronique. Et le fait, en toute connaissance de cause, sans droit, de vendre ou de mettre à disposition du public par reproduction ou par représentation un bien ou un produit protégé par un brevet d'invention.[684]

[683] Les atteintes à la propriété intellectuelle sont prévues dans les articles 33 à 36 de la loi ivoirienne sur la cybercriminalité.

[684] Art. 33 Loi N° 2013 - 451 du 19 juin 2013 relative à la lutte contre la cybercriminalité en Côte d'Ivoire.

Les atteintes à travers les systèmes d'information sont sanctionnées d'une peine d'emprisonnement d'un à dix ans et d'une amende de cinq cent mille (500 000) à cent millions (100 000 000) de FCFA. L'article 34 de la loi ivoirienne sur la cybercriminalité précise les agissements ne constituant pas une atteinte à la propriété intellectuelle dans les systèmes d'information.

Les actes non prohibés : Il s'agit de l'exception de copie privée. La copie doit être destinée à un usage personnel. Les œuvres d'art ne peuvent faire l'objet de copie privée. L'auteur de l'œuvre ou ses ayants droit peuvent s'opposer à la copie privée si elle porte atteinte à l'exploitation normale de l'œuvre ou cause des préjudices injustifiés aux intérêts de l'auteur.[685] Concernant les pratiques *per to per*, elles ne sont pas permises même si la loi n'y fait pas ouvertement cas. La stricte règlementation du droit de copie privée à travers les systèmes informatiques dans les articles 35 et 36 de la loi ivoirienne sur la cybercriminalité le prouve. Cela est d'autant plus vérifié que le consentement du titulaire de l'œuvre ou de ses ayants droit est requis avant l'accomplissement de certaines actions portant sur l'œuvre. L'article 36 de la loi ivoirienne sur la cybercriminalité engage la responsabilité du titulaire d'un service d'accès à Internet ou à tout réseau de communication électronique qui ne veille pas à ce que les accès ne soient pas utilisés de façon illicite dans la reproduction et la représentation d'œuvres de l'esprit. La nouvelle loi renforce alors la protection des œuvres en offrant une protection adaptée.

d-La protection du droit d'auteur dans la législation sénégalaise

La législation sénégalaise relative à la protection du droit d'auteur découle d'une loi récente[686] à l'instar de celle du Ghana. Au titre de la condition de protection, l'article 5 de la loi sénégalaise sur le droit d'auteur et les droits voisins protège les œuvres avec « *Indifférence de la forme d'expression, du mérite et de la destination. Les dispositions*

---

[685] Voir art. 35 de la Loi N° 2013 - 451 du 19 juin 2013 relative à la lutte contre la cybercriminalité en Côte d'Ivoire.

[686] Loi n° 2008-09 du 25 janvier 2008 sur le droit d'auteur et les droits voisins au Sénégal.

de la présente loi protègent les droits des auteurs sur toutes les œuvres de l'esprit, quels qu'en soient la forme d'expression, le mérite ou la destination ». Les œuvres bénéficient d'une protection, quel que soit leur mode d'existence. Même inachevée, l'œuvre bénéficie d'une protection.[687] Les œuvres protégeables sont énumérées, il s'agit entre autres, des œuvres du langage, des œuvres dramatiques, chorégraphiques, musicales avec ou sans son.[688]

Les œuvres doivent revêtir un caractère original pour bénéficier de la protection. Cette originalité « *s'entend de la marque de la personnalité de l'auteur* ».[689]

Les œuvres protégées dans l'environnement numérique

La protection des œuvres dans cet espace découle de la Loi n° 2008-09 du 25 janvier 2008 sur le droit d'auteur et les droits voisins. La loi sénégalaise se démarque des autres législations en ce sens qu'elle prévoit en plus de la protection des œuvres qui découlent d'œuvres existantes[690], celles des bases de données.[691]

La protection de la base de données : le législateur sénégalais prévoit en effet, cette protection de cette façon : « *Sont également protégés à ce titre les anthologies et recueils d'œuvres ou de données diverses, tels que les bases de données, qu'elles soient reproduites sur support exploitable par machine ou sous toute autre forme, qui, par le choix ou la disposition des matières, constituent des œuvres originales* ».[692]

Pour bénéficier d'une protection, la base de données doit être originale. « *Le choix et la disposition des matières* » sont une originalité de

[687] Art. 2. Loi n° 2008-09 du 25 janvier 2008 sur le droit d'auteur et les droits voisins au Sénégal.
[688] Art. 6. Loi n° 2008-09 du 25 janvier 2008 sur le droit d'auteur et les droits voisins au Sénégal.
[689] Art. 7-2. Loi n° 2008-09 du 25 janvier 2008 sur le droit d'auteur et les droits voisins au Sénégal.
[690] Les œuvres existantes donnent naissance aux œuvres dites dérivées en droit sénégalais.
[691] Art.8. Loi n° 2008-09 du 25 janvier 2008 sur le droit d'auteur et les droits voisins au Sénégal
[692] Voir art. 8 précité.

l'œuvre. Les droits moraux et patrimoniaux que le titulaire de l'œuvre peut exercer sont similaires à ceux prévus dans les précédentes législations étudiées.

Les atteintes aux droits de reproduction

Le tempérament aux droits exclusifs de l'auteur est l'exception de communication de l'œuvre dans le cercle familial ou au cours d'un service religieux.[693] L'exception de la copie privée [694]en termes de reproduction est permise. Les reproductions destinées à l'usage privé constituent une exception au droit de reproduction. Elle doit cependant se limiter à un usage exclusivement privé. La loi sénégalaise écarte toutefois la copie privée des logiciels. L'article 40 alinéa 2 de la loi n° 2008-09 du 25 janvier 2008 sur le droit d'auteur prévoit que l'exception de copie privée « ne s'applique pas : (… *c) à la reproduction d'une base de données électroniques ; d) à la reproduction d'un programme d'ordinateur* ».

L'article 41de la loi du 25 janvier 2008 admet la copie de sauvegarde de logiciel. Ce texte prévoit en effet que « *le programme d'ordinateur peut donner lieu, de la part de l'utilisateur légitime, à une copie de sauvegarde destinée à remplacer l'original* ». Cette copie exceptionnelle permet de préserver les intérêts de l'acquéreur du programme.

15-Les atteintes au droit de communication au public

La méconnaissance du droit de communication au public de l'auteur constitue une infraction.[695] La matérialisation de ce droit est le procédé permettant au public d'être en contact direct avec l'œuvre. Toutes les actions ou techniques d'Internet permettant de rendre accessible l'œuvre sans la permission de l'auteur tombent sous le coup de la loi. Le législateur adapte sa loi aux réalités du cyberespace. La pratique du

[693] Art. 38 et 39de la loi n° 2008-09 du 25 janvier 2008 sur le droit d'auteur et les droits voisins au Sénégal..
[694]Art.40 de la loi n° 2008-09 du 25 janvier 2008 sur le droit d'auteur et les droits voisins au Sénégal.
[695] Art.142 de la loi n° 2008-09 du 25 janvier 2008.

pair-à-pair est parfaitement punissable par la législation sénégalaise si elle va au-delà des exceptions permises.

Les droits patrimoniaux durent toute la vie de l'auteur et soixante-dix ans après le décès de celui-ci. Quant au droit moral, il est perpétuel. Les droits voisins ont une durée de cinquante ans à compter de leur publication.[696]

La sanction : les atteintes aux droits d'exploitation, de diffusion, d'importation et d'exportation sont punies d'une amende d'un (1000 000)[697] à cinq (5)[698] de FCFA.

De toutes les législations qui ont fait l'objet de l'analyse, seule celle de la Côte d'Ivoire définit explicitement la notion d'œuvre de l'esprit avant d'énumérer les œuvres pouvant faire l'objet de protection. Les autres par contre, énumèrent directement les œuvres protégeables sans donner de définition légale à la notion. Les législations francophones prévoient des conditions de protection assez flexibles pour permettre au maximum d'œuvres d'être prises en compte. Elles reconnaissent, en effet, les œuvres qui procèdent d'autres œuvres existantes.

Le législateur sénégalais protège les œuvres inachevées, c'est-à-dire en cours de conception. Celui de la Côte d'Ivoire protège même les œuvres qui ne sont pas déclarées par leur titulaire, pourvu qu'elles soient originales. Une telle protection sera cependant difficile à mettre en œuvre en cas de possession de la même œuvre par deux personnes. À qui sera accordée la protection dans l'hypothèse où il n'y aurait pas eu de déclaration préalable ? Les législateurs anglophones demeurent rigides et ne prévoient pas de telles possibilités.

Les infractions non spécifiques aux TIC étudiées sous ce chapitre ont été définies comme celles qui se servent des technologies comme support ou comme moyen de facilitation. Sous l'angle des infractions qui utilisent les TIC comme support, ont été analysées les atteintes aux

---

[696] La loi sénégalaise précise que ce délai part du premier janvier de l'année civile suivant sa première communication au public.

[697] 1500 euros.

[698] 4500 euros.

mineurs et celles de presse dans le cyberespace. On les qualifie d'infractions de contenu du fait qu'il s'agit d'informations qui se servent des technologies pour être diffusées et elles n'existeraient pas sans elles. Les infractions de presse, notamment la haine et la xénophobie restent assez sensibles et leur sanction nécessite une adaptation adéquate des législations.

La question de la prescription des infractions de presse en ligne demeure l'une des grandes difficultés que les législations doivent surmonter. Quant aux atteintes aux mineurs, les législations sont insuffisantes sous l'angle de la protection du mineur contre les contenus mettant en scène les adultes. Les législateurs gagneraient à sanctionner sévèrement tous les agissements qui mettent à la disposition des mineurs des images à caractère sexuel mettant en scène des adultes par le biais des TIC et en faire une situation aggravante.

Les infractions facilitées sont celles qui se commettent à grande échelle avec l'aide des technologies. Elles ont été analysées au regard des atteintes aux intérêts des États, celles de nature économique et les atteintes à la propriété intellectuelle. L'étude des règles relatives aux atteintes aux intérêts des États a permis de savoir qu'à part les règles relatives à l'espionnage via les systèmes informatiques qui ont connu de nouvelles adaptations dans les législations, les règles s'appliquant aux infractions de terrorisme et de blanchiment d'argent s'appliquent généralement, dans leur version classique. Il a été noté dans le chapitre premier relatif aux infractions spécifiques aux TIC que l'ensemble des législations incriminent les atteintes aux systèmes informatiques et l'intégrité des données certes, mais il est important de retenir que ces incriminations sont en deçà des dommages que peut entraîner le cyberterrorisme dans sa version dirigée contre les systèmes informatiques de l'État. En effet, le terrorisme dans cet espace concerne les attaques à grande échelle des systèmes informatiques qui vont jusqu'à la paralysie des activités d'un État[699] ou l'atteinte aux informations sensibles de l'État. Les règles pénales devront prendre en compte le cyberterrorisme en prévoyant des incriminations et des sanctions relatives à cette attaque et en conceptualisant aussi la notion de cyberterrorisme.

---

699 Voir le cas de l'attaque de l'Estonie en 2007.

Les atteintes économiques de vol, d'escroquerie et de recel via le Net restent encore régies par les règles classiques dans certains pays. Le besoin de renforcement est donc réel à ce niveau en raison de l'impact financier qui découle des atteintes. Quant aux infractions de contrefaçon à la propriété intellectuelle, elles sont régies dans le cyberespace de façon implicite dans l'ensemble des législations qui protègent les œuvres littéraires et artistiques indépendamment de leur mode d'expression.

Les législations du Ghana et du Sénégal protègent les logiciels et les bases de données[700] à travers leurs législations réaménagées. Les difficultés qui se posent sont celles relatives à la responsabilité de certains acteurs du net, dont les éditeurs, quant à la mise à disposition du public de logiciels ou de techniques permettant la contrefaçon des œuvres numériques. Les sanctions des règles classiques ont besoin d'être renforcées afin qu'elles soient plus dissuasives. Cela est nécessaire en raison de l'ampleur de la contrefaçon des œuvres numériques dans la région ouest-africaine.

---

[700] Il a été signifié dans les lignes précédentes que même si la législation du Ghana protège les bases des données, cela est fait implicitement par le canal de la protection des informations par la loi sur la Transaction électronique (*Electronic Transaction Act*).

TITRE II

LES DIFFICULTÉS DES NORMES DE PROCÉDURE ET DE COOPÉRATION À RÉPONDRE A LA CYBERCRIMINALITÉ

À l'image des règles du droit pénal substantiel étudiées, les normes de procédure pénale et de coopération classiques ont du mal à répondre efficacement aux infractions de la cybercriminalité au sein des législations. En effet, l'essentiel des normes des États se base sur des règles classiques pas toujours conformes aux réalités du cyberespace caractérisé par son immatérialité (Chap. I). Les règles de compétences et celles relatives à la recherche de la vérité sont particulièrement affectées. Les normes de compétence aux niveaux interne et international sont mises à mal ainsi que celles en rapport avec la coopération en matière pénale entre les États. Toutes ces difficultés sont exacerbées par d'autres réalités dont la diversité des acteurs dans le traitement de la cybercriminalité et le déficit en ressources humaines spécialisées et en matériel qu'il convient d'analyser (chapitre II).

CHAPITRE I

LES DIFFICULTÉS RELATIVES A L'IMMATÉRIALITÉ DU RÉSEAU DANS LA RECHERCHE DE LA VÉRITÉ

L'immatérialité du cyberespace où se produisent les cybercrimes est assez réfractaire aux normes classiques de procédures et de coopération. Les réalités du monde matériel ne correspondent toujours pas à celles du monde immatériel. La taille du cyberespace est inestimable en raison de sa grandeur et cette situation n'est pas toujours favorable aux investigations qui nécessitent une technicité avec ce que cela comporte comme contraintes budgétaires. La particularité de l'espace de commission des cybercrimes nécessite une action rapide pour la découverte des éléments de preuve. La poursuite de la cybercriminalité soulève comme première difficulté l'adaptation des règles de compétence (section I) aussi bien au niveau national qu'international. Les règles de recherche des preuves sont éprouvées aussi bien par la taille du réseau qui ne favorise pas la détermination de l'espace où doivent se produire les investigations que par la virtualité de l'espace de recherche de la vérité (section II).

SECTION I : MISE À MAL DU PRINCIPE DE TERRITORIALITÉ PAR LES LOIS CLASSIQUES DES ÉTATS

Bien qu'étant des questions de droit pénal général, les règles de compétence sont abordées dans la partie relative à la procédure pénale de notre travail pour des besoins de présentation. Les règles de compétence sont un corollaire du principe de territorialité. Elles sont éprouvées à deux niveaux dans le traitement de la cybercriminalité. En d'autres termes, le sacrosaint principe de la territorialité des règles en matière pénale est à la base de la détermination des compétences au niveau des règles applicables qui feront l'objet d'une analyse particulière (§I). Le principe implique en effet la détermination du champ d'application des règles d'un État en matière pénale d'une part, et de l'autre, les juridictions compétentes aussi bien au regard des autres juridictions nationales qu'au regard de celles des autres États. Le principe fait l'objet d'analyse sous l'angle des questions soulevées en matière de détermination des compétences territoriales (§ II).

PARAGRAPHE I : LE PRINCIPE DE TERRITORIALITÉ EN MATIÈRE PÉNALE

Le droit pénal s'applique dans le temps et dans l'espace. De l'application de ce droit dans l'espace résulte le principe de territorialité. Il convient alors d'analyser ce principe ainsi que les épreuves qu'il traverse du fait de la nature du cyberespace d'une part (A) et d'autre part, de mesurer le degré de remise en cause du principe par les infractions de cybercrimes en Afrique de l'Ouest (B).

La définition du principe

La matière pénale, notamment le droit pénal dans sa mise en œuvre, fait appel au principe de la territorialité. Que signifie ce principe ?

1-Signification du principe en droit pénal

Le principe de la territorialité sous-tend la question de la souveraineté des États. En matière pénale, ce principe permet à la loi de s'appliquer sur l'ensemble du territoire d'un État et à tous, quelle que soit la nationalité de l'auteur de l'infraction. C'est en cela que la loi pénale constitue l'expression de la souveraineté d'un État. En droit public, la notion de territoire a pour objet un ensemble d'espaces physiques notamment celui aérien, terrestre et souterrain. En matière pénale, la définition du territoire pour la détermination de la compétence semble beaucoup se référer à l'espace physique où se réalisent des activités humaines. Des actes répréhensibles peuvent s'y commettre. Le territoire sous-tend dans la plupart des législations pénales, l'espace terrestre délimité par les frontières de la République, ses eaux territoriales, l'espace aérien au-dessus du territoire terrestre et des eaux territoriales, les navires et aéronefs immatriculés dans l'État. Les États expriment leur souveraineté sur l'ensemble de ces espaces. Les législations qui font l'objet de notre étude sont rattachées au principe de la territorialité de la loi pénale. Les normes anciennes des États privilégient l'espace matériel ou physique pour lequel elles ont été élaborées.

Le principe de la territorialité détermine le champ d'application de la loi pénale en privilégiant le territoire national. Ce principe est aisé à mettre en œuvre lorsque les infractions se réalisent dans un espace matériel. Ce n'est malheureusement pas le cas pour les cybercrimes qui se produisent dans un espace immatériel qu'il est intéressant de cerner.

2-La particularité du cyberespace

Le premier élément spécifique du cyberespace[701] est son immatérialité. Cette caractéristique a pour conséquence son extension. Il est notamment question de l'extension du réseau, en dehors du territoire physique. Le réseau Internet s'étend, en effet, à la fois, sur plusieurs territoires étatiques. Dans la pratique, l'internaute qui se connecte à un endroit précis de la planète peut rentrer en contact en même temps avec plusieurs autres personnes se situant sur différents territoires. Une infraction commise alors par un individu se trouvant sur un territoire donné peut s'étendre sur plusieurs autres États, donc sur d'autres territoires étatiques. On dit du réseau ou du cyberespace qu'il est attéritorial.[702] Le territoire physique des États étant déjà délimité et connu, il est facile d'y rattacher un acte répréhensible afin que la loi de l'État s'y applique. Cela s'avère particulièrement difficile lorsque l'on est en présence d'une infraction de cybercriminalité.

3-La remise en cause du principe par la cybercriminalité

Le problème est qu'il n'est pas du tout aisé de déterminer le lieu de commission de l'infraction. En effet, les cybercrimes ont cette particularité de s'étendre dans l'espace, en se réalisant dans des endroits différents.[703] Cette situation est particulièrement inconfortable lorsque l'infraction se commet dans deux ou plusieurs pays à la fois, car cela diminue les chances de localisation de l'auteur. La réalisation de l'infraction sur des territoires différents est liée à la nature du

---

[701] Voir la tentative de définition du cyberespace dans l'introduction.
[702] QUEMENER, op.cit.
[703] Abdoulah CISSE, cours de cyberespace, p.15.

cyberespace, notamment de l'Internet.[704] Si les infractions sont facilement saisissables par les législations nationales des territoires physiques où elles se commettent, ce n'est pas le cas pour le cyberespace qui dépasse largement le cadre du territoire national. L'affaire Yahoo qui s'est produite en France en 2000 est une illustration des difficultés que soulève la poursuite de la cybercriminalité à travers le cyberespace. En effet, dans cette affaire, le juge français a eu du mal à mettre un terme au site incriminé, hébergé aux États-Unis et qui rendait accessible pour les internautes français un site négationniste relatif à la vente d'objets liés au nazisme. L'hébergeur rejetait l'application de la loi française à ses activités et notamment, à son site qui n'était pas situé sur le territoire français. Les règles des États de notre étude sont conçues pour le monde matériel et ont du mal à régir l'espace immatériel qui est difficilement délimitable. Cette épreuve connue par les législations du champ de l'étude est l'image de la situation des autres États de la région ouest-africaine voire de tout le continent. Pour mieux comprendre les questions soulevées par le cyberespace en matière d'application de la loi pénale, il est indispensable de mettre la souveraineté des États en rapport avec l'application du droit pénal classique. Il est aussi important d'étudier les acteurs du cyberespace qui rendent difficiles les poursuites des infractions dans cet espace.

4-Les lois pénales classiques et la souveraineté des États

La matière pénale a toujours été caractérisée par son application dans le temps et dans l'espace au sein du territoire national de l'État. L'application spatiale est celle qui nous intéresse. Elle met en exergue la souveraineté de l'État en faisant recours à son territoire physique. Ainsi, dans la plupart des législations, la loi pénale s'applique sur l'ensemble du territoire. En droit français, la loi pénale s'applique par principe à toutes les infractions commises sur le territoire national indépendamment de la nationalité de l'auteur ou de la victime.[705] La finalité est d'assurer l'ordre sur le territoire national. La législation française admet une extension du principe de la territorialité de la loi pénale. Cette possibilité lui permet de s'appliquer à partir du moment

---

[704] Il a été noté que le réseau Internet se caractérise par son attéritorialité.
[705] Article 113 al. 2 du nouveau Code de procédure pénal français.

où seulement l'un des éléments constitutifs de l'infraction se réalise sur le territoire national.[706] Le principe de la territorialité s'étend par la même occasion, au complice[707] d'une infraction commise à l'étranger.[708]

Le principe connaît des exceptions. La loi française peut s'appliquer[709] lorsqu'un Français est victime[710] d'une infraction à l'étranger. Les poursuites sont dans ce cas, demandées par le ministère public.[711] Le droit français est également applicable lorsque certaines infractions sont commises par des nationaux[712] en dehors du territoire[713] national, lorsque les intérêts[714] de la France sont en jeu[715], en cas d'atteinte criminelle ou délictuelle contre des représentants diplomatiques ou consulaires[716] et enfin, lorsqu'une convention internationale le prévoit.[717]

Les législations des États francophones à savoir, celles du Sénégal et de la Côte d'Ivoire qui sont faites à l'image de la législation française appliquent leurs lois pénales dans les mêmes conditions que la France. Celles anglophones du Ghana et du Nigéria s'attachent également au territoire physique en appliquant leur législation pénale sur cet espace. Il est indispensable de noter que les normes conçues pour l'espace matériel s'adaptent difficilement au cyberespace dont les caractéristiques ont été relevées. Internet se circonscrit-il parfaitement dans les limites du territoire naturel et physique ? La réponse à cette

---

[706] Article 113 al. 2 du nouveau code de procédure pénal français.

[707] La loi française s'applique au complice qui est sur le territoire français même si l'infracteur principal est à l'étranger.

[708] Art. 113 al. 5.du nouveau code pénal français.

[709] Art. 113 al. 9.Nouveau Code Pénal français.

[710] On parle du principe de la personnalité passive.

[711] Il est cependant important qu'il y ait une plainte de la victime ou une dénonciation officielle de l'État au sein duquel l'infraction a été commise.

[712] C'est le principe de la personnalité active. La poursuite de l'infraction ne se fait également qu'en cas de plainte de la victime ou une dénonciation officielle de l'État au sein duquel l'infraction a été commise.

[713] La loi française s'applique non seulement en dehors du territoire national, mais aussi indépendamment de la personnalité du délinquant.

[714] Art. 113 al. 10. NCP français.

[715] En cas de trahison et d'espionnage, etc.

[716]Art. 113 al. 10. NCP français.

[717] Art. 689 al.1 du NCP français.

question est sans ambages négative. L'inadaptabilité du principe de territorialité a un impact sur la poursuite de la cybercriminalité.

a-L'impact de l'inadaptabilité du principe de territorialité sur les poursuites

Le dépassement du principe de territorialité tel qu'antérieurement conçu, principalement, au profit de territoires physiques dans les législations classiques, génère une influence négative sur la poursuite des actes répréhensibles que sont les cybercrimes. Ces difficultés s'apprécient mieux aussi bien sur le terrain de la détermination des responsables des infractions que sur celui de leur localisation.

Les difficultés dans la poursuite des infractions de cybercriminalité

Il a déjà été démontré que le cyberespace était spécifique en ce qu'il se démarquait de l'espace physique. C'est cette particularité qui contribue au développement d'obstacles dans la poursuite des actes répréhensibles dans cet espace.

La poursuite d'un acte anti social implique la découverte de son auteur. Dans l'espace physique, même s'il existe quelquefois des difficultés d'identification de l'infracteur, il est capital de noter que les réseaux numériques notamment Internet posent davantage ce problème de ciblage des auteurs.

En effet, la multiplicité des acteurs du cyberespace est la vraie explication à cet obstacle. Le constat suivant d'un auteur ouest-africain est assez révélateur en ce sens qu'il trouve qu'« *Entre les auteurs des messages aux contenus illicites dont l'identité n'est d'ailleurs pas toujours connue, les serveurs qui fournissent les informations, les fournisseurs d'accès, les fournisseurs d'hébergement et le consommateur final, il n'est pas facile de choisir*».[718]

---

[718] Abdoulaye DIOP, « *Procédure pénale et TIC* », cours de master en droit du cyberespace africain P.9, mars 2011. Disponible en ligne sur http://foad.refer.org Consulté le 12 octobre 2013.

Qui est responsable face à une telle liste de personnes ?

Les difficultés de localisation des infractions

Il a déjà été mentionné que le réseau Internet se spécifiait par son attéritorialité. QUEMENER et FERRY affirment dans le même ordre d'idées que « *Le domaine de la cybercriminalité bouleverse le principe classique de la territorialité de la loi pénale, les infractions pouvant être commises simultanément dans plusieurs pays, des investigations doivent souvent être effectuées à l'étranger* ».[719] Il n'y a donc aucun doute sur le fait que « *si les divers éléments d'une même activité criminelle sont situés sur des territoires différents, il sera difficile de localiser l'infraction* ».[720] L'internationalisation de l'infraction pose le problème de la compétence. On est alors tenté de se poser cette question à propos des infractions de presse : « *L'infraction est-elle commise dans le pays où l'information est mise en ligne ou doit-on considérer qu'elle est commise dans le pays où elle est reçue* ? »[721]

L'affaire Yahoo précitée montre la possibilité du droit français de s'étendre à des infractions présentant des éléments d'extranéité. L'article 113-2 du Code pénal français admet cette possibilité en prévoyant que l'infraction est réputée commise sur le territoire de la République à partir du moment où un de ses faits constitutifs a lieu sur ce territoire. Selon QUEMENER, la disposition « *pose le principe d'une responsabilité élargie des juridictions pénales françaises et se rallie à la théorie dite de l'ubiquité selon laquelle il y a rattachement au territoire national et au droit pénal de ce dernier dès lors qu'une partie de l'infraction est commise sur ce territoire* ».[722]

Les États concernés par l'étude admettent la saisine des infractions commises partiellement ou totalement à l'étranger par leur législation pénale. La mise en œuvre de cette compétence sera-t-elle opérationnelle

---

[719] (M.) QUEMENER et (J.) FERRY, op. cit. p. 224.
[720](A.) DIOP, op. cit. p. 15.
[721] Idem.
[722] (M.) QUEMENER op.cit. p.158.

en matière de lutte contre les cybercrimes ? Les questions suscitées par le volet international de la cybercriminalité nous mettent de plain-pied dans la coopération internationale. Les poursuites d'une infraction dont l'auteur se trouve sur un autre territoire ne peuvent se faire en dehors d'une coopération. Cette dernière correspond aux réalités de la cybercriminalité qui évolue dans un espace autre que celui physique ? C'est à cette autre interrogation qu'il nous est donné de répondre par une analyse des règles de coopération applicables au sein des États ouest-africains qui font l'objet de notre étude. La spécificité du cyberespace demeure une grande épreuve pour ces normes aussi bien dans leur version classique que nouvelle.

Il est clair que la mise en œuvre de la procédure pénale est soumise aux règles de compétence territoriale. Ces dernières impliquent l'application de la loi pénale en principe dans les limites du territoire d'un État. Mais il se trouve que le cyberespace dans sa spécificité est assez réfractaire à ce principe classique du droit pénal et rend automatiquement difficile la saisine de la cybercriminalité par les normes de procédures classiques des États. Au niveau international, les règles classiques de coopération entre les États en matière procédurale ont aussi du mal à fonctionner correctement face aux cybercrimes.

PARAGRAPHE II : LA FAIBLESSE DES NORMES DE COOPÉRATION DANS LE TRAITEMENT DE LA CYBERCRIMINALITÉ

La jeunesse du cadre de lutte contre la cybercriminalité qui prévaut au niveau des règles de fond est la même au niveau de celles de forme. Les règles de coopération sont particulièrement éprouvées dans la mesure où elles s'appliquent dans leur version classique alors que le cadre de perpétration des actes répréhensibles de la cybercriminalité ainsi que leur nature est assez réfractaire à certains principes qui figurent régulièrement dans les conventions établissant cette coopération. Il est alors clair que la faiblesse des normes de coopération classique entraîne leur incapacité à répondre efficacement aux besoins de la cybercriminalité (A). Cette évidence entraîne la nécessité d'adoption de nouvelles règles de coopération par les États. Ces dernières ne sont pas à leur tour, irréprochables (B).

1-La faiblesse des normes classiques dans le traitement de la cybercriminalité

a-La coopération internationale en matière pénale

Les questions de coopération en matière pénale impliquent toujours celles relatives aux poursuites et aux compétences en dehors de la sphère étatique. Les États font recours à la coopération à partir du moment où ils ont besoin de l'aide d'un autre pays pour la réalisation des poursuites de l'auteur d'un acte répréhensible.

Elle est alors judiciaire ou policière et intervient dans le cadre d'une entraide. Si la coopération en matière pénale a pour finalité la lutte contre l'impunité, il faut noter qu'elle n'est pas facile à réaliser dans la mesure où elle a lieu conformément à des règles bien définies qui varient en fonction des acteurs et des contenus des accords.

L'entraide judiciaire est celle qui nous intéresse dans le cadre de notre approche relative à la poursuite de la cybercriminalité au plan international.[723]

Le régime juridique de l'entraide judiciaire internationale tire sa source des traités internationaux aussi bien bilatéraux que multilatéraux.[724] L'entraide judiciaire internationale en matière pénale comprend l'ensemble des mesures prises par l'État requis sur la demande de l'État requérant pour soutenir la poursuite et la répression d'infractions

---

[723] Il faut noter que l'entraide policière peut être d'une importance capitale dans la poursuite de la cybercriminalité. Cette forme d'entraide permet une collaboration entre les autorités policières des États. Interpol permet aux autorités de police de communiquer avec l'étranger. Sa délimitation avec l'entraide judiciaire peut varier en fonction des accords internationaux et des pays. Les observations transfrontalières sont classées dans l'entraide de police par la convention d'application de l'Accord de Schengen (art. 42 et 43) alors qu'elles font aussi l'objet du deuxième Protocole additionnel à la Convention européenne d'entraide judiciaire.

[724] Manuel procédural pénal de coopération, projet de Consolidation et Modernisation de l'Administration de la Justice du Maroc, 2009, P.7.

pénales en son sein.[725] L'entraide est soit active[726] soit passive.[727] Elle se réalise par des actions à l'image de l'entraide judiciaire au sens strict[728] et par l'extradition ou le transfèrement de personnes condamnées. La problématique de la poursuite des auteurs des infractions de cybercriminalité peut mieux s'apprécier dans le cadre de la coopération judiciaire internationale à travers surtout la recherche des preuves et l'extradition de l'auteur de l'infraction.

b-Les questions soulevées par les règles d'extradition

Le problème de localisation de l'infraction pose indéniablement celui relatif à la compétence.[729] Cette dernière soulève d'autres problèmes de coopération. Pour preuve, la comparution de l'auteur d'une infraction localisée à l'étranger est assez délicate dans la mesure où elle doit se faire dans le cadre d'une extradition. Concrètement, l'État où est situé l'auteur de l'acte doit prendre la décision de l'extrader ; ce qui n'est pas toujours facile en raison de l'existence d'obstacles divers. En effet, la nationalité de l'auteur de l'infraction peut poser problème en ce sens qu'elle jouera beaucoup dans la mise en œuvre de cette procédure. L'État requis refusera de s'exécuter surtout lorsque la demande d'extradition visera ses nationaux. Bon nombre de conventions d'extradition et de lois nationales admettent cette attitude comme règle.[730] La Convention[731] de la CEDEAO relative à l'extradition conditionne l'extradition d'un national de l'État requis à la discrétion

[725] Office fédérale de justice OFJ, L'entraide judiciaire internationale en matière pénale, Berne 9eme Ed. 2009 p.7, Disponible en ligne sur http://www.rhf.admin.ch/medialib/data/rhf Consulté le 22 octobre 2013.

[726] L'entraide est dite active lorsqu'un État dit requérant reçoit l'assistance des autorités judiciaires d'un autre État.

[727] L'entraide est passive lorsque les autorités d'un État dit requis accordent une assistance à celles d'un autre État.

[728] Notification de transmission, obtention de preuves, mesures préventives réelles.

[729] La difficulté relative à la compétence concerne la juridiction habilitée à connaître de l'affaire. Le problème peut se poser quant à sa saisine aussi bien au plan interne qu'au niveau international.

[730] Pour éviter l'impunité, certaines conventions prévoient une parade en admettant la possibilité de soumission de l'affaire à l'État requis s'il s'agit de son national qui est visé. L'État requérant doit en faire la demande.

[731] La Convention de la CEDEAO relative à l'extradition a été adoptée en juillet 1994.

de ce dernier. En cas de refus d'extrader, les juridictions de l'État requis peuvent être saisies pour ce faire à la demande de l'État requérant.[732]

En plus de la nationalité, le lieu de perpétration de l'infraction peut constituer un obstacle à la poursuite. L'État requis peut refuser d'extrader l'individu réclamé lorsque l'infraction a été commise en tout ou partie de son territoire, même s'il n'est pas son national. L'État peut en outre refuser l'extradition si l'infraction à la base de cette demande a été commise en dehors du territoire de l'État requérant, alors que la législation de l'État requis n'autorise pas la poursuite d'une infraction de la même nature commise en dehors de son territoire.[733] Cette dernière situation montre la difficulté de mise en œuvre de la compétence universelle pour les juridictions des États qui s'investissent de cette mission à l'égard des infractions classiques. Ce type de compétence est-il nécessaire et envisageable au niveau ouest-africain à l'égard des infractions de cybercriminalité ? Les infractions de cybercrimes se produisant sur le réseau Internet s'étendent fréquemment sur plus d'un pays et nécessitent le concours d'autres États pour leur poursuite. Les règles classiques de réalisation de l'extradition ne sont pas de nature à favoriser la poursuite des auteurs de ces infractions qui se distinguent par leur internationalité. Les normes anciennes concourent à l'entretien de cyberparadis et l'institution de l'impunité.

c-Les difficultés inhérentes au principe de double incrimination

La mise en œuvre des règles de l'extradition nécessite également l'observation d'un principe fondamental qui revient couramment dans les conventions de coopérations pénales internationales. Il s'agit du principe de la double incrimination. Ce principe peut poser problème dans la poursuite de l'infraction en cas de la localisation de son auteur à l'étranger. Ce principe impose que l'acte soit pénalement qualifié aussi bien par l'État requérant que par celui requis. Le texte communautaire ouest-africain relatif à l'extradition pose ce principe de double incrimination de l'acte à la base de la demande d'extradition. Il en ressort que la double incrimination suppose l'incrimination de l'acte

---

[732] Voir article 10 de la Convention de la CEDEAO relative à l'extradition.

[733] Voir art.11 de la Convention de la CEDEAO relative à l'extradition.

par les deux États d'une part, et d'autre part, l'existence d'un minimum de peine privative de liberté de deux ans.[734] Le risque d'impunité de l'acte répréhensible est grand lorsqu'il n'est pas incriminé par l'État sollicité dans le cadre de la coopération.[735] Bon nombre d'États ouest-africains n'ont pas encore adopté une législation contre les cybercrimes.[736] Il est alors très difficile de poursuivre certains actes cybercriminels dans le cadre d'une coopération. Cette réalité est une grande tare des législations face à cette nouvelle forme de délinquance qui se produit dans un espace international. Par ailleurs, la flexibilité des peines privatives de liberté au sein de la législation du Ghana pour les infractions de cybercriminalité est-elle de nature à favoriser la poursuite internationale des infracteurs ? La faiblesse des peines privatives de liberté est incompatible avec la Convention de la CEDEAO qui conditionne l'extradition de personnes sollicitées à l'existence d'une peine d'un minimum de deux ans. Il est alors évident que cette convention ne sera pas opérationnelle à l'égard des infractions sanctionnées par une peine privative de liberté dont le minimum n'atteint pas les deux ans.

Les impacts négatifs considérables des cybercrimes qui découlent de leur nature nécessitent des peines privatives de libertés assez lourdes, donc dissuasives. Du coup, il est primordial de se tourner vers de nouvelles règles de coopération qui tiennent toutes compte de ces réalités.

d-Les difficultés relatives à la réciprocité des compétences

Elles se posent dans le cadre de la mise en œuvre de compétence internationale. En effet, il existe des conventions d'extradition ainsi que certaines législations internes qui donnent la possibilité à l'État requis de refuser l'extradition en l'absence de réciprocité de compétence[737]. Il est clair que les normes classiques de coopération en vigueur au sein

[734] Art. 3. de la Convention de la CEDEAO relative à l'extradition.
[735] Même le non-national de l'État requis bénéficie de cette protection qu'offre le principe de double incrimination de l'infraction.
[736] Jusqu'à présent, le Nigéria n'a pas encore transformé son projet de loi en loi.
[737] Cette difficulté se pose lorsque les compétences des juridictions de l'État requérant et celui requis ne sont pas fondées sur une même règle. Surtout lorsque la règle n'est pas consacrée par l'État requis.

des États ne sont pas suffisamment adaptées aux besoins de poursuite de la cybercriminalité. Les nouvelles normes adoptées par les États du Sénégal, du Nigéria de la Côte d'Ivoire et du Ghana ne sont pas à l'abri de critiques.

2-Les insuffisances des nouvelles normes de coopération adoptées par les États

a-Les faiblesses inhérentes à la nature et au contenu des nouvelles règles

Il a déjà été démontré que les règles de coopération internationale classique des États ouest-africains ne régissaient pas correctement les infractions de cybercriminalité dans leur dimension internationale en raison des obstacles relatifs à la condition de double incrimination ou aux règles de compétence qu'elles contiennent. Pour conformer leur législation aux questions liées à la cybercriminalité, les États s'embarquent dans un processus de transformation de leurs normes y compris celles relatives à la coopération internationale pour la poursuite des infractions au-delà des frontières étatiques. Cette volonté des États qui font l'objet de notre étude se traduit par l'adoption de normes à caractère national à portée limitée au plan international et aussi par l'adoption de règles communautaires à caractère sous-régional.

b-Les normes de coopération internationale à caractère national

Il est fait référence à ce niveau aux normes de coopération adoptées par les États[738] afin de lutter contre des infractions de nature transnationale, à l'image de la cybercriminalité. Mais la particularité de ces normes réside dans le fait qu'elles se limitent seulement à quelques États, notamment ceux avec qui l'État a signé un accord. C'est le cas du Ghana qui a renforcé ses normes de coopération internationale par l'adoption en 2010 d'une loi dénommée « *Mutual Legal Assitance Act* ». La faiblesse de ce texte réside dans sa nature qui est d'une faible portée en ce sens que seuls quelques États concernés peuvent en profiter. Il ne permet pas en effet à l'État de

[738] Faisons référence aux conventions entre deux ou un petit nombre d'États.

coopérer avec le maximum de pays dans la lutte contre la cybercriminalité alors que la manifestation hors frontières de cette criminalité est une réalité non négligeable qu'il est capital de prendre en compte. Du point de vue du contenu, le texte est faible en ce sens qu'il n'opère pas de grande mutation. À cela, il est nécessaire d'ajouter qu'il existe au niveau communautaire un texte qui offre un nouveau cadre de coopération internationale. Il s'agit de la Directive de la CEDEAO de 2011qui a une dimension régionale ouest-africaine.

c-La norme de coopération communautaire

Elle offre un cadre d'incrimination des agissements de type cybercriminel et propose des règles pas bien adaptées à la poursuite des infractions aux niveaux national et international. La faiblesse de la Directive en matière de coopération internationale dans la poursuite de la cybercriminalité réside dans le fait qu'elle l'aborde de façon superficielle en son article 33 intitulé « *coopération judiciaire* ».

Un seul article est réservé aux questions en rapport avec la poursuite des infractions au plan international. Le texte communautaire renvoie cependant aux normes de coopération judiciaire classiques pour le traitement international de ces infractions. Cette réalité n'est pas favorable à la lutte contre une infraction à dimension fortement transnationale.

3-Les faiblesses inhérentes à la mise en œuvre des nouveaux textes

L'une des raisons de la faiblesse des normes s'explique par le fait que les États ne se sont pas tous approprié le contenu de la Directive communautaire par sa formalisation dans leur droit interne. Par ailleurs, ceux l'ayant transposée ne peuvent efficacement la mettre en œuvre dans la mesure où elle n'offre pas un nouveau cadre de coopération internationale aux États membres en matière de poursuite de la cybercriminalité au-delà des frontières étatiques. Elle renvoie les États aux normes classiques. Les difficultés de mise en œuvre de la Directive en matière de coopération internationale peuvent aussi découler du fait que les États l'ayant formalisée dans leur droit interne ne peuvent demander un traitement international des infractions de cybercrimes sur sa base. Le fait pour le texte communautaire de recourir aux règles anciennes peut poser problème sous un autre angle. En effet, l'article 33, alinéa 1 de la Directive dispose : « *Lorsqu'ils sont saisis par un autre État membre, les États membres doivent coopérer à la recherche et à la constatation de toutes les infractions pénales prévues ou définies par la présente Directive ainsi qu'à la collecte de preuves sous forme électronique se rapportant à une infraction pénale* ».

La difficulté de mise en œuvre pourrait sérieusement se poser lorsque les États n'ayant pas encore incorporé le texte de la CEDEAO dans leur législation interne solliciteraient les autres États dans le cadre d'une poursuite de la cybercriminalité. La Directive est assez claire en recommandant aux États de coopérer pour les infractions définies par celle-ci. Les normes classiques de coopération sont certes, insuffisantes à l'égard de la poursuite des infractions de cybercrime, mais elles ne pourront pas être mises en œuvre à la demande d'un État qui n'a pas incorporé les incriminations prévues par la norme communautaire dans sa législation nationale.

Le principe de la double incrimination pourrait sérieusement affecter la mise en œuvre des règles de coopération. Par exemple le Ghana et les autres États ne pourront pas coopérer efficacement dans l'hypothèse où ce dernier n'aurait pas prévu une infraction se trouvant dans la Directive ou encore dans l'hypothèse où il aurait insuffisamment incriminé un agissement comme le souhaite le texte communautaire. La recommandation de la Directive ne sera efficacement mise en œuvre qu'à l'égard des règles classiques de coopération à caractère communautaire. Ces dernières ont l'avantage de regrouper tous les États de la CEDEAO. Par contre, les règles à petite portée, notamment celles conclues entre plusieurs États ne seront exclusivement applicables qu'à leur égard et ne pourront être de quelque apport que ce soit à l'ensemble des États de la région.

La poursuite des infractions de cybercrimes se heurte à des obstacles qui découlent des législations des États étudiés. La particularité du cyberespace soulève des contraintes quant à la poursuite des infractions aussi bien aux niveaux national qu'international. Au deuxième niveau, la localisation des infractions ou celle de leur auteur en dehors du territoire étatique soulève la question de la territorialité de la loi pénale.

Les normes classiques encore applicables ne sont pas suffisamment efficaces pour assurer une poursuite convenable des cybercrimes.

La Directive de la CEDEAO qui tente d'offrir des règles adaptées à la règlementation de la cybercriminalité reste insuffisante dans sa poursuite internationale. À défaut de proposer un nouveau cadre adapté à la poursuite en dehors de la sphère étatique, elle se limite à recommander aux États une observation des règles classiques de coopération. Ces dernières sont non seulement inefficaces à l'égard de la poursuite proprement dite, mais aussi au regard de leur application à l'égard de tous les autres États de la région. Le premier constat découle, nous l'avons déjà vu, de l'inadaptation des normes classiques à la spécificité du cyberespace. Le deuxième quant à lui s'explique par le fait que tous les États de la région ne sont pas forcément parties aux mêmes textes de coopération internationale en matière pénale même s'il existe un cadre sous-régional en la matière. Seuls les États ayant conclu un accord ou signé une convention de coopération pourront coopérer dans la poursuite de la cybercriminalité en dehors de leurs frontières. Cette réalité demeure un grand frein au traitement international de la cybercriminalité.

Les contraintes auxquelles sont confrontés les États ne se limitent pas qu'aux normes de poursuite de la cybercriminalité, elles concernent également les règles relatives aux investigations.

SECTION II : LES DIFFICULTÉS INHÉRENTES AUX INVESTIGATIONS

Les difficultés que traversent les règles de procédure pénale des États dans leur mission d'investigation s'apprécient concrètement à travers une analyse des normes classiques (§I). Elles renferment des limites face à une cybercriminalité qui se réalise via des réseaux et des supports électroniques. Les normes classiques d'investigation de l'ensemble des États de notre étude ne saisissent pas parfaitement les infractions de cybercrimes. Cela est d'autant plus vérifié que ces normes ont été conçues pour un environnement matériel. Conscients de cette réalité, les États à travers la Directive de la CEDEAO sont en quête de réponses communes. Des réponses exclusivement étatiques émergent également.

Ces règles nouvelles sont certes importantes, mais elles restent à parfaire (§II).

PARAGRAPHE I : LES LIMITES DES NORMES CLASSIQUES DE RECHERCHE DES PREUVES

Les règles classiques des États contiennent des limites qui se justifient par leur objet, notamment, le monde matériel. Il convient d'étudier ces normes anciennes de recherche des preuves afin de mieux apprécier leur limite dans la saisie des cybercrimes en raison de leur lieu de localisation (A). La nécessité de cet exercice s'explique par le fait que les normes classiques demeurent les principales normes applicables au sein de certains États.[739] En plus du lieu de localisation des infractions qui pose problème, il est nécessaire d'analyser les limites des normes de recherche des preuves proprement dites afin de mieux apprécier les obstacles à la réalisation des perquisitions et saisies (B).

1-Inadaptabilité des normes classiques de procédure en raison du lieu de localisation des infractions

La responsabilisation de l'auteur d'une infraction se fait par la production d'une preuve. Sa constatation est précédée d'une perquisition sur les lieux où il est possible de découvrir des informations. La perquisition au cours de laquelle a lieu l'action de constatation obéit à des règles. Ces dernières sont dans leur version classique faites en fonction de la nature des actes répréhensibles et de leur lieu de localisation. Ces deux éléments sont liés aux réalités du monde matériel dans la plupart des législations. Le problème soulevé par la poursuite des cybercrimes quant à leur constatation devient assez sérieux du fait de la dématérialisation du lieu de leur réalisation et aussi de leur internationalisation.

---

[739]C'est le cas par exemple, du Nigéria, de la Guinée, du Mali qui n'ont pas encore adopté leur loi sur la cybercriminalité au moment de la rédaction de notre étude. Un État comme le Burkina et le Bénin ne disposent pas de législation sur la cybercriminalité.

a-Les difficultés liées à la localisation des éléments de preuve dans un espace dématérialisé

Le droit classique de recherche des preuves est bâti autour du monde matériel dans la plupart des législations de la planète. Les quatre pays qui font l'objet de notre étude ne sont pas en marge de cette réalité. Les lois classiques de recherche des éléments de preuves sont en effet exclusivement faites en conformité à la réalité du monde matériel. Elles ont alors du mal à saisir le monde immatériel du cyberespace. Les législations anciennes des États règlementent la constatation des infractions dans le monde réel. Les perquisitions sont réalisées concrètement dans les domiciles, les lieux de travail et tout autre espace réel où les preuves des infractions peuvent être retrouvées. Les saisies portent sur des éléments matériels. Les infractions de cybercrimes ne peuvent efficacement être couvertes par ces anciennes lois parce qu'elles se réalisent dans des espaces dématérialisés à l'instar des systèmes informatiques, des supports électroniques, surtout par le biais d'Internet. Les éléments à saisir portent dans ce cas sur des informations immatérielles par nature.

Les législations ivoirienne, sénégalaise et ghanéenne prévoient expressément les perquisitions dans les systèmes informatiques. La législation du Nigéria par contre était essentiellement basée sur les normes procédurales classiques au moment de cette recherche. En conséquence, elle n'était pas appropriée aux recherches en ligne et dans les systèmes informatiques. Cette insuffisance de la législation s'expliquait par le fait que cet État n'avait pas encore adopté sa loi sur la cybercriminalité.

b-La non-admission des perquisitions et saisies en ligne par les législations classiques

De la même manière que le droit classique des États n'admet pas la localisation des éléments de preuve dans les systèmes informatiques ; il n'admet pas non plus les saisies. L'extension des infractions de cybercriminalité en dehors du territoire national et dans les systèmes informatiques rend difficile, voire impossible, l'application des normes des États essentiellement basées sur le droit classique. C'était en effet le cas du Nigéria qui n'avait pas encore adopté sa législation sur la cybercriminalité. Les normes classiques de perquisition et de saisies sont celles admises pour la recherche des éléments de preuve même si les autorités chargées de la recherche des preuves tentent parfois de découvrir des faits constitutifs de cybercriminalité en ayant recours aux nouvelles méthodes. Le risque encouru par cette pratique est l'illégalité voire l'irrecevabilité des preuves obtenues. Il est capital d'analyser les normes classiques de recherche des preuves des États afin de cerner leur degré d'opérationnalité dans la poursuite des infractions de cybercriminalité.

2-Les limites inhérentes aux normes de recherche des infractions proprement dites

a-Le dépassement des normes classiques relatives à la recherche de preuves

L'inadaptabilité des normes classiques de recherche des preuves s'apprécie à divers niveaux et sur des éléments variés.

L'autorisation de l'acte de recherche

La recherche des preuves débute par une autorisation de cette recherche par le juge d'instruction, le procureur ou l'OPJ compétent. Si l'acte d'autorisation en lui-même ne pose pas de problème, il est important de noter que la lenteur dans la délivrance de celui-ci peut constituer une grande difficulté dans la recherche des preuves de cybercriminalité. Les traces des infractions doivent être retrouvées avec célérité en raison de leur volatilité dans l'environnement numérique. Le délai dont dispose l'ordonnateur pour autoriser la recherche peut aussi être inadapté pour une constatation rapide de l'acte répréhensible. La lenteur qui prévaut dans les administrations de certains États ouest-africains peut entraîner le dépassement des délais de constatation et compromettre toute chance de retrouver les preuves.

Les conditions de déroulement des perquisitions

A priori, les perquisitions en dehors des domiciles ne posent pas grand problème relativement à leur déroulement. Toutes les législations admettent cependant une période de réalisation des perquisitions et des visites domiciliaires. En droit sénégalais, ces dernières ne peuvent débuter avant cinq heures et après vingt et une heures.[740] Dans la législation ivoirienne, elles ne peuvent débuter avant six heures et aller au-delà de vingt et une heures sauf pour certaines catégories d'endroits.[741]

La difficulté qui se présente relativement à la période de déroulement des perquisitions est réelle. Sa limitation à un moment de la journée peut concourir à la possibilité de disparition des éléments de preuve dans l'environnement numérique. La perquisition en ligne est-elle possible à tout moment même si elle a lieu à un domicile à distance ? La question pourrait se présenter autrement. La perquisition dans un système informatique au domicile d'une personne à tout moment et sans le consentement de ce dernier est-elle admise ? Le recueillement préalable du consentement de la personne concernée et le respect des périodes de réalisation de la perquisition ne sont-ils pas des conditions dont le non-respect conduit à la nullité des éléments de preuves ? La perquisition dans le monde physique respecte un certain nombre de conditions qui ne sont pas obligatoirement opérationnelles dans l'environnement numérique compte tenu de la délicatesse de la constatation des preuves. Pour être légale, cette nouvelle manière de collecter les preuves des infractions de cybercriminalité doit être prévue par la loi pour ne pas être rejetée au procès. Cela explique pourquoi les législations des États sont en mutation pour s'adapter à l'environnement numérique.

La nécessité d'adaptation du droit classique des États est due en grande partie, aux endroits où se localisent les preuves. Le droit ancien s'appliquera sans difficulté pour certains éléments de l'environnement numérique à l'instar de la clé USB ou autre mémoire périphérique de stockage et l'ordinateur proprement dit. Il n'y a pas de problème majeur lorsque les recherches doivent s'effectuer sur ces éléments par le canal de la procédure classique. Les difficultés risquent de surgir lorsque les perquisitions et saisies doivent se réaliser dans les systèmes informatiques. Une autre difficulté est celle relative au risque de lenteur, notamment dans l'autorisation de l'acte de recherche. Par

[740]Voir art 51 du code de procédure pénal du Sénégal.
[741]cf. législations nationales.

ailleurs, c'est l'acte de recherche de la preuve à distance sans autorisation dans un système informatique qui est source d'illégalité. La preuve en est que toutes les actions d'adaptation des règles de procédure pénale tendent à faire des mutations pour l'admission des perquisitions et saisies dans les systèmes informatiques aussi bien au plan interne qu'au niveau international.

Les contraintes imposées par les normes d'usage des preuves

Les normes d'usages des preuves font ici appel aux principes qui prévalent devant le juge en vue de leur validation pour la confirmation d'une infraction. La recherche des informations pour prouver une infraction est délicate et obéit à des règles. Ces dernières sont encore plus délicates lorsqu'il s'agit de preuves se trouvant dans l'environnement numérique. La remise en cause des principes de loyauté et de proportionnalité de la preuve se pose avec acuité. Ces règles ont pour objet de déterminer qui doit établir la preuve, sur quoi elle doit porter, comment elle doit être établie et quelle est sa force probante. Si la liberté de la preuve est un principe qui gouverne les procédures pénales des États, il est capital de noter que la règle de la loyauté est fondamentale dans l'établissement de la responsabilité de l'individu.

Le principe de loyauté signifie concrètement que la technique de collecte des preuves doit être transparente et surtout prévue par la loi. Les acteurs de la collecte ne doivent pas user de procédés non prescrits. C'est à ce risque de dérive que les personnes chargées des recherches en matière de cybercriminalité sont exposées au sein des États qui ont fait l'objet de notre étude. Pour les États ayant une législation réaménagée en vigueur, le problème ne se pose pas de la même façon que pour ceux n'ayant pas de lois en vigueur contre la cybercriminalité. Si pour les premiers[742] les nouvelles législations couvrent les recherches, ce n'est pas le cas pour les seconds[743] qui font appel au droit ancien pas toujours approprié. La recherche des preuves en ligne pour une infraction classique à l'instar de l'escroquerie qui est saisissable par

[742] Il s'agit des États du Sénégal et du Ghana et de la Côte d'Ivoire qui disposent de nouvelles dispositions procédurales adaptées à l'environnement numérique.
[743] Le Nigéria à l'image de bien d'autres États ouest-africains jusqu'à une époque récente ne disposait pas encore de législation en vigueur.

les anciennes législations, notamment par le droit pénal substantiel n'est pas aisée. Il est en effet évident que le droit pénal de fond saisit cette infraction, ce n'est pas pour autant toujours le cas du droit pénal de forme lorsqu'il s'agit de la prouver. Les acteurs de la recherche des preuves sont alors tentés d'utiliser des techniques non recommandées pour prouver l'infraction. Au Sénégal, avant l'adoption d'une législation sur la cybercriminalité, l'escroquerie en ligne était prouvée par la réception effective des fonds puisqu'il était pratiquement impossible de recourir aux échanges de mails ou encore à d'autres recherches en ligne pour la prouver. Au Ghana, la police économique met la main sur le bien sur lequel porte l'escroquerie en ligne lorsque la victime dénonce rapidement l'infraction ou lorsqu'Interpol en fait la demande. La loyauté de la preuve est si importante pour la mise en œuvre du procès pénal qu'un auteur fait cette remarque : « *Il est impératif que les données soient réunies selon une méthodologie acceptée par tous. Pour qu'elle soit crédible, elle doit résister à la discussion : l'expert doit alors tout mettre en œuvre pour que les parties puissent débattre de toutes les questions posées par cette preuve numérique* ».[744]

La loyauté de la preuve proscrit donc l'usage de preuves recueillies dans des conditions non prévues par la loi. La collecte des preuves dans l'environnement met aussi à l'épreuve les libertés fondamentales en l'occurrence le droit au respect de la vie privée. Il est important que les règles de procédure s'adaptent aux besoins de l'environnement numérique, notamment, aux contraintes imposées par la cybercriminalité. En France par exemple, depuis l'adoption de la loi du 5 mars 2007 modifiant le Code de procédure pénale,[745] la police judiciaire est autorisée à procéder à des infiltrations numériques dans le but de constater des infractions. Les perquisitions et saisies dans les systèmes informatiques sont également admises par la législation française. Au niveau ouest-africain, la Directive de 2011 prévoit la perquisition dans les systèmes informatiques sauf qu'elle n'a pas été transposée dans la plupart des législations des États.

---

[744] Patrick MATET, « La preuve numérique à l'épreuve du litige », Paris, Acte du Colloque organisé à la Première Chambre de la Cour d'Appel, 13 Avril 2010, P.7.

[745] Voir l'article 706-35-1 du Code de procédure pénale.

Les insuffisances des normes classiques face à la cybercriminalité viennent d'être mises en exergue et il a clairement été démontré que ces normes ne sont pas en mesure de favoriser la recherche des preuves à l'aune du développement de l'environnement numérique. Les nouvelles normes qui existent au sein de certains États ne sont pas non plus exemptes de toute critique et cela fait de la cybercriminalité un défi à relever et une criminalité à mettre sous surveillance de façon constante.

PARAGRAPHE II : LES INSUFFISANCES DES NOUVELLES NORMES

Les nouvelles législations n'étant pas totalement parfaites face au grand défi que représentent les cybercrimes, il convient de les analyser pour comprendre à quel niveau se situent les difficultés. La Directive communautaire de la CEDEAO est d'abord étudiée, mais de façon superficielle au regard des dispositions relatives à la procédure, étant donné que ce texte fera l'objet d'une analyse plus minutieuse (A) dans la deuxième partie de l'ouvrage. Les approches des États ayant une législation relative à la cybercriminalité seront étudiées dans le même but de cibler leurs limites au niveau procédural (B).

1-Les limites des dispositions relatives aux investigations dans la Directive de la CEDEAO

L'analyse des dispositions de procédure s'avère primordiale, car le texte est la source de toutes les législations des États de la région ouest-africaine en matière de cybercriminalité. Les États auraient dû l'avoir déjà adopté en janvier 2014.[746]

La règle communautaire aborde la thématique relative à la procédure en quatre points que sont la perquisition ou l'accès à un système informatique, la conservation rapide de données archivées, le mode de preuve et la coopération judiciaire. Sa limite réside essentiellement dans le fait qu'elle aborde de façon lapidaire les questions de procédure. Le législateur communautaire admet les perquisitions et les saisies dans les systèmes informatiques sans prendre le soin de les baliser par le respect

[746] À cette date, seuls quelques États ont transposé la Directive dans leur législation interne. La plupart d'entre eux ont adopté des projets de loi qui ne sont pas encore entrés en vigueur.

de la vie privée. L'importance des droits de la personne humaine devrait être prise en compte afin que les acteurs chargés des investigations soient moins tentés de les violer.

Concernant les données de connexion susceptibles de faire l'objet de perquisition, le texte communautaire laisse le soin aux États de fixer le délai de conservation. Le législateur aurait pu fixer une période fermée et raisonnable de conservation[747] dans laquelle chaque État ferait un choix. La large ouverture est une porte ouverte aux abus, car certains États seront tentés de conserver ces données pendant plusieurs années en violation de l'impératif de protection de la vie privée. Malgré leur caractère secret, les données de connexion courent un grand risque d'être exploitées abusivement. La Directive recommande aux États de coopérer dans le cadre de la constatation des infractions et la collecte de preuves électroniques.

Cette recommandation est faite en raison du caractère international du monde numérique, notamment le réseau Internet. La mise en œuvre de la coopération internationale en matière pénale n'est pas facile, elle nécessite un traitement particulier. Le fait alors pour la Directive communautaire de se baser sur les règles de coopération classiques pour y faire face est une sorte de limite, car les règles de coopération classiques entre les États ne concernent pas forcément tous les États alors que la coopération judiciaire peut s'avérer nécessaire entre d'autres États n'ayant aucun accord de coopération dans ce sens. La Directive aurait gagné à être audacieuse en proposant aux États une coopération systématique et spécifique à la cybercriminalité aux États. Encore faudrait-il s'interroger si les règles de coopération classique dont il est question favorisent le traitement de la cybercriminalité avec célérité. Il n'y a pas que les dispositions de la Directive qui comportent des limites, les nouvelles législations des États peuvent aussi faire l'objet de critiques.

[747] Le législateur communautaire aurait par exemple pu prévoir que chaque État aurait le choix de conserver les données de connexion durant une période d'un à deux ans.

2-Les limites des dispositions nationales d'investigations relatives à la cybercriminalité

Les lignes qui suivent analysent les nouvelles législations nationales et en ressort les insuffisances dans la constatation, la collecte de preuves et la coopération entre les États.

a-L'admission des perquisitions et saisies dans les systèmes informatiques et les difficultés qui peuvent en résulter

L'étude des nouvelles législations fait noter de grands progrès en matière procédurale. La loi sénégalaise prévoit les perquisitions et saisies dans les systèmes informatiques.[748] Ainsi, le juge d'instruction peut autoriser la saisie de données stockées dans un système informatique. Les données situées dans un système en dehors du territoire national peuvent faire l'objet de saisie si elles sont accessibles à partir du système initial. Cette deuxième action doit être réalisée en respect des engagements internationaux en vigueur.[749]

En droit ivoirien, le législateur prévoit les mêmes actions dans l'article 75 de sa loi n° 2013-451 du 19 juin 2013 relative à la lutte contre la cybercriminalité. Il admet que « *L'autorité compétente peut accéder à un système d'information ou à un support de stockage numérique et à des données intéressant l'enquête en cours et stockées dans ledit système ou ledit support se trouvant sur les lieux de la perquisition… L'autorité compétente peut également accéder à des données intéressant l'enquête en cours et stockées dans un autre système d'information, dès lors que ces données sont accessibles à partir d'un système initial* ».

La grande faiblesse des perquisitions en ligne peut être liée à une non-maîtrise des TIC par les acteurs chargés de cette action.

---

[748]Art.677-36 du Code de Procédure Pénale sénégalais.

[749] Art. 677-37 du Code de Procédure Pénale sénégalais.

b-L'admission de la preuve électronique et les difficultés liées à leur usage

Cette preuve est prévue par les législations de la Côte d'Ivoire, du Sénégal et du Ghana. L'ensemble des législations conditionnent son acceptation. Elles exigent l'identification de la personne dont elle émane et sa conservation dans des conditions garantissant son intégrité.[750] Ces aménagements sont à saluer certes, mais ne sont pas irréprochables. Le conditionnement de l'admission de la preuve électronique à l'identification de son auteur est une action protectrice de l'auteur de l'infraction contre tout abus dans l'établissement de sa responsabilité. Cela signifie que les preuves qui n'émaneraient pas d'un auteur qui en garantit l'intégrité ne sont pas admissibles. La volatilité et le grand risque de manipulation de la preuve électronique sont sans doute à la base de cette réticence.

c-Les limites découlant du recours aux règles de coopération classiques

Les législateurs ivoirien, sénégalais, nigérian et ghanéen soumettent la perquisition dans les systèmes informatiques situés hors du territoire national au respect des engagements internationaux. En effet, les États, dans leurs nouvelles législations, font recours aux coopérations classiques pour la poursuite des infractions de la cybercriminalité. Cette option est l'une des faiblesses de ces législations. Les législateurs auraient pu opter pour des normes de coopération adaptées au besoin de traitement des cybercrimes.

Cette analyse ressort la réalité des difficultés que peuvent générer les normes de procédures. Elles constituent de véritables obstacles à la sanction de la cybercriminalité dans leur version classique dans la mesure où elles ne favorisent pas la recherche des preuves. L'internationalité du cyberespace éprouve le sacro-saint principe de la territorialité de la loi pénale qui veut qu'elle soit a priori d'application nationale. C'est pourquoi de nouvelles normes sont nécessaires. Bon nombre d'États n'ont cependant pas encore adopté de lois capables de régir les cybercrimes. Les États ayant transposé la Directive de la

---

[750] Article 677-40 du Code de Procédure Pénale sénégalais.

CEDEAO font malheureusement recours aux normes de coopération classiques pour faire face à la poursuite des infractions au niveau international. Ces normes restent cependant faibles dans le traitement des cybercrimes. Le recours aux normes de coopération classiques réduit l'effet de la norme communautaire qui aurait pu se limiter à la formalisation de la coopération pénale entre les États sur sa base. La poursuite des cybercrimes est aussi mise à mal par des difficultés relatives au déroulement des investigations proprement dites. Ceci se traduit par un questionnement sur le moment des recherches et les éléments à saisir. Il existe cependant d'autres obstacles à la sanction des infractions de cybercrimes en Afrique de l'Ouest qui sont d'ordre humain et matériel.

CHAPITRE II

LES AUTRES OBSTACLES A LA MISE EN ŒUVRE DES RÈGLES DE PROCÉDURE

Le traitement de la cybercriminalité ne présente pas que des difficultés au niveau des règles de procédure et de coopération. Ces problèmes révèlent aussi d'autres réalités à l'instar des multiples acteurs susceptibles d'intervenir dans la procédure proprement dite de recherche des preuves de l'infraction.

Il est indéniable que la lutte contre les cybercrimes a besoin d'acteurs et de ressources sur lesquelles s'appuyer pour devenir une réalité. Il est surtout primordial de rappeler le fait que les acteurs dans leur diversité puissent soulever des problèmes. Ces derniers constituent de potentiels obstacles dans la recherche de la vérité (Section I). Les ressources sont également déterminantes dans la mise en œuvre des règles de lutte contre la cybercriminalité. Il s'agit évidemment des compétences humaines et matérielles ou techniques (Section II). Les lignes qui suivent tentent de ressortir ces autres obstacles qui constituent un frein à une mise en œuvre efficace des normes de procédures au niveau ouest-africain.

SECTION I : LA DIVERSITÉ DES ACTEURS COMME DIFFICULTÉ DANS LE TRAITEMENT JUDICIAIRE DE LA CYBERCRIMINALITÉ

Les parties intervenant dans le traitement de la cybercriminalité sont diverses et cela peut constituer un obstacle au traitement efficace des dossiers. La nouveauté des cybercrimes par rapport aux normes classiques de traitement des infractions explique en réalité ces difficultés ayant trait à l'intervention de plusieurs acteurs. Les problèmes se présentent sous forme de conflit de compétence entre les acteurs au niveau national et international d'une part (§1) et de l'autre, sous forme de faiblesse de l'intervention des acteurs non étatiques au niveau national (§2).

PARAGRAPHE I : LES CONFLITS DE COMPÉTENCE ENTRE ACTEURS AUX NIVEAUX NATIONAL ET INTERNATIONAL

Le conflit de compétence se décline réellement en conflit d'intérêts entre les acteurs étatiques au niveau national (A). Il faut souligner que ces désaccords affectent sérieusement l'efficacité du traitement avec célérité de la cybercriminalité. Au plan international, c'est-à-dire lorsque l'État est mis en relation avec un autre État pour le traitement des cybercrimes, d'autres difficultés surgissent (B).

1-Les difficultés soulevées par la multiplicité des acteurs au niveau étatique

Les acteurs du traitement de la cybercriminalité sont multiples. Il s'agit, pour les États sur lesquels porte notre étude, de la police judiciaire, de la police économique, de la police scientifique, du procureur de la République, du juge d'instruction ou encore d'autres entités ou service ayant une cellule de lutte contre la cybercriminalité. Il se trouve en réalité que la coopération entre ces parties n'est pas facile. L'absence de politiques véritables spécifiques à la cybercriminalité au sein des États en plus de la nouveauté de la matière entraîne des actions dispersées et pas toujours maîtrisées de la part des parties qui interviennent.

Au niveau de l'État, chaque partie voudrait être l'acteur principal dans une affaire de cybercriminalité. La quête effrénée du statut de leader est un véritable obstacle. Les différents services et acteurs doivent coopérer pour le rassemblement des informations, mais il arrive souvent que certains acteurs refusent de coopérer ou retiennent des informations et veuillent être les auteurs du succès d'une affaire.[751] Cette attitude n'est pas de nature à faire aboutir une action de poursuite d'une infraction de cybercriminalité. La diversité se présente aussi en termes de multiplicité des acteurs de lutte contre la cybercriminalité au sein d'un même service. L'absence de coordination de leurs interventions peut se

[751] Des échanges avec des acteurs services de la police ghanéenne ont révélé ces types difficultés.

transformer en un obstacle lorsque tous s'intéressent à une même affaire sans en laisser la priorité ou le monopole à un seul acteur. Ces problèmes se présentent à des degrés variés d'un État à un autre en fonction des acteurs en place. L'absence d'un service national unique où iraient toutes les plaintes et demandes d'information peut être une raison de ces difficultés. En Côte d'Ivoire, par exemple, il existe une plateforme de lutte contre la cybercriminalité (PLCC) où sont déposées toutes les plaintes relatives à la cybercriminalité. Les investigations sont menées à partir de cette structure qui coopère avec les juridictions nationales ainsi que tous les services susceptibles de jouer un rôle critique dans la lutte contre les cybercrimes et aussi avec Interpol pour le volet international. Ce cadre permanent de collaboration spécifique à la lutte contre la cybercriminalité a été créé en septembre 2011 par le ministère de l'Intérieur de la République de Côte d'Ivoire avant l'adoption d'une loi spécifique à la cybercriminalité. Cette structure est devenue l'Agence de Télécommunications de Côte d'Ivoire[752] ARTCI depuis 2012. Son pouvoir s'est davantage accru. Elle est chargée de veiller à l'application de la loi ivoirienne sur la cybercriminalité et celle relative aux données personnelles.

Au Sénégal, la Brigade spéciale de lutte contre la cybercriminalité est chargée de jouer ce rôle. Ce pays a en outre créé un Centre National de formation en Cybersécurité.

Au Ghana et au Nigéria, ce sont les polices nationales qui ont le monopole de la lutte contre la cybercriminalité et elles agissent en coopération avec les juridictions nationales dans leur mission de poursuite. Il existe plusieurs sections qui se chargent de la cybercriminalité au sein de ces polices nationales. À côté de celles-ci existent d'autres structures nationales qui travaillent à la lutte contre la cybercriminalité et qui jouent un rôle dans le processus répressif de ces infractions. Toutes ces activités ne sont pas véritablement coordonnées par une seule structure au sein de ces États. Cette réalité fait du traitement de la cybercriminalité une action très dispersée.

Au niveau de la célérité, rappelons que le traitement des cybercrimes nécessite une grande rapidité alors qu'il se trouve que le temps mis par

---

[752] http://www.cybercrime.interieur.gouv.ci Consulté le 22 avril 2014.

certains acteurs pour répondre à une sollicitation à des fins d'enquête peut constituer un véritable handicap. Dans les législations étudiées, la perquisition dans les systèmes informatiques doit être autorisée par le juge afin qu'elle puisse se réaliser. Ce dernier doit agir dans de brefs délais. La lenteur dans la réaction des services entre eux pour les échanges d'informations peut aussi constituer un frein au besoin de traitement rapide de la cybercriminalité.

Il arrive que les acteurs étatiques du système répressif agissent au niveau international dans la poursuite d'un acte répréhensible de cybercrime. Ils sont confrontés à des difficultés dans leurs actions de demande d'informations auprès d'autres acteurs au niveau international.

2-Les difficultés rencontrées par les acteurs au niveau international

Le caractère transnational de certains actes de cybercriminalité nécessite la recherche d'informations dans deux sens. D'une part, les États ouest-africains sollicitent d'autres États et d'autre part, une sollicitation vient de l'extérieur vers les États ouest-africains. Quel que soit le sens de la sollicitation, elle n'est pas du tout aisée.

Lorsque les États ouest-africains dont les législations ont été étudiées sollicitent d'autres États, les contacts ne se réalisent pas facilement. En effet, certains États sollicités réagissent avec assez de lenteur ou encore ne donnent pas de suite aux demandes qui sont faites alors qu'une poursuite efficace de la cybercriminalité exige à la fois une coopération entre États et une action rapide. Il faut surtout noter que les échanges d'informations sont très difficiles lorsqu'ils se réalisent des pays du Sud vers ceux du nord. Les sollicitations sont faciles lorsqu'elles viennent de l'extérieur vers les États ouest-africains. Ces États réagissent avec célérité dans le cadre des échanges d'informations. La jeunesse de l'expérience des États dans le traitement de la cybercriminalité est l'un des obstacles fondamentaux aux échanges d'informations. Le manque d'expérience peut expliquer la lenteur dans la réaction des États.

Il est important de mentionner que l'absence de structures nationales expérimentées dans la lutte contre la cybercriminalité peut aussi constituer une raison de la lenteur ou de l'inaction face à certaines sollicitations d'informations qui leur sont faites depuis l'extérieur. Les procédures de poursuite des cybercrimes ne bénéficient pas pleinement de l'intervention des acteurs non étatiques qui peuvent leur être d'une aide considérable.

PARAGRAPHE II : LA FAIBLESSE DE LA CONTRIBUTION DES ACTEURS NON ÉTATIQUES DANS LA RECHERCHE DES PREUVES

Les autres acteurs, notamment ceux non étatiques qui jouent un rôle ou qui le devaient dans la collecte des informations relatives à la cybercriminalité, sont les fournisseurs d'accès Internet et les structures de téléphonie mobile. Pour mieux cerner le rôle de ces acteurs critiques dans la procédure de lutte contre la cybercriminalité, il convient de découvrir leur structuration (A) avant d'apprécier leur contribution à la mise en œuvre du processus judiciaire vis-à-vis du phénomène (B).

1-Les acteurs non étatiques pouvant concourir à la collecte des preuves

Nul besoin de rappeler le rôle crucial qu'Internet et la téléphonie mobile jouent dans la perpétration de la cybercriminalité en Afrique de l'ouest[753]. Ces technologies sont de véritables canaux de facilitation des infractions de cybercrimes et sont aussi des objets d'attaques. L'une des solutions à ces agissements a été l'identification des usagers des téléphones mobiles et de la connexion Internet avant l'avènement de lois sur la cybercriminalité dans la plupart des États. Bien que jusqu'à présent, il existe encore des pays en Afrique de l'Ouest où les abonnés à Internet ou les détenteurs de puces de téléphone ne soient pas encore ou totalement identifiés,[754] il convient cependant de noter que le Nigéria, le Ghana, la Côte d'Ivoire et le Sénégal exigent l'identification de tous les utilisateurs de ces services. Du coup, les acteurs de ces services peuvent jouer un rôle assez important dans une procédure de collecte d'informations à caractère cybercriminel.

---

[753] Voir introduction générale pour plus d'informations à cet effet.

[754] C'est le cas par exemple du Mali où jusqu'en 2014, l'identification de l'usager d'une puce de téléphone mobile n'est pas une exigence alors que des cybercriminels arnaquent à partir de numéros de ce pays.

Les Fournisseurs d'Accès Internet (FAI) sont des acteurs assez importants dans la mise en œuvre de la procédure pénale pour ce qui concerne la collecte des informations relatives à une connexion. Les données de connexion doivent être conservées par les fournisseurs aux fins de procédure. Cela implique la coopération des FAI avec les acteurs judiciaires pour la collecte d'informations susceptibles de servir de preuve à une infraction de cybercriminalité. La conservation des informations relatives à la connexion obéit cependant à des conditions pour des besoins de légalité et de respect de la vie privée. En effet, la conservation des données doit être régie par la loi et elle doit être clairement limitée dans le temps. En France, ces données sont conservées pendant une période d'un an comme le prévoit la loi[755] pour la Confiance dans l'Économie Numérique de 2004.[756]

Quelle en est la limitation dans les législations ouest-africaines ?

Pour ce qui concerne l'identification des abonnés des téléphones mobiles, il a déjà été noté que les États qui concernent notre étude réalisaient cette action préalable à la détention d'une puce de communication. Cette action est un véritable acte de limitation de la commission de la cybercriminalité. Il s'agit, en effet, d'une mesure de prévention des infractions. La possibilité pour les acteurs judiciaires de recourir à ces maisons pour l'identification du détenteur d'un numéro ayant servi à la perpétration d'une infraction de cybercriminalité peut beaucoup limiter l'usage de cette technologie comme moyen de commission des infractions. Les États doivent renforcer le partenariat avec l'ensemble du secteur privé pour lutter efficacement contre les cybercrimes. Après cet aperçu du rôle des opérateurs privés d'Internet et de téléphonie mobile dans le processus de lutte contre la cybercriminalité, il convient d'analyser la portée et la teneur de leurs actions.

---

[755] Loi n° 2004-575 du 21 Juin 2004 pour la confiance dans l'économie numérique. Cette loi met en œuvre en droit français la Directive européenne 2000/31/CE.
[756] Voir article 3 de la LCEN en France.

2-L'insuffisance de la contribution des acteurs non étatiques aux procédures de lutte contre la cybercriminalité

Bien qu'il existe des entreprises assez structurées qui opèrent pour la démocratisation d'Internet et la mise à disposition du public de puces de communication, la relation entre ces structures non étatiques et les États n'a pas véritablement d'impact sur la lutte contre la cybercriminalité. L'invisibilité de ces acteurs, maillons essentiels de la procédure pénale, demeure la réalité. Cette situation s'explique, en général, par l'inexistence de législations sur la cybercriminalité, la jeunesse des politiques de lutte contre les cybercrimes, l'absence de formalisation de la coopération avec ces structures, l'absence de suivi des accords conclus avec elles et surtout le refus pour les entreprises de faire savoir que leurs services sont menacés par des attaques de type cybercriminel.

a-Les Fournisseurs d'Accès Internet

Ils sont en principe un pilier important d'une procédure de lutte contre la cybercriminalité. Ils doivent agir en coopérant avec les services judiciaires pour la mise à disposition des données informatiques. L'absence de cadre légal constitue le principal frein au rôle qu'ils doivent jouer. Les acteurs judiciaires ne peuvent efficacement les solliciter en dehors d'un cadre légal. Les délinquants tirent encore profit de ce handicap des fournisseurs d'Accès Internet à être de véritables acteurs de lutte contre la cybercriminalité et continuent d'utiliser Internet pour la réalisation d'actes malveillants. En France, c'est la loi pour la confiance dans l'économie numérique de 2004 qui règlemente cet acte.

b-Les structures de téléphonie mobile

Elles sont plus portées sur le profit et ne coopèrent pas assez avec les acteurs judiciaires dans leurs actions de lutte contre la cybercriminalité. Certaines entreprises possèdent des cellules de lutte contre la cybercriminalité chargées de dénoncer les attaques contre leurs systèmes informatiques et aussi les arnaques dirigées contre les usagers par le biais de numéros téléphoniques acquis auprès de leur maison. C'est surtout à ce niveau que leur réaction est beaucoup attendue. Les acteurs étatiques peuvent les solliciter pour l'obtention de l'identité des personnes qui se cachent derrière une infraction. Mais elles doivent aussi en principe saisir les autorités judiciaires pour activer la procédure pénale en cas de dénonciations reçues de la part des populations contre des numéros acquis au sein de leur entreprise de téléphonie mobile. Car en général, les arnaqueurs expédient des messages d'arnaque en usurpant l'identité des abonnés. Malheureusement, les maisons de téléphonie ne donnent pas de suite de façon régulière aux dénonciations des usagers. Les acteurs non étatiques demeurent alors inefficaces quant à une contribution à la lutte contre la cybercriminalité.

Il nous est donné d'apprécier que la diversité des acteurs, notamment l'absence d'échanges d'informations constitue un frein à la mise en œuvre de la procédure pénale à l'égard du traitement de la cybercriminalité dans les quatre États ouest-africains. L'existence de plusieurs acteurs au sein de l'État couplée à une absence de coopération entre ceux-ci est un véritable obstacle. La conséquence ne se fait pas attendre, des conflits de leadership surgissent entre ces acteurs. La procédure pénale est sérieusement affectée quand on sait que la lutte contre la cybercriminalité fait appel à une action rapide au risque d'être un échec. Au niveau international, les États se heurtent à d'autres États qui ne coopèrent pas toujours comme souhaité afin de faire aboutir une procédure engagée au plan interne.

À la multiplicité des acteurs comme difficulté d'une bonne administration de la procédure pénale relative à la cybercriminalité, s'ajoute une faible contribution des acteurs non étatiques dans la recherche des preuves. Les limites des cadres légaux de leur intervention sont la principale raison qui les empêche d'être des acteurs à part entière de la procédure pénale. Il n'y a pas que leur faible contribution à la lutte contre la cybercriminalité et la diversité du personnel agissant qui constituent les obstacles à la mise en œuvre de la procédure pénale. Les ressources nécessaires à cette lutte au niveau procédural constituent aussi un réel problème.

SECTION II : LE DÉFICIT EN RESSOURCES ET LES BESOINS SPÉCIFIQUES DU TRAITEMENT DE LA CYBERCRIMINALITÉ

La particularité des cybercrimes leur confère un caractère extraordinaire qui nécessite un traitement spécifique. La poursuite de ces infractions doit adopter des moyens adaptés aux besoins du moment. Cela sous-tend en effet, la présence de ressources appropriées en quantité et en qualité. Il nous est malheureusement donné de constater un manque criard de ressources aussi bien au plan humain (§1) qu'au plan matériel (§1) alors qu'elles sont d'une importance capitale dans une procédure pénale ayant pour objet les cybercrimes.

PARAGRAPHE I : LE DÉFICIT EN RESSOURCES HUMAINES SPÉCIALISÉES EN CYBERCRIMINALITÉ

L'un des problèmes que rencontrent les acteurs de la justice dans le traitement de la cybercriminalité à tous les niveaux reste celui de l'absence de personnel qualifié. Une politique efficace de lutte doit tenir compte d'une certaine connaissance des TIC. Malheureusement, les acteurs qui interviennent dans la procédure pénale relative aux cybercrimes ne disposent pas de compétences appropriées aux besoins de ces infractions (A). À cela s'ajoute l'insuffisance des quelques compétences qui existent au sein de certains États ouest-africains ayant déjà engagé des actions dans la lutte contre les cybercrimes (B).

1-Les compétences inadaptées à la lutte contre la cybercriminalité

Le besoin de traitement efficace de la cybercriminalité dans le processus répressif nécessite le respect d'un double besoin en formation et en pluridisciplinarité relative à la cybercriminalité.

a-Le besoin en formation

La formation classique des acteurs du système répressif ne correspond pas aux besoins de traitement de la cybercriminalité. Cette nouvelle forme de criminalité exige certaines connaissances pour son traitement avec efficacité. Les acteurs doivent, en effet, être formés, par exemple, sur le besoin de réaction avec célérité face à une affaire relative aux cybercrimes. Ils doivent aussi maîtriser les différentes manifestations de l'infraction. Toute la problématique du droit classique appliqué à la cybercriminalité doit faire partie d'un plan de formation dont devraient obligatoirement bénéficier les acteurs du système répressif. Malheureusement, l'ensemble des États ouest-africains tardent à mettre en place des plans de formations adaptés. La majorité des magistrats ignorent les implications de la cybercriminalité au regard du traitement spécifique qui doit lui être réservé. Au contraire, dans l'espace de notre étude, nombreux sont les magistrats ou autres acteurs de la justice qui ont, seulement, vaguement entendu parler de cette criminalité sans être sensibilisés sur le rôle qui pourrait leur revenir dans son traitement. Quelques séminaires internationaux organisés par d'autres entités que l'État constituent les occasions de formation les plus prépondérantes des acteurs du processus répressif sur la question.

Le Sénégal a décidé de solutionner ce problème en incluant une formation sur la cybercriminalité dans le programme de formation de l'école de magistrature. Les autres États devraient impérativement suivre cette piste.

Comme autre difficulté, il convient de noter que certains acteurs ne savent pas correctement utiliser un ordinateur ni naviguer sur Internet. L'administration de la justice demeure largement en deçà d'une adaptation à l'environnement numérique au sein de l'ensemble des États. Cette illustration reste la véritable image de toutes les administrations publiques des pays de la région ouest-africaine. La formation à l'usage de l'outil informatique et d'Internet en particulier se présente comme un impératif pour un bon fonctionnement de la procédure pénale. C'est cette nécessité que Reverdy tentait de ressortir lorsqu'elle affirmait que « *la recherche des éléments de preuve demande une certaine sensibilisation à ces technologies voire une spécialisation des agents qui en sont chargés, et la progression vers une plus grande efficacité dans les recherches des indices et des preuves, passe par une utilisation maîtrisée et sécurisée des nouvelles technologies* ».[757]

---

[757] (P.M.)REVERDY, «La matière pénale à l'épreuve de la délinquance informatique», thèse de doctorat de droit privé, Toulouse I, 2005, p.146.

Une bonne compréhension de la cybercriminalité, par un acteur de la procédure pénale, passe par celle du contexte dans lequel l'infraction s'est produite, à savoir l'environnement numérique ou encore le cyberespace.

b-Les initiatives de spécialisation

Elles existent au profit des acteurs de la justice au sein de tous les États visités. Certains acteurs sont en effet formés au sein des services pour s'occuper de la cybercriminalité. Mais cette spécialisation a une portée assez limitée dans bien des cas. Les besoins de mutation au sein des administrations publiques sont de véritables blocages à la capitalisation des compétences acquises, car les personnes concernées doivent quelquefois, se rendre dans d'autres services ou villes pour s'occuper d'autres tâches que la cybercriminalité. L'organisation de l'administration répressive des États ne tient donc pas compte de l'impératif qu'imposent les infractions de cybercrimes. La conséquence à toutes ces réalités demeure la mise à disposition du système répressif de compétences inadaptées aux actes répréhensibles en rapport avec les TIC. Le Sénégal semble prévenir ce problème par la création de chambres spécialisées en cybercriminalité au niveau des Cours d'Appel. Il compte le faire pour les futurs Tribunaux de Grande Instance.

Des formations ponctuelles sont quelquefois réalisées au sein des États à l'endroit des acteurs du système répressif. L'absence de fréquence de ces dernières fait que les personnes formées le sont insuffisamment et ont perpétuellement besoin d'autres connaissances complémentaires. Pour être efficace et profiter à la lutte contre la cybercriminalité, la formation doit être continue en plus de cibler le maximum d'acteurs possibles. Le plan de lutte doit aboutir à la formation d'un personnel spécialisé en cybercriminalité.

c-Le besoin en personnel pluridisciplinaire

La procédure pénale applicable à la cybercriminalité requiert l'intervention d'acteurs de plusieurs spécialités, notamment des magistrats, des gendarmes, des policiers, des juristes, des informaticiens et bien d'autres spécialités. Les États doivent prévoir le cadre de leur intervention afin que la poursuite soit une réalité. Dans tous les États visités, les huissiers de justice, par exemple, ne participent pas encore à la constatation des preuves numériques alors que leur intervention est assez importante dans la chaîne de lutte. Ils aideraient le juge dans sa tâche. Leur intervention serait bénéfique sous un autre plan. Elle aiderait à mettre les plaignants en confiance. Il convient de noter que l'intervention d'acteurs non-juristes pourrait contenir quelques risques au niveau de l'interprétation des preuves. Reverdy tente de relever cela en soulignant dans sa thèse que le juge doit s'exercer à l'appropriation d'un rapport d'expertise. Le risque d'erreur et de fausse interprétation de la valeur de la preuve est réel. La conséquence est que l'appréciation par le juge, des preuves liées aux nouvelles technologies ne sera pas assez rigoureuse.[758] Face à ce problème, Reverdy arrive à la conclusion que *« le développement de procédures spécifiques et appropriées d'interprétation assistant les juristes et les scientifiques et appliquées afin de faciliter la communication entre le monde juridique et scientifique semble susceptible de réduire les risques en matière d'appréciation des preuves scientifiques »*.[759]

Encore faudrait-il que l'intervention de tous ces acteurs dans le processus répressif de la cybercriminalité soit bien règlementée par la loi pour être conforme au principe de la légalité. La consécration de la pluridisciplinarité dans le processus répressif doit se faire par l'acceptation de nouveaux acteurs incontournables[760] dans le processus de répression de la cybercriminalité. Le recours aux experts étant admis par les législations, il est important de renforcer les modalités de leur intervention vis-à-vis des cybercrimes, en mettant l'accent sur la célérité et autres éléments qui pourraient concourir aux poursuites.

Au déficit de formation et d'une quasi-inexistence de la pluridisciplinarité des acteurs, s'ajoute l'insuffisance des compétences dans le processus répressif des cybercrimes.

---

[758] (P.-M.) REVERDY, op. cit. P.152.

[759] Ibid.

[760] Les experts en informatique sont des acteurs dont la justice doit désormais tenir compte pour l'administration d'une justice relative à la cybercriminalité.

2-L'insuffisance des compétences

Il a déjà été mentionné que le besoin en formation se présentait avec acuité dans la mise en œuvre de la procédure pénale relative à la cybercriminalité. L'absence ou le déficit de formation entraîne, inéluctablement, un manque en compétences nécessaires à la couverture des besoins de traitement des infractions. Le besoin en personnel compétent et en nombre suffisant est d'autant plus nécessaire que la cybercriminalité connaît une forte proportion de réalisation en Afrique de l'Ouest. Le personnel spécialiste en la matière fait en effet défaut dans les États concernés que sont le Ghana, le Nigéria, la Côte d'Ivoire et le Sénégal. Les compétences doivent être multipliées par la formation et aussi par une politique administrative de mutation qui tienne compte des besoins en ressources humaines de la lutte contre la cybercriminalité.

L'insuffisance des compétences ne se présente pas qu'en termes numériques, elle concerne également l'inadaptation des compétences classiques des acteurs de la procédure pénale aux nouveaux besoins de la cybercriminalité. Il s'agit en effet, d'un besoin en renforcement de capacité des acteurs, surtout que leurs compétences actuelles ne leur permettent pas de répondre, de façon adéquate, aux questions soulevées par la cybercriminalité.

Les difficultés soulevées par l'inadaptation des compétences et l'insuffisance des ressources humaines qui prévaut au sein des États en Afrique de l'Ouest doivent être rapidement solutionnées par les États afin de mettre à la disposition des justiciables, des acteurs performants et efficaces de mise en œuvre de la procédure pénale.

Il n'y a pas que la faiblesse des ressources humaines qui affecte la bonne conduite de la procédure pénale, le déficit en ressources matérielles est aussi un réel problème que connaissent les acteurs chargés de la poursuite des cybercrimes.

PARAGRAPHE II : LE DÉFICIT EN RESSOURCES MÉDICALES

Les ressources matérielles sont indispensables à un bon fonctionnement de la procédure pénale qui traite de la cybercriminalité.

Malheureusement, le matériel informatique demeure grandement insuffisant (A), voire obsolète (B).

1-L'insuffisance du matériel d'investigation

Les infractions de l'environnement numérique nécessitent, en grande partie, un usage d'outils informatiques à l'instar d'ordinateurs et de logiciels pour les investigations. La surveillance en vue de la découverte de preuves nécessite aussi du matériel. Les acteurs de l'administration judiciaire et policière sont sous-équipés en matériel informatique. Lorsque quelques matériels existent, ils sont fréquemment en panne ou hors d'usage. Le nombre d'ordinateurs disponible est toujours inférieur au personnel si bien qu'au sein d'un service tous ceux qui ont normalement droit à un ordinateur n'y ont pas accès. Cette réalité rend difficile le traitement de la cybercriminalité. Les demandes en ravitaillement en ordinateurs restent en général lettre morte étant donné la réalité des autres urgences auxquelles les États doivent faire face.

Les acteurs de la procédure pénale ont besoin de logiciels pour la réalisation de certaines enquêtes, mais ce matériel manque très souvent et la conséquence est évidemment la limitation des actions. Le matériel informatique est incontournable dans une mise en œuvre efficace de la procédure pénale ayant pour objet la cybercriminalité. Les États ouest-africains doivent obligatoirement adapter l'administration de leur justice à ce matériel au risque que la lutte soit un leurre dans un contexte où les cybercrimes constituent la grande menace du moment. À l'insuffisance s'ajoute la vétusté du matériel disponible.

2-Caractère obsolète du matériel d'investigation classique

Le caractère obsolète du matériel met à nu l'inadaptabilité du matériel généralement disponible. En plus de l'insuffisance du matériel dont disposent les acteurs du système répressif, il faut noter que souvent, le matériel en leur possession est ancien et inadapté aux besoins de traitement de la cybercriminalité. Les investigations relatives aux infractions classiques n'avaient forcément pas recours au matériel qui nécessite un traitement adéquat de la cybercriminalité. Ce traitement implique indéniablement l'usage de matériels modernes à la hauteur des attaques. Leur absence freine automatiquement la bonne poursuite des infractions. La vieillesse du matériel d'investigation est une réalité dans tous les pays qui font l'objet de l'étude. Les États ouest-africains doivent donc, moderniser ce matériel de leur appareil répressif afin qu'advienne un cadre effectif de lutte contre les cybercrimes.

Ce dispositif doit être accompagné d'une connexion Internet haut débit. La connexion Internet n'existe pratiquement pas au sein de certains services du système répressif. Lorsqu'elle existe, elle demeure faible en termes de débit et ne correspond véritablement pas aux besoins spécifiques de la cybercriminalité. En effet, l'obligation de célérité implique l'existence d'une connexion rapide à la disposition des acteurs.

Il est capital de retenir que la lutte contre la cybercriminalité ne peut correctement se faire sans les ressources aussi bien humaines que matérielles adéquates. La réalité en Afrique de l'Ouest est que les acteurs du système répressif sont insuffisamment formés sur la problématique de la cybercriminalité. Les spécialistes de la question sont en nombre assez insuffisant dans le système répressif. À cela s'ajoutent les politiques administratives qui ne favorisent souvent pas la capitalisation des compétences dans la mesure où on assiste à une mutation de fonctionnaires spécialisés en cybercriminalité à d'autres fonctions autres que cette spécialité. La formation se reprend perpétuellement dans un contexte où il est nécessaire d'avoir une réelle politique pénale de lutte. Le matériel qui permet une réalisation de la procédure pénale demeure ancien et inadapté aux besoins de lutte contre cette criminalité.

La lutte contre la cybercriminalité a besoin de s'adosser à une politique pénale assez solide. Cet impératif implique l'existence de dispositions pénales qui incriminent toutes les manifestations de cette criminalité d'une part, et de l'autre, l'existence d'une procédure pénale assez efficace pouvant aboutir à la répression des agissements en question. Il se trouve que la procédure pénale dans sa mise en œuvre au sein des quatre États est confrontée à d'autres obstacles en plus de ceux relatifs aux règles classiques de procédures vis-à-vis des nouveaux besoins. Comme autres freins à la mise en œuvre des règles de procédure, se présentent des difficultés à la fois d'ordre structurel, humain et matériel dans tous les États dont les législations ont été étudiées.

Au niveau structurel et humain, on assiste à une diversité de structures et de personnes intervenant dans le processus répressif de la cybercriminalité. Le manque de coordination de cette intervention se décline en obstacles. Les ressources humaines sont insuffisantes. Elles sont inadaptées aux besoins de la procédure, car les acteurs ne disposent soit d'aucune connaissance en cybercriminalité ou possèdent des compétences insuffisantes en raison d'une faible formation dans le domaine. Cela est encore exacerbé par des politiques administratives peu soucieuses de la capitalisation des compétences si bien que ces ressources humaines jouent un rôle assez limité dans le processus répressif des cybercrimes. L'insuffisance de cadres légaux limite aussi considérablement la contribution des acteurs non étatiques à l'instar des FAI, des maisons de téléphonie mobile et autres entreprises du secteur privé au processus de lutte contre les cybercrimes. Le rôle de ces derniers est cependant assez attendu dans une politique pénale moderne de lutte contre la cybercriminalité.

Tout ce décor est couronné par un besoin immense en matériel adapté à la lutte. Les ordinateurs et les logiciels nécessaires à une contribution effective des acteurs à la recherche des preuves manquent généralement au sein des services qui en ont besoin. Lorsque le matériel existe, il est soit insuffisant ou obsolète, donc inadapté aux besoins en matériels modernes que pose la lutte contre les cybercrimes. Les États doivent tous tenir compte des besoins propres à ces nouvelles infractions pour permettre à la justice d'être à la hauteur de la lutte contre la cybercriminalité. Cela suppose l'adoption de budgets qui tiennent compte du surcroît des nécessités imposées par cette lutte. C'est à ce prix que les États de la région pourront mettre au service des justiciables, des acteurs qui jouent pleinement leur rôle dans un contexte où la lutte contre la cybercriminalité demeure une urgence.

CONCLUSION GÉNÉRALE

Les cybercrimes sont une réalité du contexte ouest-africain en raison du développement des TIC. Les États adoptent progressivement des législations pour lutter contre le phénomène dans la mesure où les lois anciennes ne sont pas appropriées. Au niveau ouest-africain, la CEDEAO a adopté une Directive de lutte contre la cybercriminalité en août 2011 que les États avaient l'obligation de transposer dans leurs législations nationales depuis janvier 2014. Malgré cette importante initiative, seulement 8 pays disposent soit d'un projet de loi ou de loi en vigueur en matière de cybercriminalité sur un ensemble de 16 pays se trouvant en Afrique de l'ouest.

La Côte d'Ivoire, le Ghana, le Nigeria et le Sénégal qui ont été ciblés pour la réalisation de l'étude ont comblé le vide de leur législation soit en l'adaptant par une transposition de la Directive de la CEDEAO (Côte d'Ivoire, Nigeria) ou en dehors de la Directive (Ghana, Sénégal).

L'analyse du degré d'adaptation des normes pénales de fond aux infractions de cybercriminalité a permis de découvrir que l'ensemble de ces pays régissent les atteintes spécifiques aux TIC avec cependant quelques insuffisances concernant la détermination des éléments constitutifs de certaines infractions. Les États incriminent également les atteintes non spécifiques aux TIC qui sont l'atteinte aux mineurs, les infractions de presse et aux autres atteintes aux droits humains en ligne. Au nombre de ces infractions figurent celles facilitées par les TIC que sont les atteintes aux intérêts des États, celles de nature économique et les atteintes à la propriété intellectuelle.

Concernant les difficultés relatives aux normes de procédures et de coopération en matière de cybercriminalité, elles ont du mal à faire face à la cybercriminalité dans leur version classique à cause de l'internationalité du réseau. À cela s'ajoute l'insuffisance du personnel intervenant dans le traitement de la cybercriminalité ainsi que le déficit en formation.

BIBLIOGRAPHIE

I-OUVRAGES GENERAUX ET TRAITÉS

ASCENSIO (H.), Decaux (E.), Pellet (A.), Droit international pénal, A. Pédone, 2000.

BECARRIA (C.), Des délits et des peines, Paris Ed. Flammarion Champs, 1991, 183 p.

BOULOC (B.), Procédure *pénale*, édition Dalloz, 23eme édition, 2012, 1102 p.

BUQUET (A.), *Manuel de criminalistique moderne et de police scientifique*, 3^e^édition augmentée et mise à jour, PUF, aout 2006, 328 p.

CARON (C.), Droit d'auteur et droits voisins, Paris, Ed. Litec, octobre 2006, 481 P.

CASTEROT (C. A.), BONFILS (P.) Procédure pénale, Thémis droit, PUF, Ière édition, novembre 2011, 416 p.

CHABERT (B.), SUR (P.O) « Droit pénal général », Paris, 2eme Ed. Dalloz, aout 1997, 179 p.

DELVAL (P), le *marché mondial du faux : crimes et contrefaçons*, éditions CNRS, avril 2010, 278 p.

DESPORTES (F.) et LAZERGES-COUSQUER (L.), Traité de procédure pénale, Ed. Economica 2009.

GALOPIN (B), *Les exceptions à usage public en droit d'auteur, Paris, Ed. Lexis Nexis, nov. 2012, 488 p.*

GUIDERE (M.), Guide du jeune chercheur en lettres, langues, sciences humaines et sociales, Paris, Ed. Ellipses, 2003, 124 p.

LARGUIER (J.), CONTE (P.), Droit pénal des affaires, Paris, 11eme Ed. Dalloz, mai 2004, 516 p.

LOLIES (I.), *La protection pénale de la vie privée, Aix — En — Provence, Presses Universitaires d'Aix-Marseille-PUAM, premier trimestre 1999, 331 p.*

MERLE (R.) et VITU (A.), Traité De droit criminel, Procédure pénale, Tome II, Cujas, 5e édition, 2001.

MERLE (R.) et VITU (A.), Traité De droit criminel, Problèmes généraux de la science criminelle, Droit pénal général, tome 1, Cujas, 7e édition, 1997.

MONDOUX (A.), histoire sociale des technologies numériques de 1945 à nos jours, Quebec, Ed. nota bene, 2011, 216 p.

PRADEL (J), *Droit pénal comparé*, édition Dalloz, 3e édition, octobre 2008, 871 p.

PRADEL (J), *Droit pénal général*, éditions Cujas, 17eme édition, 2008/2009, 836 p.
PRADEL (J.), Droit pénal général, Paris, Ed. 2000/2001, Cujas, octobre 2000, 733p.
PRADEL (J.), DANTI-JUAN (M.), Droit pénal spécial, droit commun des affaires , Paris, 3eme Ed. Cujas, septembre, 2004, 837 p.
RASSAT (M. L.), Droit pénal spécial, infractions du Code pénal, Dalloz, 6e édition, 2011.
SUDRE (F.), Droit européen et international des Droits de l'Homme, PUF, 9e édition, juin 2008, 827 p.
ZENATI (F.) et REVET (Th.), les biens, PUF, 2e édition, 1988.

II-OUVRAGES SPÉCIALISÉS

AUROUX (J.-B), « le patrimoine informationnel de l'entreprise », Lamy droit du numérique 2013, p.551, disponible en ligne sur lamyline.
CHAWKI (M.), combattre la cybercriminalité, Ed Saint Amans Perpignan, 2009.
CHAWKI (M.), La traite des êtres humains à l'ère numérique, Ed. de Saint Amans Perpignan, 2010.
DE FELCOURT (G.), « L'usurpation d'identité : ou l'art de la fraude sur les données personnelles », Ed CNRS, aout 2011,314 p.
DELMAS-MARTY (M.), les forces imaginantes du droit (II), le pluralisme ordonné, ED. du seuil, 2006.
DELMAS-MARTY (M.), Les grands systèmes de politique criminelle, PUF, Paris, 1992.
FERAL-SCHUL Christiane, « Le droit à l'épreuve de l'Internet », 5eme Ed. Dalloz, 15 octobre 2008, 997 p.
KNOBEL (M.), « *l'Internet de la haine : racistes, antisémites, néonazis, intégristes, islamistes, terroristes et homophobes à l'assaut du web* », Paris, Ed. Berg International, mars 2012, 181 p.
LALAM (N.), « La délinquance électronique », n°953, édition la documentation française, octobre 2008, 120 p.
LEROY (F.), « Réseaux Sociaux et Clé : Le commerce des données personnelles », Ed. Actes sud, Avril 2013, 263 p.
MUCCHIELLI (A.), la nouvelle communication, Armand Colin, Paris, 2000.

QUEMENER (M.) et FERRY (J.), Cybercriminalité, défi mondial, Paris, 2eme Ed. economica, mars 2009,307p.
QUEMENER (M.), CHARPENEL (Y.), « *Cybercriminalité, droit pénal appliqué* », édition économica, septembre 2010, 259 p.
QUEMENER (M.), Cybersociété. Entre espoirs et risques, Paris, L'Harmattan, 2013.
QUEMENER (M.), Etablissements financiers et cyberfraudes, Ed. Revue Banque, juin 2011,128 p.
ROSE (P.), « La criminalité informatique à l'horizon 2005 : analyse prospective », édition. L'Harmattan, 1992, 165 p.
TOURE (P. A.), le traitement de la cybercriminalité devant le juge ; l'exemple du Sénégal, Paris Ed. L'Harmattan, avril 2014, 616 p.
TRUDEL (P.), Droit du cyberespace, Thémis, 1997.
VENTRE Daniel, cyberattaque et cyberdefense, collection cyberconflits et cybercriminalité, Edition Lavoisier, aout 2011, 312 p.
VIVANT (M), « Lamy droit de l'informatique et des réseaux», Ed. Lamy droit de l'informatique, 2011, en ligne, http://lamyline.lamy.fr
VIVANT (M), « Lamy droit du numérique », Ed. Lamy droit du numérique, 2012, en ligne, http://lamyline.lamy.fr

III-ARTICLES DOCTRINAUX

BELLOIR (Ph.), « Déloyauté du stratagème et de la provocation policière dans la recherche d'une infraction sur Internet », RLDI, décembre 2006, n° 22, p. 34 et s.
BELLOIR (Ph.), « La répression pénale du physhing », RLDI, 2005, n° 349, p.30 et s.
BELLOIR (Ph.), «Le délit de la collecte déloyale de données à caractère personnel à l'épreuve d'Internet », RLDI, juin 2006, n° 17, p. 28 et s.
BELLOIR (Ph.), «Perquisition et saisie en matière de lutte contre la cybercriminalité », RLDI, n° 60, mai 2010, 1995, p. 71 et s.
BUFFELAN (J-P), « Les nouveaux délits informatiques », Expertises, n° 104, 1988, p.99.
BUFFELAN (J-P), « L'avenir du piratage informatique », Expertises, n° 118, 1989, p.226.
BUFFELAN (J-P), « La falsification des documents informatisés », Expertises, n° 123, p.98.

BOUZAT (P.), « Vol de disquettes et du contenu informationnel de certaines d'entre elles », RSC, avril-juin, 1990, p. 346.
CHOPIN (F), « les politiques publiques de lutte contre la cybercriminalité », Actualité Juridique pénale n° 3/2009, édition Dalloz 2009, p. 101-107.
DIOUF (N.D.), « La procédure pénale à l'épreuve des TIC », Revue de l'association sénégalaise de droit pénal, N° 5, 1997.
DIOUF (N.D.), « La procédure pénale à l'épreuve des TIC », Revue de l'association sénégalaise de droit pénal, N° 6, 1997.
DIOUF (N.D.), « La procédure pénale à l'épreuve des TIC », Revue de l'association sénégalaise de droit pénal, N° 7, 1997.
DIOUF (N.D.), « La procédure pénale à l'épreuve des TIC », Revue de l'association sénégalaise de droit pénal, N° 8, 1997.
FANCILLON (J.), « Infraction relevant de droit de l'information et de la communication », RSC juillet/septembre 1999, Chron., p.607.
FANCILLON (J.), « Infraction relevant de droit de l'information et de la communication », RSC janvier/mars 2006, p. 93-103.
FANCILLON (J), « Infraction relevant de droit de l'information et de la communication », RSC janvier/mars 2008, p. 95-105.
FANCILLON (J), « Infraction relevant de droit de l'information et de la communication », RSC janvier/mars 2008, p. 170-181.
FRAYSSINET (J.), « La Directive du 24 octobre 1995 relative à la protection des personnes physiques à l'égard du traitement des données à caractère personnel et à la libre circulation de ces données », Lamy, droit de l'informatique et des réseaux, Bull. actualité K, mars 1995, n° 79, p.
FRAYSSINET (J.), « La protection des données personnelles face aux nouvelles technologies de l'information et de la communication dans le monde : constantes et nouveautés », Lamy droit de l'informatique et des réseaux, Bull. actualité G, n° 108, p. 9.
FRISSON-ROCHE (M.-A.), « Les bouleversements du droit par Internet », in Internet et nos droits fondamentaux, PUF, 2000, p 37-76.
GALLOUX (J.-C.), « Ébauche d'une définition juridique de l'information », D., 1994, Chron., 229.
QUEMENER (M.), « Réponses pénales face à la cyberpédopornograpgie », Actualité Juridique pénale n° 3/2009, édition Dalloz 2009, p. 107-111.
QUEMENER (M.), « Conseil de l'Europe et lutte contre la cybercriminalité », Revue Expertises des systèmes d'information, mai 2010, p.
BERGER (S.), « La protection des mineurs sur Internet », Actualité Juridique pénale n° 3/2009, édition Dalloz 2009, p. 112-114.
FÉRAL SCHUHL (C.), « La collecte de la preuve numérique en matière pénale », Actualité Juridique pénale n° 3/2009, édition Dalloz 2009, p.115-120.

CATALA (P.), « La propriété de l'information », Mélanges Pierre Raynaud, 1985, p. 97.
CATALA (P.), « Ébauche d'une théorie juridique de l'information », D., 1997, Chron., p. 97.
CATALA (P.), « Écriture électronique et actes juridiques », Mélanges Michel Cabrillac, 1999, p. 91.
COSTES (L.), « Le nouveau régime de la responsabilité des hébergeurs de service Internet », Lamy, droit de l'informatique et des réseaux, D. juillet 2000, n° 127, p.1.
CHILSTEIN (D.), « Législation sur la cybercriminalité en France », RIDC, 2010, n° 2, p.553.
CHILSTEIN (D.), « Les nouveaux défis du droit pénal : incriminations générales et spéciales à l'épreuve de l'économie numérique », LGDJ, Paris 2010, p.162.
FANCILLON (J.), « Piratage informatique (crim.4 mars 2008 ; Trib. Corr. Paris, 18 septembre 2008) », RSC, janvier-mars 2009, p. 131 et s.
Galloux (J-C), « Ébauche d'une définition juridique de l'information », D. 1994, Chron.p.229 et s.
LEPAGE (A.), « Réflexions de droit pénal sur la loi du 06 août 2004 relative à la protection des personnes à l'égard des traitements des données à caractère personnel», Comm., électronique, février 2005, p. 33-39.
LUCAS DE LEYSSAC (M.P), « L'arrêt Bourquin, une double révolution : un vol d'information seule, une soustraction permettant d'appréhender des reproductions qui ne constitueraient pas des contrefaçons », RSC 1990, p. 508 et 509.
POULLET (Y.), « Lutte contre le crime et/ou vie privée : un débat difficile ! À propos de l'alinéa 1er du §2 de l'article 109 ter de la loi belge du 21 mars 1991 introduit par la loi belge du 28 novembre 2000 sur la criminalité informatique », RDTI, n° 14 2002, p.29 et S.
Pradel (J.) et FEUILLARD (Ch.), « Les infractions commises au moyen de l'ordinateur », Rev. pénit. dr. pén, 1985, p. 307 et s.
QUEMENER (M.), « La procédure pénale à l'épreuve de la géolocalisation », Act. Jur. Pen. 2013, p. 568.
QUEMENER (M.), « lutte contre la cybercriminalité : l'infiltration gagne du terrain », Comm. n° 9, septembre 2010, alerte 82.
QUEMENER (M.), « lutte contre la cybercriminalité. Ou en est-on des instruments internationaux ? », Expertise, mars 2011, p. 96.
TVONG (V.), « Criminalité informatique : coopération internationale et harmonisation de la législation sur la procédure pénale », Expertises, mai 1990, n° 127.
THOUMYRE (L.), « La responsabilité pénale et extracontractuelle des acteurs de l'Internet », Lamy dr. médias comm., juin 2007, n° 464-75.

TRUDEL (P.), « Quel droit pour la cyberpresse ? », Légipresse, mars 1996, n° 129, p.9.
ZENATI (F.), « L'immatériel et les choses », in «Le droit et l'immatériel », Arch. Phil. dr. Tome 43, éditions Sirey, 1999, p. 79 et s.
DERIEUX (E.), « La notion de publication en droit de la communication », in « Droit et actualité », Études en l'honneur de Jacques Beguin, Études en l'honneur de Jacques Beguin, Litec, 2005, p. 275-309.
DESVIGNES (JL.), « La sécurité des systèmes d'information », Rev. déf. nat. et séc. Coll., mars 1996, n° 71.
DEVEZE (J.), « Atteintes aux systèmes de traitement automatisé de données », J.-CI. pen. 1997, art. 323-1 à 323-7.
VIVANT (M.), « Cybermonde : droit et droit des réseaux », JCP., 1996, édition, G., n° 23, I, 56

IV-ARTICLES DE REVUES ET DE PRESSE

MORITZ (M.), *« Les Perquisitions en ligne et la surveillance d'Internet de Karlsruhe à Paris, similitude des enjeux, divergence des solutions ? », revue Lamy droit de l'immatériel, collections lamy droit de l'immatériel, août-septembre 2008, p. 53-63.*
SORO (B), *« Cybercriminalité/lutte contre le broutage », le mandat, quotidien d'informations générales, Côte d'Ivoire, n° 655 du 14-15 novembre 2011, p. 4-4.*
Mathieu (O.), *« Arnaques, crimes et internet », Jeune Afrique, hebdomadaire international indépendant, Ed. Afrique subsaharienne, n° 2718 du 10 au 16 février 2013, p.26-32.*
***VANTIGHEM (V.),** « Quatre associés antiracistes assignent contre google en justice », journal vingt minutes, Ed. Lille, France, 23 mai 2012, p. 6-6.*
LE CLAINCHE (J.), LE MÉTAYER (D.), « Données personnelles, vie privée et non-discrimination : des protections complémentaires, une convergence nécessaire », Revue Lamy Droit de l'Immatériel, n° 90, février 2013, lamyline.
HANCE (O. P.), « L'information et le droit : la question du statut juridique de l'information » Revue Lamy Droit de l'Immatériel 2011 — n° 75 du 10/2011, lamyline.

Lamy, Droit & Patrimoine, « Cybersurveillance et secret des correspondances : un difficile équilibre », social, n° 103 du 04/2002 Disponible en ligne sur Lamyline.

V-THÈSES

ARNAL (J.), « Cybercriminalité et droit pénal », thèse de doctorat en droit privé, Université de Montpellier, 2008.

BEAUSSONIE (G.), La prise en compte de la dématérialisation des biens par le droit pénal : contribution à l'étude de la protection pénale de la propriété, thèse Toulouse I, 2009.

CASILE (J-F), Le code pénal à l'épreuve de la délinquance informatique, thèse de doctorat en droit privé Aix-Marseille, Presses Universitaires D'AIX-Marseille, 2002, 584 p.

CHAMPY (G.), la fraude informatique, Presses Universitaires d'Aix-Marseille, Thèse 1992.

CHAWKI (M.), Le droit pénal à l'épreuve de la cybercriminalité, étude comparative de la politique criminelle face aux NTIC, thèse de doctorat en droit privé, Université Jean-Moulin Lyon III, 2002, 961 p.

CHILSTEIN (D.), Droit pénal international et lois de police, essai sur l'application dans l'espace du droit pénal accessoire, Université de Panthéon — Assas, thèse de doctorat en Droit Privé, Université Paris Panthéon — Assas, Dalloz, Nouvelle Bibliothèque de thèses, 2003.

COULIBALY (I.), « la protection des données à caractère personnel dans le domaine de la recherche scientifique », thèse de doctorat en droit, université de Grenoble, 2011, 1122 p.

DARAGON (E.), Droit de la preuve et informatique, Thèse de doctorat en droit, université de Grenoble, 1996.

ELCHAER (N.), « La criminalité informatique devant la justice pénale », thèse de doctorat en droit privé, Université de Poitiers, 2003.

FRYDLENDER (A.), la fraude informatique, Études phénoménologique et typologique appliquées au contexte français, Paris, Thèse, 1985.

MEIR MARSELLA (C.), « l'effectivité du processus répressif dans le traitement de la cybercriminalité : Enquête sur le système judiciaire français », thèse de doctorat en droit privé, Université Paris II, 2005, 548 p.

MIGNARD (J.P), « cybercriminalité et cyber répression entre désordre et harmonisation mondiale », thèse Paris 1, 2004.

REVERDY (P. M.), « La matière pénale à l'épreuve de la délinquance informatique », thèse de doctorat de droit privé, Toulouse I, 2005, 511 p.

VI-PRINCIPALES JURISPRUDENCES CONSULTEES

Cass. Soc. 17 mai 2005, 03-40.017, Bull. 2005 V N° 165 p. 143.
Cass., Soc., 02 octobre 2001, Bull. 2001 V N° 291 p. 233.
Cour d'appel de Paris, 20 décembre 2007, 06/1123. Disponible sur Légifrance
Cass., Crim., 12 janvier 1989, 87-82.265, bull. 1989 N° 14 p. 38.
Cass., crim., du 3 avril 1995, 93-81.569, Bull. 1995 N° 142 p. 397.
Cass., crim., du 13 mai 1991, 90-83.520, Bull. 1991 N° 200 p. 514.
T.R Hors Classe Dakar n° 1981 du 9 mai 2006, affaire de la Clinique du Cap, jugement inédit.
V. C A Dakar, n° 680 du 16 avril 2007, arrêt inédit.
TRHC Dakar, 1e avril 2008, jugement inédit.
V. CA Dakar, n° 555 du 24 juillet 2009, jugement in édit.
V. TRHC Dakar, n° 5310 du 21 novembre 2006, affaire Madiambal DIAGNE, jugement
V. T.R.H.C Dakar, n° 4241/09 du 18 septembre 2009, jugement inédit.
TRHC Dakar, 2e Ch. Corr., 21 janvier 2010, Affaire Fulgence BAHI, jugement inédit.
V. T.R.H.C. Dakar, n° 499/2008 du 5 septembre 2008, affaire de la Direction du Traitement
Automatique de l'Information (DTAI), jugement inédit.
CA, 19 février 2013, N° 08-00840, inédit.
Cass. Civ. 2e, janvier 2002, 00-16.985, Bull. 2012, N° 2.
TR Ziguinchor, 06 janvier 2004, Affaire Robert SAGNA, jugement inédit
Cass. Crim., 10 mai 2005, 04-84.705, Bull. 2005, N° 144, p.521.
Cass. Crim., 16 février 2010, 09-81.064, Bull. 2010, N° 144, n° 31.
Civ.2, 7 octobre 2004, D. 2005, p. 122, note Ph. Bonfils.
Crim., 30 mars 1999, bull. N° 59, D. 2000, p.391, note Th. Garé.

VII-TEXTES ONUSIENS

Le Pacte International relatif aux Droits Civils et Politique, 16 décembre 1966.
La Déclaration Universelle des Droits de l'Homme, 10 décembre 1948.

La Convention Internationale relative aux Droits de l'Enfant, 20 novembre 1989.
Le Protocole Facultatif se rapportant à la Convention relative aux Droits de l'Enfant, concernant la vente d'Enfants, la prostitution des enfants et la pornographie mettant en scène des enfants, 25 mai 2000.
Convention 108 du CE du 28 janvier 1981 pour la protection des personnes à l'égard du traitement automatisé des PCP
Directive N° 95/46/CE du 24 Octobre 1995 relative à la protection des personnes physiques à l'égard des traitements de DCP
Directive européenne 2000/31/CE.
Directive 2001/18/CE relative à la dissémination volontaire d'OGM…
Convention de Budapest du 23 novembre 2001
La loi n° 98-536 du 1er juillet 1998 de la Directive n° 96/9/CE du parlement européen du 11 mars 1996 concernant *la protection juridique des bases de données*

VIII-LEGISLATIONS

1-Textes Français

Loi n° 70-643 du 17 juillet 1970 tendant à renforcer la garantie des droits individuels des citoyens
Loi n° 2004-575 du 21 juin 2004 pour la confiance de l'économie numérique
Loi N° 78-17 du 6 janvier 1978 relative à l'informatique, aux fichiers et aux libertés.
Loi n° 2006-64 du 23 janvier 2006 relative à la lutte contre le terrorisme et portant dispositions diverses relatives à la sécurité et aux contrôles frontaliers.
Loi n° 2007-297 du 5 mars 200è relative à la prévention de la délinquance.
Décret n° 2006-258 du 24 mars 2006 relatif à la conservation des données des communications électroniques.
Code de propriété intellectuelle 2004.
Loi n° 2004-669 du 6 août 2004 relative à la protection des personnes physiques à l'égard des traitements de données à caractère personnel et modifiant la loi N° 78-17 du 6 janvier 1978 relative à l'informatique, aux fichiers et aux libertés.
Décret n° 2006-6 du 4 janvier 2006 relatif à l'hébergement des données de santé à caractère personnel et modifiant le Code de la santé publique.
Loi n° 2006-64 du 23 janvier 2006 relative à la lutte contre le terrorisme et portant dispositions diverses relatives à la sécurité et aux contrôles frontaliers.
Code pénal français

Code de procédure pénale français
Code civil français
Code de procédure civile

2-Textes européens
Convention du Conseil de l'Europe
Directive n° 2001/29/CE de parlement européen et du Conseil du 22 mai 2001 sur l'harmonisation de certains aspects droit d'auteur et des droits voisins dans la société de l'information.
Directive n° 95/46 du 24 octobre 1995 du parlement européen et du Conseil relative à la protection des personnes physiques à l'égard du traitement des données à caractère personnel et à la libre circulation des données.
Directive n° 2002/58/CE du parlement européen et du Conseil du 12 juillet 2002 concernant le traitement des données à caractère personnel et la protection de la vie privée dans le secteur des communications électroniques.
Directive n° 2004/48/CE du parlement européen et du Conseil du 29 avril 2004 relative au respect des droits de propriété intellectuelle.

3-Textes Ivoiriens
Loi N° 2013 - 451 du 19 juin 2013 relative à la lutte contre la cybercriminalité.
Loi N° 2004 - 644 du 14 décembre 2004 portant régime juridique de la Communication audiovisuelle en Côte d'Ivoire.
Loi n° 60-366 du 14 novembre 1960 portant Code de procédure pénale.
Loi n° 1981-640 du 31 juillet 1981 instituant le Code de procédure pénal.
Loi N° 2013 – 546 du 30 juillet 2013 relative aux transactions électroniques.
Loi ivoirienne relative à la lutte contre le blanchiment d'argent du 28 novembre 2005.
Loi n° 95 relative 96-564 du 25 juillet 1996 relative à la protection des œuvres de l'esprit et aux droits des auteurs, des artistes-interprètes et des producteurs de phonogrammes et vidéogrammes.
Loi n° 95-526 du 7 juillet 1995 portant Code des télécommunications
Loi n° 2013-546 du 30 juillet 2013, relative aux Transactions Electroniques.
Décret n° 2011-476 du 21 décembre 2011, portant Identification des Abonnés des Services de Télécommunications ouverts au public.
Décret n° 2014-105 du 12 mars 2014 relatif à la Fourniture de Prestations de Cryptologie
Décret n° 2014-106 du 12 mars 2014 relatif aux Conditions d'Établissement et de Conservation de l'écrit et de la signature électronique

4-Textes ghanéens relatifs à la cybercriminalité
Electronic Transaction Act, 2008(Act 772)
Criminal Offences Act, (Act 29)

Anti-Money Laundering Act, 2008 (Act749)
National Identity Register Act, 2008 (Act 750)
Anti-terrorism Act, 2008(Act 762)
National Information Technology Agency Act, 2008(Act 771)
Electronic Communication Act, 2008 (Act 775)
Economic and Organized Crime Act, 2010 (Act 804)
Mutual Legal Assistance Act, 2010 (Act 807)
Data Protection Act, 2012 (Act, 843)

5-Textes sénégalais

Loi n° 2008-11 du 25 janvier 2008 portant sur la cybercriminalité.
Loi n° 2008-12 du 25 janvier 2008 portant sur la protection des données à caractère personnel.
Loi n° 65-60 du 21 juillet 1965 portant Code pénal.
Loi n° 65-61 du 21 juillet 1965 portant Code de procédure pénal.
Loi sur le commerce électronique
Loi n° 2004-09 du 6 février 2004 relative à la lutte contre le blanchiment des capitaux
Loi n° 2008-09 du 25 janvier 2008 sur le droit d'auteur et les droits voisins au Sénégal.
Loi uniforme n° 2007-04 du 12 février 2007, modifiant le Code de procédure pénale relative à la lutte contre les actes de terrorisme.
Loi uniforme n° 2009-16 du 2 mars 2009 relative à la lutte contre le financement du terrorisme
Loi n° 2007-01 du 12 février 2007 modifiant le Code pénal
Loi sur la communication audiovisuelle.
Décret d'application de la loi 2008-08 du 25 janvier 2008 relative aux transactions électroniques.
Loi n° 2008-08 du 25 janvier 2008 sur les transactions électroniques.
Loi n° 2008-41 du 20 août 2008 portant sur la cryptologie.
Loi n° 2011-01 du 27 janvier 2011 portant Code des télécommunications.

6-Textes nigerians

Cybercrime Bill, 2012.
Cybercrimes Prohibition, Prevention Act, 2015.
Penal Code Reported Cases, lawlords Law Report N° .5 Vol. I, 2009.
Anti corruption laws 4th Ed., 2012.
Anti-terrorism prevention Act.
Fraud 419 Act.
Advance Fee Fraud and other Fraud Related Offences Act 2006.
Economic and Financial Crimes Commission Act 2004.
Nigerian Communications Act, 2003.

7- Textes communautaires de la CEDEAO et de l'UEMOA

Directive C/DIR/1/08/11 portant lutte contre la cybercriminalité dans l'espace CEDEAO.

Acte Additionnel A/SA.2/01/10 relatif aux sur les transactions électroniques dans l'espace CEDEAO.

Convention A/P1/8/94 relative à l'extradition, Abuja, 6 aout 1994.

Convention A/P1/7/92 relative à l'entraide judiciaire en matière pénale, Dakar, 26 juillet 1992.

Acte additionnel A/SA 1/01/07 du 19 janvier 2007 de la CEDEAO relatif à l'harmonisation des politiques et du cadre réglementaire du secteur des Technologies de l'Information et de la Communication

Acte Additionnel A/SA.1/01/10 du 16 février 2010 relatif à la protection des données à caractère personnel dans l'espace CEDEAO

Acte Additionnel A/SA.2/01/10 du 16 février 2010 relatif aux transactions électroniques dans l'espace CEDEAO ;

Accord de coopération en matière de police criminelle entre les États membres de la CEDEAO qui prescrit la mise en commun des compétences et partage d'expérience par les services de sécurité en vue d'accélérer de façon efficace les enquêtes policières ;

Règlement n° 15 CM/UEMOA/du 19 septembre 2002 relatif aux systèmes de paiement dans les États membres de l'UEMOA.

Directive n° 07/2002/CM/UEMOA du 19 septembre 2002 relative à la lutte contre le blanchiment de capitaux dans les États membres de l'UEMOA.

Loi uniforme n° 2004-09 du 6 février 2004 relative à la lutte contre le blanchiment de capitaux.

Loi uniforme n° 2008-48 du 3 septembre 2008, relative à la répression des infractions en matière de chèque, de carte bancaire et d'autres instruments et procédés électroniques de paiement.

Convention de l'Union africaine sur la cyber sécurité et la protection des données à caractère personnel, 27 juin 2014.

8-Textes africains

-Acte constitutif de l'UA, Togo, 11 juillet 2000.

-Convention de l'Union Africaine sur la Cybersécurité et la Protection des données à caractère personnel, Malabo, 27 juin 2014.

IX-SITES INTERNET

WEBOGRAPHIE

A- Documents électroniques consultés

1-Communications, colloques, rapports d'activités et cours

C R D I, « Exploration sur la cybercriminalité et la sécurité en Afrique : état des lieux et priorités de recherche », synthèse des rapports nationaux, Dakar, janvier 2011 64 p.

C R D I, « Exploration sur la cybercriminalité et la sécurité en Afrique : état des lieux et priorités de recherche », atelier de restitution, Dakar, 29-30 novembre, 2010, 14 p. Disponible en ligne sur : http://idl-bnc.idrc.ca/dspace/bitstream/10625/47119/1/133494.pdf Consulté le 29/5/12.

CHAWKI (M.) « Essai sur la notion de cybercriminalité », juillet 2006, 36 P. Disponible en ligne sur : http://www.ie-ei.eu/bibliotheque/cybercrime.pdf Consulté le 17/5/12

DIOP (A.), cours de procédure pénale et TIC, Master Droit du Cyberrespace africain 2011.

DIOP (A.P.), « de répression de la cybercriminalité au Sénégal : la présentation de la loi n° 2008-11 du 25 janvier 2008, portant sur la cybercriminalité », Dakar, juin 2009, 36 p. En ligne:http://www.adie.sn/docs/seminaire/Strategie_de_repression_cybercriminalite_seminaire_magistrats_toure.pdf Consulté le 16/5/12.

OCDE : La Fraude Liée à l'Informatique : analyse des Politiques Juridiques (Paris) [1986].

TOURE (P. A), Conseil de l'Europe-programme octopus interface 2010, conférence sur la coopération contre la cybercriminalité, « La cyber stratégie de répression de la cybercriminalité au Sénégal : présentation de la loi n° 2008-11 du 25 janvier 200 8, portant sur la cybercriminalité. », Strasbourg, France, 23-25 mars 2010, 12 p. : http://www.coe.int

UIT, « Comprendre la cybercriminalité : guide pour les pays en développement », projet de document, 2009, 254 p., disponible en ligne sur : www.itu.int/ITU-D/cyb/cybersecurity/legislation.html Consulté le 15/5/12.

UIT, « Guide de la cybersécurité pour les pays en développement », Ed.2007, 146 p., disponible en ligne sur : www.itu.int/ITU-D/cyb/cybersecurity/legislation.html Consulté le 15/5/12.

B- Mémoires et autres

Actualités européennes, « La non application du droit de l'union : Quelles sanctions pécuniaires ? », N° 36 du 03 juin 2013 6 p. Consulté sur www.senat.fr le 28 mai 2014.

DECAUX (E.), « La protection de la vie privée au regard des données informatiques », 2008, Archives N° 7, janvier 2008 — décembre 2009, disponible en ligne sur http://www.droits-fondamentaux.org Consulté le 05 août 2013.

DELEPELEERE(P.), « Hackers : l'autre monde, de la pertinence des moyens mis en œuvre pour lutter contre la criminalité informatique en Belgique », mémoire de DEA, Ecole des sciences criminologiques Léon Cornil, Université libre de Bruxelles, 2001-2002, 274 p.

DJE (K.M), « Cybercriminalité en Côte d'Ivoire : 14 milliards de F escroqués aux victimes », nouveau réveil, quotidien d'informations, Côte d'Ivoire, n° 3000 du 27 janvier 2012. Disponible en ligne sur : http://news.abidjan.net/h/424455.html Consulté le 28/01/12.

JACOB (O.), Défense et Sécurité nationale, le livre Blanc, Paris, la Documentation française, juin 2008, 350 p. Disponible sur http://www.ladocumentationfrançaise.fr

KABORE (A.), la problématique des perquisitions et saisies en ligne en Afrique de l'ouest : état des lieux et perspectives : cas du Burkina Faso, du Mali, du Sénégal et du Togo, Saint-Louis, Mémoire de master 2007.

LAVENUE (J. J.), cours de cyberespace.

LESPY (C.), « La protection du droit d'auteur sur Internet », Université René Descartes, Paris V, Mémoire de DEA de Droit des obligations civiles et commerciales, 2001, 92 p. Disponible en ligne sur : http://www.droit-technologie.org/upload/dossier/doc/70-1.pdf Consulté le 17/5/12.

Piratage informatique : la Côte d'Ivoire encore parmi les mauvais élèves, 6 mars 2013, disponible sur http://www.Abidjan.net Consulté le 12 juillet 2013.

SARR (L.P.) « La cybercriminalité en droit sénégalais à l'épreuve de l'anonymat dans le cyberespace » : http://www.droit-technologie.org

SEGER (A.), « La convention de Budapest comme cadre mondial », Conférence Octopus Interface, 23-25 mars 2010 : http://www.coe.int

CHILSTEIN (D.), « Le droit de la communication à l'épreuve du droit pénal international », intervention au forum Légipresse du 3 octobre 2013 : http://www.youtube.com

AZZI (T.), « Atteintes en ligne aux droits de la personnalité et aux droits de propriété intellectuelle », intervention au forum Légipresse du 3 octobre 2013 : http://www.youtube.com

C-Sites institutionnels et autres consultés

Forum africain de protection des données personnelles : http://www.gouv.sn
Commission de protection des données personnelles : — http://www.cdp.sn
Autorité de Régulation des Télécommunications de Côte d'Ivoire : http://www.artci.ci
http://www.legifrance.gouv.fr
http://www.vie-publique.fr
http://www.osiris.sn
Groupe Inter Gouvernemental de lutte contre le blanchiment d'argent : http://www.giaba.org
http://www.Abidjan.net
Ministère de l'intérieur Ivoirien : http://www.cybercrime.interieur.gouv.ci
Sénat : http: //www. senat.fr
ONU : http://www.unodc.org
Interpol : http://www.interpol.int
Europol : http://www.europol.europa.eu
Eurojust : http://www.eurojust.europa.eu
http://www.internet.signalement.gouv.fr
http: //www.point de contact
Conseil de l'Europe : http: //www.coe.int
Cour de cassation : http: //www.courdecassation.fr
Ministère de la justice française : http: //www.justice.gouv.fr
Commission Nationale Liberté et Informatique : http: //www.cnil.fr

D-Sites juridiques consultés

http://www.jurispedia.org
http://www.droits-fondamentaux.org
http://www.droit-technologie.org
http://www.legalis.net
http://www.ladocumentationfrançaise.fr
http: //www.juriscom.net
http: //www.droit-ntic
http://www.odilejacob.fr
http: //www.-www.cyberdroit.fr
http: //www.contrefaçon-danger.com
http://www.francenumerique2012.fr
http://www.internet-internetjuridique.net
http://www.Droit-Afrique.com

INDEX SÉLECTIF

À

B

C

D

TABLE DES MATIÈRES

Structures éditoriales du groupe L'Harmattan

L'Harmattan Italie
Via degli Artisti, 15
10124 Torino
harmattan.italia@gmail.com

L'Harmattan Hongrie
Kossuth l. u. 14-16.
1053 Budapest
harmattan@harmattan.hu

L'Harmattan Sénégal
10 VDN en face Mermoz
BP 45034 Dakar-Fann
senharmattan@gmail.com

L'Harmattan Cameroun
TSINGA/FECAFOOT
BP 11486 Yaoundé
inkoukam@gmail.com

L'Harmattan Burkina Faso
Achille Somé – tengnule@hotmail.fr

L'Harmattan Guinée
Almamya, rue KA 028 OKB Agency
BP 3470 Conakry
harmattanguinee@yahoo.fr

L'Harmattan RDC
185, avenue Nyangwe
Commune de Lingwala – Kinshasa
matangilamusadila@yahoo.fr

L'Harmattan Congo
67, boulevard Denis-Sassou-N'Guesso
BP 2874 Brazzaville
harmattan.congo@yahoo.fr

L'Harmattan Mali
ACI 2000 - Immeuble Mgr Jean Marie Cisse
Bureau 10
BP 145 Bamako-Mali
mali@harmattan.fr

L'Harmattan Togo
Djidjole – Lomé
Maison Amela
face EPP BATOME
ddamela@aol.com

L'Harmattan Côte d'Ivoire
Résidence Karl – Cité des Arts
Abidjan-Cocody
03 BP 1588 Abidjan
espace_harmattan.ci@hotmail.fr

Nos librairies en France

Librairie internationale
16, rue des Écoles
75005 Paris
librairie.internationale@harmattan.fr
01 40 46 79 11
www.librairieharmattan.com

Librairie des savoirs
21, rue des Écoles
75005 Paris
librairie.sh@harmattan.fr
01 46 34 13 71
www.librairieharmattansh.com

Librairie Le Lucernaire
53, rue Notre-Dame-des-Champs
75006 Paris
librairie@lucernaire.fr
01 42 22 67 13

www.ingramcontent.com/pod-product-compliance
Lightning Source LLC
LaVergne TN
LVHW011442061026
849535LV00004BA/920
* 9 7 8 2 3 4 3 2 0 1 3 4 4 *